以国家一流思政本科专业建设示范
引领一流思政课程建设的探索与实践

高质量思政课程
建设之"道"

赵中源　冉　杰　吴阳松　等　著

人民日报出版社
北京

图书在版编目（CIP）数据

高质量思政课程建设之"道" / 赵中源等著.
北京 ：人民日报出版社，2025. 6. -- ISBN 978-7-5115-8777-0

Ⅰ . G641-53

中国国家版本馆 CIP 数据核字第 2025C9H245 号

书 名	：	高质量思政课程建设之"道"
		GAOZHILIANG SIZHENG KECHENG JIANSHE ZHI "DAO"
作 者	：	赵中源 冉 杰 吴阳松 等 著

责任编辑：寇 诏
封面设计：人文在线

出版发行：人民日报出版社
社 址：北京金台西路 2 号
邮政编码：100733
发行热线：（010）65369527 65369512 65369509 65369510
邮购热线：（010）65369530
编辑热线：（010）65363105
网 址：www.peopledailypress.com
经 销：新华书店
印 刷：北京市海天舜日印刷有限公司

开 本：710mm×1000mm 1/16
字 数：238 千字
印 张：14.5
印 次：2025 年 6 月第 1 版 2025 年 6 月第 1 次印刷

书 号：ISBN 978-7-5115-8777-0
定 价：88.00 元

目　录

第三编　大中小学思政一体化建设的理论思考

第一编

国家级一流思想政治教育
专业人才培育的探索与创新

以国家一流思政本科专业建设示范
带动高水平思政课程建设[*]

左康华　赵中源　李丽丽[**]

思想政治理论课是大学生思想政治教育的主渠道，是落实立德树人根本任务的关键课程。广州大学马克思主义学院思想政治教育专业自 2020 年获国家级一流本科专业建设点以来，着力打造以国家一流本科专业建设示范带动高水平思想政治理论课建设的教学改革新格局，通过优势重点学科建设、一流课程建设和一流师范人才培养，推动思政小课堂与社会大课堂相结合，教育引导学生坚定"四个自信"，成为堪当民族复兴重任的时代新人。

一、以优势重点学科建设夯实高水平思政课程根基

思想政治理论课教师业务技能的水平影响着思想政治理论课的教学实效。广州大学马克思主义学院依托省级优势重点学科马克思主义理论的骨干人才，以突出的科研能力、丰富的教学经验和充足的后备人才夯实思想政治理论课根基。

以突出的科研能力提升思想政治理论课品质。思想政治理论课的本质是讲道理，学科团队突出的科研能力，有助于思想政治理论课教学中以透彻的

　＊　本文载于《光明日报》2024 年 5 月 9 日 04 版。

　＊＊　左康华，哲学博士，广州大学马克思主义学院副院长，副教授、硕士生导师。赵中源，国家高层次"特支计划"领军人才，广州大学马克思主义学院院长、教授、博士生导师，广东省习近平新时代中国特色社会主义思想研究中心特约研究员。李丽丽，哲学博士，广州大学马克思主义学院副教授，硕士生导师。

学理分析讲好马克思主义理论，把道理讲深、讲透、讲活。作为广东省首批重点马克思主义学院，学院马克思主义理论学科是广东省一级优势重点建设学科，同时是广州市重点扶持学科，学科评估位居全国前列。近年来，学院经过大力建设，坚持"理论为实践服务"的研究导向，逐渐形成自身的研究特色与优势，切实提升了育人水平。学院先后获国家社科基金重大项目 7 项、重点项目 5 项、面上项目 49 项，获得省部级各类研究项目 72 项，其中重大项目 6 项。发表 CSSCI 期刊论文 230 余篇，其中《中国社会科学》6 篇、《马克思主义研究》12 篇、《政治学研究》6 篇、《哲学研究》12 篇、《教育研究》3 篇，在主流媒体发文 29 篇，在人民出版社等国家级出版社出版学术著作 16 部。

以国家级领军人才引领教学团队建设。思想政治理论课教学的高质量发展离不开高水平科研人才的支持，更离不开结构合理的梯队建设，广州大学马克思主义学院优秀的人才结构和团队结构为思政课教师团队建设提供了有力支撑。学院现有高层次人才"特殊支持计划"哲学社会科学领军人才 2 人、青年拔尖人才 1 人、中宣部文化名家暨"四个一批"理论人才 2 人、国务院政府特殊津贴专家 4 人。现有全国优秀教师 1 人、首届全国高校优秀思政课教师奖励基金二等奖获得者 1 人、全国思政课教师年度影响力人物 1 人、南粤优秀教师 5 人。学院先后获教育部教学科研示范团队 1 个、省级教学团队 3 个，获得广东省教育教学优秀成果一等奖 1 项、二等奖 1 项，获得国家级、省级各类教师教学竞赛奖 8 项。思想政治理论课教师团队连续 12 年获最受大学生欢迎教师团队，思想政治理论课教学质量受到学生的广泛认可。

二、以一流课程建设驱动思政教学体系高质量发展

广州大学马克思主义学院以国家级、省级一流课程建设驱动思想政治理论课高质量发展，通过思政课程与课程思政的协同改革，建立起高质量的思想政治教育教学体系。

打造思想政治理论课"金课"群。学院现有"中国近现代史纲要"等国家级一流本科课程 2 门，"马克思主义基本原理"等省级一流本科课程 5 门，校级星级课程 18 门次，"思想道德与法治"等 3 门公共课被学校纳入省级一

流课程培育项目。其中，国家级、省级一流课程全部拥有线上教学资源，形成了思想政治理论课线上线下混合教学的格局。

促进教学改革。学院积极推动专业课教师科研与教学相结合、课程建设与学科建设相结合，近3年新增省级质量工程项目2项、教改项目2项，新增国家社科基金思政专项重点课题1项、国家级教研课题2项、省级教研课题3项，约10门专业课程依托教学改革项目开展教学改革，与思想政治理论课"金课"群共同打造数字化、一体化、精细化优质资源供给体系，优化教学资源，提升思想政治教育教学效果。

助力课程思政建设。思想政治理论课是铸魂育人的主渠道、主阵地，专业课则需要"守好一段渠、种好责任田"。学院以一流思政课程建设协同高质量课程思政建设，26名思政课教师以"第二负责人"的身份参与广州大学"课程思政"示范团队和示范课程建设，12人作为第二成员参与广东省教育厅课程思政建设改革示范项目，倾力参与广州大学课程思政教学研究与实践中心建设，推动构建思政课程与课程思政协同育人大思政格局。目前，该中心已入选广东省教学研究示范中心。思想政治理论课教师带领和帮助专业课教师自觉树立融合价值引导、知识传授和能力培养的育人意识，提升育人综合能力，承担专业课程建设"主战场"中各环节的育人责任，使各类课程与思政课程同向同行，构建"三全育人"新局面。

三、以一流人才培养助力思政教育模式创新

广州大学师范教育底蕴深厚，传承了原广州师范学院、原广州教育学院、原广州师范专科学校3所师范院校的教育传统。思想政治教育专业入选国家级一流本科专业建设点以来，学院在人才培养模式方面进行了诸多探索，通过理论教学、实践教学的贯通，在大中小学思政一体化方面取得显著成效。

以情怀为本，激励教师潜心教书育人，培养学生师德师风。学院将思想政治教育专业学生的专业知识学习与师德示范教育相结合。学院充分结合现代教育与传统教育的优势，在探索中形成分类高端发展班级的教师团队制以及针对个体学生的全程导师制、学术导师制及就业导师制，学院教师从专业学习、生活适应、待人处事等方面对学生进行全面细致的教育与培养，实现

因材施教；学生在针对性较强的学习和交流中获得教师的帮助、接受教师的人格熏陶，实现个体的全面发展。

以经典为基，鼓励学生在学习中反思、在反思中批判、在批判中创新，培养具有创新意识的师范生。在专业课教学中，学院强调要"回归经典"，鼓励教师以经典著作为教学文本，鼓励学生阅读原著，以经典文献为中心，为现实世界探寻更多的精神资源；学生通过经典原著研究现实问题，在学习创新中提高思想政治素质、政治理论水平、创新能力和研究能力。

注重实践，贯通理论课程体系与社会实践体系，培养学生教育教学实践能力。在师范生培养过程中，教育实习实践是重要环节，学院以专业教育带动实习实践教育，取得明显成效。广州大学多年来承担着援疆援藏及各类重要支教任务，马克思主义学院借助这一优势，将支教活动与思想政治理论课实践教学紧密结合，发挥师范教育优势，通过深化校地教育交流合作，在实践中教育引导学生将"小我融入大我，青春献给祖国"，坚定理想信念，增强政治认同，提升育人效果。

学院与全国大思政实践教学基地广东省清远市连樟村结对，聘请一批课外社会导师，建设新疆维吾尔自治区伊犁哈萨克自治州潘津镇中学等一批民族地区教学实践基地；依托广东省中国特色社会主义理论体系广州大学研究基地等 4 个省级教研平台和省内外教师教育协同培养平台，协同培养学生的思想政治素质、政治理论水平、创新能力和研究能力，为粤港澳大湾区、广东省和新疆民族地区培养优质师资人才。2022 年，学院思想政治教育专业"同上特色思政课，践行岭南天山情"新疆社会实践团队入选广东省大中专学生志愿者暑期文化科技卫生"三下乡"社会实践活动全国重点团队。2021 年，学院成立"广大马院党史青年宣讲团"，先后到南沙区大岗镇、榄核镇、南沙街和东涌镇等地讲述中国共产党人的精神谱系和党史故事，学生工作案例荣获广东高校学生工作案例二等奖。

面对新形势新机遇，广州大学马克思主义学院将不断坚持以思想政治教育师范专业建设为抓手，充分调动各界力量和资源，建设"大课堂"、搭建"大平台"、建好"大师资"，创新高校思想政治教育，持续提高育人实效。

高校思想政治理论课教师的角色定位[*]

赵中源^{**}

从实现"两个一百年"奋斗目标和中华民族伟大复兴中国梦的战略高度，习近平总书记深刻阐释了党和人民满意的好老师的"四有标准"，即有理想信念、有道德情操、有扎实学识、有仁爱之心。高校思想政治理论课教师作为传播马克思主义理论，培育大学生理想信念和道德情操的"人生导师"，是高校牢牢把握意识形态主动权，坚持立德树人，强化思想引领的专业队伍与骨干力量，更应按照"四有"要求，明确角色定位，担当责任，不辱使命。

一、讲政治，让党真正放心的人

对高校而言，讲政治关乎办学方向，以及培养什么样的人，如何培养人和由什么人来培养人的重大问题。思想政治理论课教师则是高校落实讲政治这一核心理念与根本要求的专业队伍与骨干力量。所以，讲政治对于高校思想政治理论课教师而言有着特别的含义和要求。

其一，讲政治是思想政治理论课教师的基本职责。高校的特殊性决定其始终成为各种思想的"对话场"与意识形态的"交锋地"。坚持社会主义办学方向所面临的挑战非常现实和复杂，既有国内外意识形态斗争的大背景，也有校内外思想交流碰撞的小环境，既表现为有形的交锋，更存在于无形的

* 本文载于《中国高等教育》2016 年第 8 期。

** 赵中源，国家高层次"特支计划"领军人才，广州大学马克思主义学院院长、教授、博士生导师，广东省习近平新时代中国特色社会主义思想研究中心特约研究员。

角力。一方面，改革开放以来，思想文化与科学技术的国际交流与合作深度推进，开放办学成为一种时代要求和发展必然，在丰富高校办学资源的同时，也带来了一些显而易见的意识形态新课题；另一方面，高校的青年教师生长在改革开放的大环境中，思想活跃，自主意识强，在大学生中有着天然的亲和力和示范性。因此，在大力提倡尊重人才的同时，强调教学的政治纪律和规矩，成为新形势下高校坚持马克思主义主导地位，落实教育为人民服务、为中国共产党治国理政服务、为巩固和发展中国特色社会主义制度服务，为改革开放和社会主义现代化建设服务的必然要求。思想政治理论课教师作为其中的专业与骨干力量，必须主动担当责任，作出示范，发挥作用。

其二，讲政治是思想政治理论课教师教学的主体内容。思想政治理论课程是一个完整的科学体系，涉及马克思主义理论、政治学、哲学、法学、历史学等诸多学科领域，为学生完善知识结构，尤其是系统学习和掌握马克思主义世界观和方法论，并有效付诸实践提供了丰富的素材。这些课程的内容安排有一个显著特点，就是始终服从和服务于培育青年大学生坚定理想信念。因此，政治性与思想性是贯穿于思想政治理论课程体系中的主线和灵魂，无论是讲授马克思主义原理、中国近现代史基本知识、马克思主义中国化时代化系列理论成果，还是形势与政策以及思想品德修养和法律基础，都不能偏离这一主线。这既是课程教学规范管理的基本要求，更是思想政治理论课的独特价值所在。

其三，讲政治是思想政治理论课教师需要具备的自觉境界。思想政治理论课教师作为大学生理想信念与道德规范的传播者与示范者，政治自觉应成为其必备的职业特质。这具体体现为三个层面：一是正确的政治认知，即教师必须具备扎实的马克思主义政治理论功底，同时对国家现行政治制度的合法性有充分认知；二是坚定的政治态度，即坚持正确的政治立场和政治观点，并具有高度的政治敏锐性与政治鉴别力；三是高度的政治责任感，即对思想政治理论课教师的责任和使命有着清晰的认识，并自觉落实到教书育人的实践之中。

二、精业务，让学生终身受益的人

高校思想政治理论课有着显而易见的属性：既是一个知识体系，又是一种价值观念；既是一门综合性学科又是一种思想意识形态，并蕴含了四种基本功能，即培育科学的思维方式、传授系统的理论知识、倡导正确的价值理念、指引理性的实践行为。要达成高校思想政治理论课的教学目标，需要科学处理学科的学理性与意识形态的主导性的关系，使二者有机统一，相得益彰，这就构成了思想政治理论课教师"精业务"的基本内涵。

把握课程的学理性是阐发意识形态合理性的基础，也是展现意识形态教育的说服力与感召力之所在，这对思想政治理论课教师的专业功底和理论水平提出了现实要求。思想政治教育四门主干课程都有其明确的功能指向：马克思主义基本原理概论课着重引导大学生运用马克思主义立场、观点和方法观察分析社会现实问题；中国近现代史纲要课着重阐明坚持党的领导和社会主义道路是历史的选择、人民的选择这一基本的历史认知问题；毛泽东思想和中国特色社会主义理论体系概论课着重引导学生增强学习贯彻习近平新时代中国特色社会主义思想的自觉性和坚定性；思想道德修养与法律基础课着重培育大学生道德素养、人文情怀与法律意识。这些课程蕴含着学理性、先导性、实践性与发展性相统一的要求。历史的穿透力、逻辑的思辨力、理论的说服力以及实践的引导力，构成了思想政治理论课程的内在魅力。思想政治理论课教师要开发、驾驭其中的魅力，既需要研究相关专业文献，尤其是马克思主义经典著作，夯实专业基本功，也需要深入社会实践，认识和了解国情，把握国家经济社会的发展趋势，尤其是当前各类社会思潮的基本动态，更需要加强对马克思主义中国化时代化最新理论成果的学习和研究，把握其理论精髓与实践要求。在此基础上，教师结合课程教学的内容与"以理服人"的要求，不断将理论研究与实践成果转化为教学素材和内容，并通过适当的教学方式加以呈现，真正让学生对马克思主义理论产生敬仰之情、亲切之感、信服之心、实践之意，并由此对任课教师产生尊崇和信任，进而达成思想政治理论课教学"润物无声"与"教化无形"的理想效果。

此外，推进思想政治教育课程改革，需要我们协调理论研究和教学方法创新的关系，在强调创新教学方式方法的同时，立足于理论的科学性、逻辑性和发展性，对教材内容加以挖掘和充实，以提升教学内容"含金量"为根本让学生更好地感受、领悟思想政治理论课的魅力并受益终身。

三、受欢迎，让学生真心喜欢的人

"受欢迎"是学生从内心对教师的接纳和认同，它是建立在情感基础之上的师生心理默契与实践互动。学生对课程的认同一定程度上建立在对任课教师的信任、认可和欢迎之上。学生对教师的信任和认同，可以来自教师的学识和品格、教学手段和方法，以及社会美誉度等多个层面，但起决定性作用的是学生通过切身体会，真正被教师的真诚所"感化"，也就是所谓的触及灵魂。

就思想政治理论课程特点而言，教师的真诚体现在几个基本方面。一是注重以事实说话，即在教学中注意把"说理"建立在对"事实"的具体分析与客观评价之上。在新媒体迅猛发展的时代，各种社会信息鱼龙混杂，极易对涉世不深的青年学生产生误导，需要教师还原事实真相，通过专业解读，使学生对教师产生信任，并形成实事求是和理性判断的思维方式。二是注重平等交流。思想政治理论课的最新特点在于"思想塑造"而非单纯的知识传授，需要师生之间进行充分与坦诚的思想交流，学生只有在思想自由得到尊重时才可能对教师敞开心扉，与教师形成互动。三是注重换位思考。立足思想政治理论课的教学目标，结合学生的知识结构、认知水平、年龄特点和专业属性，以学生的身份思考其对社会问题的最大关注是什么，对于大学生活最大的需求是什么、认识和处理问题的通行方式是什么、对思想政治理论课的主要期许是什么等，才能增强教学的针对性和有效性。四是理解包容。青年学生追求个性，崇尚思想和行动独立，这是由其年龄特点和认知水平所决定的。教师应该对此保持耐心和包容，积极寻找尊重学生的独立性与遵循社会主义核心价值观的衔接点，引导学生逐步走向成熟。五是注重身体力行。言传与身教的和谐统一性，是实现思想政治理论课教学效果的基本要求。身体力行不仅要求教师在言行举止上"洁身自好"，更需要通过实践中的"善举"为学生和社会作出示范，增强教育的感化力。

四、有自信，让社会普遍尊重的人

思想政治教育的"以理服人""以文化人""以情感人"，都建立在教育主体对思想政治教育工作的认同和热爱之上。如果教师缺乏自我认同，对教育的价值产生怀疑，就会失去职业方向和信心，也就无法为青年大学生的成长成才提供帮助和引领。思想政治理论课教师是教师队伍中以崇高精神境界为追求和职业内容的特殊群体，如何在市场经济的环境中坚守自身价值追求，是思想政治理论课教师需要直面的现实问题。

教师是凭借自身"权威"实施职业活动的。这种"权威"不是基于权力产生的，而是一种被社会认同所形成的声望。这种声望既来自教师自身的学识和人格魅力，也来自社会对教师职业的积极评价。在二者关系中，教师的学识与人格魅力是基础，是形成良好社会评价的前提；而良好的社会评价，则是激励教师进一步提升学识与品格的动力和环境。教师的身份认同与职业自信则在其职业的提升中不断加以肯定。从中不难看出，社会对教师尊重和积极评价，并非由教师的经济实力和政治影响力等外在因素所决定，而是取决于教师自身的职业素养与职业忠诚。因此，增强职业自信，需要思想政治理论课教师从以下几个方面不断砥砺自我。

一是在确立职业的神圣感中增强自豪感和使命感，神圣感源自对自身职业价值的认同。思想政治理论课是高校马克思主义理论传播和大学生思想政治教育的主渠道和主平台，是高校牢牢把握意识形态主动权的重要依托，也是社会主义大学的办学特色。这决定了思想政治理论课教师的特殊作用和地位，即通过传播马克思主义理论，尤其是社会主义核心价值观，把青年大学生培育成具有坚定理想信念和高尚道德情操的全面发展的社会主义事业建设者和接班人，这是关乎中国特色社会主义事业继往开来的基础工程。在这项伟大事业当中，教师的地位无可取代。

二是在砥砺自身品格中体味精神高地的超越与美好。"国无德不兴，人无德不立。"在中国传统文化中"立德"是人生之本，"以德服人"则是德育之道。社会分工不同，其道德要求的内容与标准也不尽一致。思想政治理论课教师作为专职"德育"教师，不仅以德立身，还以德为业，承担着社会道德的传播者与示范者的职责,这必然要求其具有更高的道德素养和追求。在市场经济条件下,拒绝功利与诱惑,保持宁静与高洁,是思想政治理论课教师以德服人、赢得尊重的关键。正确的名利观、良好的职业形象、专注的事业心、平和淡定的心态、诚实守信的品格等,这些高尚品质共同构成了思想政治理论课教师"精神高地"的时代内涵。

三是在服务发展与奉献社会中提升教师的社会美誉度。思想政治理论课有着明确的实践内涵与要求。理论与实践相结合,既是课程教学改革的内在需求,也是提升教师综合素质的必然路径。实践教学,包含教师结合社会实际开展教学,以及教师和学生在投身社会实践中受教育、长才干、做贡献等内涵。教师社会实践有着多种方式和内容,如有组织的社会学习考察活动、结合课题研究的专题社会调研、扶贫济困的公益活动、依托专业优势的政府智囊服务,以及社会兼职等。组织性与公益性社会活动的意义是不言而喻的,而教师个人有偿的社会服务行为,则需要把握好社会效益与经济效益的关系,切实保持职业规范与道德操守,以专业、善良、诚信、正义的形象赢得社会尊重。

高质量党建引领马克思主义学院发展

罗明星*

广州大学马克思主义学院成立于 2012 年 7 月，现有教师党员 71 人，主要承担全校研究生、本科生思想政治理论课教学，以及马克思主义教育思想方向（教育学）博士研究生、马克思主义理论一级学科硕士研究生、学科教学（思政）研究生、思想政治教育专业本科生的教育培养任务。学院党委在学校党委的正确领导下，不断完善党建工作体制机制，谋划发展思路，创新工作举措，带领全院师生求真务实，克难求进，有力推动了学院各项改革，学院整体发展态势良好。2018 年，获评首批广东省党建工作标杆院系，2023 年获评首批广东省重点马克思主义学院。

一、发挥政治功能，将党建工作贯穿学院事业发展全过程

充分发挥马克思主义学院专业优势，坚持党建工作与教育教学工作有机结合，通过党建工作引领教育教学，让教师在教育教学工作中彰显党性，让学生在党的引领和关怀下健康成长。围绕这一思路，学院形成较为特色的党建工作体制机制。

（一）政治上高站位：充分发挥学院党委政治核心作用，打造学院良好政治生态

1. 健全学院党委政治核心作用实现机制

学院党委制定了《马克思主义学院党政联席会议制度》《马克思主义学院

---

* 罗明星，广州大学马克思主义学院党委书记、教授。

领导班子例会制度》《领导班子成员党政同责、一岗双责责任清单》等制度，凡重大决策皆事前广泛听取意见，党政联席会议集中讨论、集体决定。学院党委定期通过党委会"第一议题"、党委理论学习中心组学习等积极进行理论学习和理论研究，组织全院教师开展每周一次的政治学习。坚持书记、院长坚持上第一堂思想政治理论课制度，每学期初，书记与院长均围绕党的创新理论，结合学生实际，征求学生意见，向学校党委宣传部提交教案，为本学院学生上第一堂思想政治理论课，提交总结报告。

2. 建立学院领导班子带头作用发挥机制

学院党委通过强化制度规范和党性修养，激励班子成员做好表率。学院出台了关于权利的禁止性规定，要求班子成员在任何情况下，不得与教师争抢利益。例如，学院书记院长不参加校内教学优秀奖的评选，把荣誉和利益留给其他教师；为了给年轻教师更多机会，学院班子成员不参加校内项目申报。同时，对班子成员在教学、科研、育人和社会服务方面发挥表率作用作了指标规定，对引领学院建立良好风尚起到了关键作用。

3. 建立学院领导与师生常态化交流机制

加强学院领导与师生的交流，将对师生的关心落在实处，让师生感到集体的温暖，是学院党委的重点工作之一。学院每学期召开青年教师座谈会、教学型教师座谈会、学科建设骨干教师座谈会、新疆少数民族学生座谈会等专题会议，了解师生思想动态及现实需要，同时，通过书记与院长信箱、教师工作微信群等多种载体，实时了解师生诉求。为退休教师举办荣休仪式、为青年教师解决小孩入托入学问题、为生病师生解决个人困难等，是学院党委对师生表达关怀的日常举动。

（二）组织上高标准：优化基层党组织，充分发挥基层党组织的堡垒作用

1. 建构高层次专业化党委领导班子

在6名党委委员中，共有4位教授、1位副教授。学院党委书记罗明星教授的专业是马克思主义理论，党委副书记梅淑宁主要负责学生思想政治工作。组织委员赵中源教授的专业是中共党史党建，纪检委员吴阳松教授的专业是中共党史党建，宣传委员冉杰教授的专业是马克思主义哲学，党委委员左康华副教授的专业是马克思主义理论，学院党委委员学历职称的高层次、专业

方向与党建工作的高度紧密性，为学院党建工作提供了特殊优势。

2. 实施质量与效率兼具的议事决策机制

建立规范的党委会与党政联席会议制度，坚持每周一上午召开领导班子例会，重大事项集体决策，为学院党委对学院工作的全面领导提供坚强组织保证。在推动党政联席会议制度化与规范化的同时，尝试让党支部书记与系部主任适时列席学院党政联席会议，保证学院党委意志得到最高效的贯彻与执行。

3. 建立系部党支部党建工作队伍履职能力提升机制

学院4个系部教工党支部均配备有"双带头人"党支部书记，党支部书记45岁以下3人，教授1人，副教授2人，博士3人，学院配备专职组织员1人。学院党委每年开展系部党支部书记专项培训，推荐党支部书记参加校外党建交流活动，鼓励支部开展党员喜欢的具有创意的党建活动。以党支部为单位，以思想政治理论课为平台，积极促进党建理论学习与思想政治理论课教育教学有机结合。

（三）队伍上高素质：针对马克思主义学院的特殊性质，打造具有鲜明党性的教师队伍

1. 确立符合马克思主义学院特点的教师队伍建设理念

马克思主义学院教师的主业是从事思想政治理论课教学，针对思想政治理论课教师特点，学院形成较为特色的党员队伍建设理念。

（1）铸信仰。学院党委基于教师普遍具有党员身份的特点，将教师党建工作作为铸就教师信仰的重要手段。

（2）积学养。利用习近平新时代中国特色社会主义思想研究中心广州大学基地、广州市青年马克思主义理论研究与培养基地等省市级科研平台，提升教师理论功底。

（3）炼修养。建立教师定期培训制度，让教师时刻牢记为党育人、为国育才使命，提升教师的职业素养。

2. 建立与思政课教师党员身份相匹配的行为规范

学院党委对思想政治理论课教师提出了如下要求。

（1）坚持用习近平新时代中国特色社会主义思想武装教师头脑。学院党委组织教师全面学懂弄通做实习近平新时代中国特色社会主义思想，做马克

思主义的坚定信仰者、积极传播者和忠实实践者。

（2）坚持党的政治建设统领教学与科研等工作。学院党委坚持教学与科研的严谨性与规范性，强调教师教学言论与学术言论的一致性。

（3）培养教师坚持以辨证思维正确对待西方文化思潮。自觉抵御西方文化思潮对马克思主义的侵袭，学会用中国话语讲述中国故事。

（四）纪律上的高要求：加强纪律建设，提升党员的防腐拒变能力

1. 建立"微腐败"防范机制，从严从实遵守廉洁纪律

针对招生考试、职称评聘、经费使用等重点环节，学院制定一系列管理制度，防止"微腐败"行为的产生。学院将科研经费使用作为重点，建立常态化的检查制度，及时纠正经费使用中的不规范行为。坚持公务经费由分管院领导统筹使用，当事人、系主任及院长会签制度，严格按照学校财务规定使用经费。

2. 建立全程式院务监督机制，保证权力在阳光下运行

充分尊重教职工对学院党政事务的监督权利，院务监督委员会成员全程参与学院招生录取、人才引进及职称评定等重大事务决策，重要事项虚心听取教职工意见，做到学院工作公开透明。

3. 建立师德师风考评机制，规范教师职业行为

制定《马克思主义学院教研系部工作条例》《马克思主义学院教师考勤与请假制度》《马克思主义学院教师参与学院公共事务的相关规定》等文件，引导教师行为规范化和有序化。根据广州大学《教师立德树人考核工作方案》，学院按年度对教师进行师德师风考核，并将考核结果运用于评优评先、职称职务晋升等事项，考评机制的实施提升教师对师德师风的重视程度。

二、发挥党建引领作用，实现党建与业务融合发展

（一）政策上抓落实：实施党建工作责任清单制度，强化基层党支部建设

1. 实施学院党建工作责任清单制度

学院党委贯彻落实《广州大学学院党委（党总支）书记主要责任清单》，从领导班子建设责任、党风廉政建设责任、基层组织建设责任、干部队伍建

设责任、思想政治工作和意识形态工作责任、群团统战工作责任等六个方面夯实学院党建工作责任。学院党委建立党建工作目标责任制，不断提升学院党建工作制度化、规范化、科学化水平。学院党委、下属各系部支部每学期认真做好党建工作计划，认真做好党建工作年终述职并提交总结报告，接受学院党委考核。

2. 重点强化教工党支部建设，提升教工党员的党性修养

（1）加强系部党支部干部建设，强化系部党支部党建工作队伍履职能力。落实《广州大学党支部工作基本规范》和《关于进一步规范党支部组织生活的指导意见》的要求，学院党委每学期至少组织一次系部党支部党建工作队伍的专题培训，学院党委委员会同党支部书记、支部委员定期召开党员思想动态分析会，策划有针对性的主题教育活动。同时，学院党委为系部党支部创设良好的工作条件，在人力物力、培训进修等方面给予强力支持，提升党建工作者的工作热情。

（2）规范系部党支部党内政治生活，增强教工党员参加党支部活动自觉性。根据《校院党员领导干部参加基层党支部组织生活方案》的要求，院党委制定了《院级党员领导干部参加学院基层党支部组织生活安排表》。学院领导积极参与系部党支部生活，增强教工党员对党员组织生活的高度重视。学院对支部组织生活提出规范化要求，每次支部组织生活均要有明确主题、充分的时间保证和完整的发言记录。学院鼓励并支持各支部开展多样化的支部活动。

（二）安排上重创新：坚持思政课精品质，铸就师生真信仰

高校思想政治理论课是大学生思想政治教育的主渠道，做好思想政治理论课教学，是马克思主义学院的主要职责。学院党委利用国家一流本科专业思想政治教育专业优势，积极推进思想政治理论课建设。2020 年，"坚持精品质铸就真信仰：思想政治理论课教学改革与实践"获得广东省教学成果奖一等奖。

1. 组建以党员骨干教师为主体的教学团队

以思想政治理论课主干课程为载体，学院组建了习近平新时代中国特色社会主义思想概论、思想道德与法治等教学团队。党员骨干教师担任团队负责人，负责组织国家及省级一流课程申报，并通过集体备课，将教材体系转

化为教学体系，就教学中的重点难点问题进行专题讨论，形成相对一致的教学意见和教学取向，保证教学的规范性与科学性。

2. 党员教师带头进行思政课教学创新

（1）教学内容的"专业化定制"。根据学生专业特点，针对性设计教学内容，实现"专业特色+思政课特色"的有机融合。

（2）教学问题的"针对性定制"。鼓励教师通过个别交谈与随机课堂调查，发现、面对学生关心的"敏感性"问题，通过精细的教学方案设计，帮助学生解决触及心灵世界的真问题。

（3）教学方法的"个性化定制"。鼓励教师根据自身优势选择适合自己的教学方法，如运用理性诘问方式进行思辨式教学，利用 MOOC（慕课）平台开展"翻转课堂"教学，基于学生问题进行"诊断式"教学等，让教师的教学专长得到充分发挥。

（三）举措上塑品牌：凝练马院特色党建思路，全方位打造党建品牌

1. 持续推进"最受学生欢迎教师团队"建设，发挥党员教师先锋作用

为了建设学生真心喜欢、终身受益的思想政治理论课，学院党委以党员教师为主体，持续推进"最受学生欢迎教师团队"建设，具体做法如下。

（1）完善教师自我认同体系，提升思想政治理论课教师荣耀感与成就感

一是通过实行分类考核，激励教师分层次发展，为教学科研类、教学类教师提供不同类型资助，强化教师成长的支持体系建设，为其自我认同提供良好环境。二是坚持全程与全方位考核相结合，把教书、育人与自身发展纳入其中，在年终绩效考核中提升教师劳动价值的显示度，增强其工作成就感与自豪感。

（2）鼓励教师与学生加强课外联系，增强学生对教师的情感认同

学院党委积极创设和优化师生沟通环境，融洽师生情感，鼓励教师担任学校"青马工程"与"五室一站"指导教师，有计划地安排党员教师为学生上党课，积极支持党员教师参与学生暑期"三下乡"活动等。学院党委还将教师日常指导和参与学生课外活动纳入实践教学考核范畴，根据教师提供的与学生课外交流的电子邮件、微信及 QQ 等通信记录，为教师适当计算工作量，促进教师与学生的交流。

（3）充分重视党员青年教师培养，引导青年教师迅速树立感召权威

学院教师主体是青年教师，青年教师能否获得学生认同，直接关系到思想政治理论课教师队伍整体质量。学院党委以教学竞赛为抓手，督促青年教师苦练基本功，优化教学内容、教学设计、教学仪态等方面，实质性提升青年教师教学能力。举办青年教师科研专题培训会，对青年教师项目申报、论文写作等进行针对性培训指导。近五年来，青年思想政治理论课教师获得省级各类教学比赛一等奖 1 人次、二等奖 2 人次，获得国家社科基金项目 12 项，成为学校教学与科研的重要力量。

2. 深化推进党员教师与学生"一对一"结对辅导项目建设，引导学生健康成长

党员教师与学生"一对一"结对辅导是学院针对思想政治教育专业本科生的品牌项目，自 2013 年开始实施。学院制定《马克思主义学院师生"一对一"结对项目实施细则》，通过强化教师与学生一对一、面对面接触，倡导教师在思想引领、专业学习、学术科研、心理健康、社会实践、就业指导、职业规划等方面对学生进行全方位、不间断的四年制指导和关心，旨在实现学生更好地成长成才和促进学生全面发展。

（1）起航篇：真诚结伴，一路同行。在学生刚刚踏入学校之时，学院党委就成立专门的新生工作领导小组并开展"一对一"工作布置，把每一位教师对应结对的学生信息安排到位，让每一名新生在踏入学校的那一刻开始，就与对接教师建立起联系，感受到温暖。每位结对教师为所指导的新生送上一张具有纪念价值和指导意义的教师寄语卡，学院为结对师生合影留念。结对教师通过分享个人求学生涯经验，帮助学生结合自身特点制定一份个性化的大学生涯规划书，让新生尽快适应大学生活，朝着自己设定的目标迈进。

（2）奋进篇：师生有约，共同进步。在学生大二、大三阶段，结对教师通过前一个学年的交流和陪伴，和结对学生建立起了深厚的师生情谊。学生信任结对教师，在结对教师的指导下参与自己感兴趣的科研活动和社会实践活动，提高社会认知能力、实践能力、交往能力和解决问题的能力，在实践活动中获得积极的情绪体验。同时，学院依托"五室一站"等载体，打造师生结对活动的展示平台，开展系列特色活动，如"最受欢迎教师之约""读书分享会""职业形象之约"等，适应不同性格学生的发展需要，获得学生一致好评。

（3）扬帆篇：放飞梦想，扬帆远航。大四阶段，学生面临就业压力，结

对教师发挥不可替代的专业指导作用。在此阶段，结对教师将四年指导过的结对学生组织起来，组织现场教学活动，言传身教，帮助提升学生技能；此外结对教师根据学生的就业需要，为学生写推荐信，为学生顺利就业提供支持和鼓励。在学生面临就业选择困惑时，结对教师及时给出专业建议，指点迷津，让学生在求职路上无所畏惧，放飞梦想。

"一对一"活动充分发挥了党员教师的专业优势，加深教师对学生的理解。一对一指导，帮助学生树立信心，培养学生积极乐观的心态，提升了学生面对竞争和困难的应对能力。

（四）功能上重拓展，充分利用马克思主义学院专业优势，在学校党建工作中发挥模范带头作用

在做好学院党建工作的同时，学院党委利用马克思主义理论学科专业优势，积极参加学校党建工作，积极发挥模范带头作用。

1. 组建马克思主义学院宣讲团，持之以恒开展全校性党的创新理论宣讲

学院思想政治理论课教师均为广州大学宣讲团成员，成为宣传习近平新时代中国特色社会主义思想的主力军，宣传对象遍及全校所有机关部处及全部学院。选拔优秀学生组建青年宣讲团，深入街道与社区开展宣讲活动。2022 年，组建"同上特色思政课，践行岭南天山情"新疆社会实践团赴喀什地区讲授特色思想政治理论课，该实践团入选暑期"三下乡"社会实践全国重点团队。30 多位师生党员积极参与学校党建红色文化长廊建设工作，汇编近 50 万字文字资料，长期担任义务讲解员工作。

2. 利用思想政治理论课优势协同学校课程思政建设

学院 30 人次思想政治理论课党员教师以"第二负责人"身份参与到广州大学课程思政示范团队、示范课程的建设当中，倾力参与广州大学课程思政教学研究与实践工作，推动构建思政课程与课程思政协同育人的"大思政"格局。

3. 以"第一班主任"身份参与其他学院学生思想政治工作

学院每年选派 10 名思想政治理论课教师党员担任学校"第一班主任"，分派到不同学院不同班级担任班主任工作，为所在班级学生提供学习指引、思想解惑及生活指导，组织学生开展有意义的集体活动。目前，全院累计有 36 人次党员教师在全校不同学院担任"第一班主任"。

4. 积极开展港科大（广州）思想政治理论课教学工作

根据有关部门安排，香港科技大学（广州）的思想政治理论课由广州大学马克思主义学院承担，学院为港科大（广州）制定了完整的思想政治理论课教学方案，遴选 8 名党员骨干教师组成港科大（广州）思想政治理论课教师团队，全力上好港科大（广州）思想政治理论课，引导学生积极融入国家和粤港澳大湾区建设发展大局。

守正创新　推动思政课建设内涵式发展*

赵中源　罗明星　左康华**

　　思政课是落实立德树人根本任务的关键课程。广州大学马克思主义学院以 "打造教师真心热爱、学生真心喜欢的思政课" 为目标，以新时代党的创新理论为引领，立足新时代伟大实践，不断推动思政课改革创新，守正创新推动思政课建设内涵式发展，不断提高思政课的针对性和吸引力，通过思想政治理论课的 "一二三四五" 建设，稳步提升教学效果。

一、坚持 "一流标准" "一以贯之"，提高思政课吸引力

　　广州大学马克思主义学院坚持 "一流标准" "一以贯之"，始终坚持把课程建设放在学科建设和学院发展首位，按照 "让学生真心喜欢、终身受益" 的标准，推进思政课建设，全员全力保障一线教学，突出思政课的育人功能，强调思政课教师的责任与使命。

　　学生既是思政课施教的对象，也是思政课学习的主体，还是思政课教学效果的重要评价主体。只有走进学生内心、赢得学生喜爱的思政课，才能真正落实立德树人根本任务，才能算得上成功的思政课。

　　办好思政课，关键在教师。学院引导教师铸信仰，让有信仰的人讲信仰。基于这样的理念，打造 "头雁领航、雏雁续航" 的 "优教雁阵"。学院现有

---

　　* 本文载于《中国教育报》2024 年 9 月 10 日，4 版。

　　** 赵中源，国家高层次 "特支计划" 领军人才，广州大学马克思主义学院院长、教授、博士生导师，广东省习近平新时代中国特色社会主义思想研究中心特约研究员。罗明星，广州大学马克思主义学院党委书记、教授。左康华，哲学博士，广州大学马克思主义学院副院长，副教授、硕士生导师。

高层次人才"特殊支持计划"哲学社会科学领军人才 2 人、青年拔尖人才 1 人，文化名家暨"四个一批"理论人才 2 人。在国家、省级领军人才的带动和影响下，学院培养了一批有潜质的思政课教师队伍，学院现有全国优秀教师 1 人、全国高校优秀思政课教师奖励基金二等奖获得者 1 人、全国思政课教师年度影响力人物 1 人、南粤优秀教师 5 人。

引领做"大先生"、教"大学问"、育"大英才"的生动局面不断形成。广州大学马克思主义学院建设起一支深受学生欢迎的思政课教学团队。学校思政课教师团队连续多年被评为"最受学生欢迎教师团队"，有 82 人次被评为"最受学生欢迎的老师"。学校思政课教学团队先后获评国家教育部门教学科研示范团队 1 个、省级教学团队 3 个，获得国家、省级各类教师教学竞赛奖 8 项。

二、坚持"双向驱动""双向提升"，在政治性和学理性统一中讲好思政课

广州大学马克思主义学院坚持"双向驱动""双向提升"，以教学引领科研，以科研助力教学，实现二者共进共赢。学院通过教学研究创新课堂教学的方式，旗帜鲜明地讲政治、讲立场、讲方向，通过科学研究以透彻的学理分析回应学生，坚持政治性与学理性相统一。

学科团队突出的科研能力，有助于思政课教学中以透彻的学理，分析讲好马克思主义理论，特别是中国化马克思主义理论的真理性，把道理讲深、讲透、讲活，引导学生懂政理、明学理、通事理。

广州大学马克思主义学院是广东省重点马克思主义学院，学院依托的马克思主义理论学科是广东省一级优势重点建设学科，同时是广州市重点扶持学科，经教育部门第五轮学科评估进入 B 类学科之列。

广州大学马克思主义学院积极关注国家重大的理论热点问题，坚持"理论为实践服务"的研究导向，经过近年来的大力建设与方向凝练，在切实提升育人水平的同时，逐渐形成了自身的研究特色与优势。

学院以思政课主干课程为载体，通过教学内容的"专业化定制"、教学问题的"针对性定制"、教学方法的"个性化定制"，将教材体系转化为教学体

系。同时，学院通过教学示范课、集体备课会、教学研讨会等形式，就教学中的重点难点问题进行专题讨论，形成相对一致的教学意见和教学取向，保证教学的规范性与科学性。

广州大学思政课课程建设取得一系列成绩：自 2012 年以来，团队共有 2 门课程获评国家精品在线开放课程，7 门课程获评省级精品课程和优质课程；学院先后有 2 门课程获评国家一流本科课程、5 门课程获评省级一流本科课程。

三、坚持"三个统一""三可标准"，牢牢把握思政课的民生属性

广州大学马克思主义学院坚持"三个统一""三可标准"，牢牢把握思政课的民生属性，聚焦新时代学校思政课建设的青年关切，通过统一使用标准教材、统一使用标准课件、统一评课标准，把思政课建设成为可亲、可信、可用的品牌课程。

其一，贴近广东省的经济社会发展实际，尤其是大湾区建设实际，贴近学校高水平大学建设的要求，贴近学生学习生活需求，擦亮广州大学思政课的可亲品牌。广州大学马克思主义学院不断创新教学思路，打造贴合学生实际的"靶向课程"。学院鼓励教师通过个别交谈与随机课堂调查，聚焦学生关心的敏感性问题，通过精细的教学方案设计，帮助学生答疑解惑，获得学生的亲近信赖。

其二，注重以事实感人、强化以理服人、突出以师德化人，凸显广州大学思政课的可信品牌。学院党委积极创设和优化师生沟通环境，融洽师生情感，鼓励教师担任学校"青马工程"与"五室一站"指导教师，有计划地安排教师为学生上党课，积极支持党员教师参与学生暑期"三下乡"活动等，让思政课教师成为学生可信赖的人。

其三，追求在校学习有用、走上社会有用、终身发展有用，打造广州大学思政课的可用品牌。学院认为，教师不应该仅仅是教书匠，还必须同时是研究者与开拓者。学院鼓励教师开设思政课拓展课程，引导、鼓励青年学生在未来生活中正确认识和担当新时代青年使命。

四、坚持"四个结合""四个突出"，构建"大思政课"格局

广州大学马克思主义学院坚持"四个结合""四个突出"：坚持思政专业与专业思政有机结合，突出思政专业的示范作用；坚持思政课程与课程思政有机结合，突出思政课程的引领作用；坚持课堂教学与社会实践有机结合，突出课堂教学的主渠道作用；坚持传统课堂与翻转课堂有机结合，突出传统课堂的主干作用。

以思政专业引领专业思政。广州大学马克思主义学院思想政治教育专业是学校传统优势专业之一，也是国家一流本科专业建设点。专业在人才培养模式上进行改革，为广州大学创新性实施专业思政提供了重要助力。在长期教学实践中，思政专业强调分类培养与创新培养，强调从专业整体出发实施体系化、全要素的思政教育，对保证专业人才培养的政治方向、回答好"培养什么人、怎样培养人、为谁培养人"的根本问题发挥了重要作用。自实施人才分类培养以来，思政专业升学率两倍于学校平均升学率，为实现思想政治教育与知识体系教育的有机统一作出良好示范与带动。

以课堂教学结合社会实践。实践教学是思政课教学的重要组成部分，坚持理论性和实践性相统一，是推动思政课改革创新的一个重要原则。广州大学思想政治理论实践课依托省级红色实践教学基地，通过思想政治社会实践课、专业课课程思政与专业实践类课程的配合，构建思政课的"大平台"。以广州大学党建红色长廊为例，该场地系广州大学利用校内建筑打造的集展览宣教、主题景观展示、文化交流服务等多功能于一体的党史教育基地，也是构建全域思政育人新模式的重要依托。马克思主义学院全过程深度参与了该走廊的内容建设与运行，并将其设为实践教学场所，自投入使用以来，红色长廊已成为广州大学对外展示育人成效的闪亮名片，多家媒体报道红色长廊开展实践教学的情况，形成了较大的社会影响。

以传统课堂结合翻转课堂。2021年，广州大学思政课实现了线上线下混合教学的全覆盖，有力推动了线下精品课程建设向线上"金课"建设的转型。根据"中国近现代史纲要"教学团队开展的学生问卷调查，线上教学的教学效果和学生满意度高于参加传统课堂教学的学生，但受限于教师的在线教学

水平、学生的学习观念、教师重构教学内容的能力等因素,在线教学并没有发挥最佳效能,需要进一步协同融合。在实践中,广州大学思政课坚持传统课堂与翻转课堂有机结合,并重点突出传统课堂的主干作用,实现了教师主导性和学生主体性的统一。

五、坚持"五位一体""五个到位",加强党对思政课建设的全面领导

广州大学马克思主义学院坚持"五位一体""五个到位",推进思政课程的平台建设、方法创新、渠道拓展、资源整合、环境优化"五位一体"同向发力,协同发展,形成立体效应;思想认识到位、精力投入到位、指导督促到位、育人效果到位、辐射功能到位,为广州大学高水平教学品牌建设增色、为广州市和大湾区思想文化建设服务。

始终坚持马克思主义指导地位,把思想政治工作贯穿学校教育管理全过程,是党领导教育事业的一条重要经验。学院充分发挥马克思主义学院专业优势,坚持党建工作与教育教学工作有机结合,通过党建工作引领教育教学,让教师在教育教学工作中彰显党性,让学生在党的引领和关怀下健康成长。坚持政治上高站位,充分发挥学院党委政治核心作用,打造学院良好政治生态。坚持组织上高标准,优化基层党组织,充分发挥基层党组织的战斗堡垒作用。坚持队伍上高素质,针对马克思主义学院的特殊性质,打造具有鲜明党性的教师队伍。坚持纪律上高要求,加强纪律建设,提升党员的拒腐防变能力。

在广州大学党委的正确领导下,马克思主义学院不断完善党建工作体制机制,谋划发展思路,创新工作举措,有力推动了学院各项工作改革,学院整体发展态势良好。学院获评首批"广东省党建工作标杆院系""广东省重点马克思主义学院"。同时,积极参与思政课区域协同创新,充分发挥学科优势和思政课建设资源优势,帮扶民办高校思政课建设全面提质创优,推动其形成系统完善、科学规范、运行有效的思政课建设制度机制和教学体系,努力培养更多让党放心、爱国奉献、担当民族复兴重任的时代新人。

以优良学风铸牢一流人才培养基石

梅淑宁*

党的二十大报告指出，培养造就大批德才兼备的高素质人才，是国家和民族长远发展大计。这凸显了新时代新征程对卓越创新人才的渴求。由于马克思主义学院的特殊性，"德"与"才"，思想引领与专业发展，是高度统一的。广州大学马克思主义学院深入贯彻落实党的育人目标，聚焦大湾区和少数民族地区多样化人才需求，创新学生思想政治工作思路，以学生学习成才为导向，以优良学风建设为核心，着力培养信仰坚定的高素质青年理论人才。近三年来，学院考研率蝉联学校文科学院第一名，就业率稳居全校前列。

一、以文化为根，涵育人心向学的学院文化

文化是学院的灵魂。2021年，学院通过广泛征集评选，产生了广州大学马克思主义学院院徽。院徽中的马克思头像体现了学院的学科专业特质。院徽的顶部是一顶学士帽的形状，而底部是一本翻开的书，彰显着学院教书育人的使命。2022年初，学院把"尊德性，道问学"定为院训。"尊德性，道问学"语出《礼记·中庸》第二十七章，原文为"君子尊德性而道问学，致广大而尽精微，极高明而道中庸"。它的意思是尊重、遵从人与生俱来的本能和善的天性，通过后天的学习和自身修养的提升达到至诚的境界。学院摘出这句话的六个字作为院训，并赋予了新的释义：对于教师来说，要在教学实践中谨守师德，潜心学问，刻苦精进；对于学生来说，要在求学道路上陶冶

---

* 梅淑宁，教育学博士，广州大学马克思主义学院党委副书记。

品德，勤于问学，以达光明。这是传承千年的古人智慧在今天的创造性转化和创新性发展。学院设立“道问学”作为学院最高奖，表彰潜心教书育人、对学生成长成才有突出贡献的教师，勤奋求知、积极进取、学业表现出类拔萃的学生。学院的团学公众号为“学在马院”，既有学子在马克思主义学院，也有学习在马克思主义学院之意。通过一系列的文化建设，学院构筑起优良的教风、学风，引导教师不忘育人初心，助力学生学业进步，引导学生夯实基础知识，提升专业能力，实现长远发展。

广州大学马克思主义学院院徽

二、以经典为本，夯实学生高端发展的专业基础

作为马克思主义学院学生，阅读马列经典是首要任务。每年开学典礼中为新生赠书，已是学院坚持多年的传统。但鉴于经典的阅读难度大，学生独立阅读相对吃力。学院青年教师于2018年自发组建“观书苑”读书会，每周五带领学生研读经典、理性思考、自由论辩，业已形成教师、研究生、本科生三方参与的研学共同体。读书会明确真理面前师生平等的阅读理念，大家都是平等的读书人，在轻松愉悦的氛围中享受读书之乐。在阅读内容上，读书会注重以经典文本铸就主流意识：一方面，以马克思主义经典著作《黑格尔法哲学批判》《1844年经济学哲学手稿》《德意志意识形态》《共产党宣

言》等为主干，学习马克思、恩格斯思想的原貌，也研读党的创新理论，如《习近平谈治国理政》第一卷至第四卷、《习近平著作选读》第一卷和第二卷等；另一方面，选读中西方哲学代表性经典著作，如《道德经》《传习录》《纯粹理性批判》《精神现象学》等，从中国传统中找寻根脉，从外国经典中汲取养料。在阅读方式上，读书会以灵活方法开启辩证智慧：注重理论联系实际，综合采用逐句分析、金句摘读、读后交流等方式，启发独立思考和自由提问，在一问一答间揭示经典奥义，在一思一辩中达成价值共识。近年来，读书会组织阅读活动 239 场，读书群有活跃师生 700 余人，包括校内外许多经典著作学习者。同时，学院统计学生图书馆进馆次数、书籍借阅数量和借阅书目，每年发布马克思主义学院学生读书报告，评选"道问学"读书奖，表彰读有所获的学生。

三、以实践为帆，激发学生全面发展的本领才干

作为思政专业的师范生，卓越的师范技能为学生长远发展助力。为了锻炼学生的授课能力，助力马克思主义理论的大众化传播，学院先后组建马克思主义学院青年理论宣讲团和广州大学党建红色文化长廊讲解队，形成了一支长期稳定的宣讲力量，以新时代青年人的语言、视角与情怀开展宣讲，努力讲述信仰的故事回应"时代之问"和"历史之问"。一是让有信仰的人讲信仰。通过组织宣讲比赛、说课大赛、大学生讲思政课公开课等，严格选拔政治素质过硬、理论功底扎实、授课能力突出的优秀学子投身宣讲工作。二是以平台为载体讲信仰。2021 年，学校建造由 228 根柱子、11 万余字组成的党建红色文化长廊。学生深度参与长廊文本和讲解稿的撰写审校，并组建红色长廊讲解队。三是用年轻人的方式讲信仰。学生着重讲好"青年话"、凸显"青年味"，用青年的声音辨析思想困惑，将党的创新理论"大道理"转化为青年身边的"小故事"，努力打造有思想、有温度、有实效的宣讲精品。近三年来，学生在喀什、清远、广州等地组织理论宣讲 127 场，覆盖听众 7500 余人，受到《人民日报》《光明日报》《中国青年报》等多家权威媒体报道，获暑期"三下乡"社会实践全国重点团队、广东高校大学生讲党史公开课二等奖、广东高校学生工作案例评优活动二等奖。

四、以交融为舟，共谱天山珠水"同心曲"

作为长期培养少数民族理论人才的学院，新疆籍少数民族学生在马克思主义学院的本科生占比位于全校各学院前列。部分少数民族学生面临环境融入的困难，学业能力的不足，以及长远发展的阻碍等问题。学院把少数民族学生学业帮扶作为重点工作，在育人关键环节聚合发力，共同成长铸牢民族情。精准调研织密少数民族学生"数字网"。组织少数民族学生撰写成长手记，发布少数民族学生学业与发展情况年度报告，在学业、情感、成长等方面形成精细画像，为少数民族学生培养提供数据支撑。二是互助学习谱写团结奋进"协奏曲"。通过挖掘学生的特长，组织汉族同学为少数民族同学补习普通话、四六级、专业课等，少数民族同学带领汉族同学学习民族舞、拳击、飞盘等，营造共居共学、共事共乐的嵌入式成长环境。三是交流融合架起多元文化"连心桥"。组织少数民族学生教汉族学生少数民族常用语，汉族学生教少数民族学生粤语、客家话等。开展"民族友爱携手行"活动，支持学生互邀去家中做客、共同出游，让各民族学生在自在交融中产生情感联结。支部通过精准分析育人对象、定制化提供思政内容，少数民族学生与汉族学生实现了学习上互相帮助、生活上互相关心、情感上互相交融。少数民族学生综合素质日益提升，多位学生入党入伍、担任班干团干，还获得暑期"三下乡"全国重点团队、全国大学生拳击冠军等荣誉。学院教师指导少数民族学生组队获"挑战杯"校赛二等奖并发表学术论文，多名少数民族学生在中国政法大学、新疆师范大学等高校深造，少数民族毕业生连续三年100%就业。

学风建设不仅关乎个人成长，更是一流人才培养的根基所在。学院引导学生在文化浸润中滋养学风品格，在研读经典中夯实理论功底，在社会实践中锤炼过硬本领，在互助中全面成长，学思用贯通、知信行统一，真正成长为政治素质过硬、理论基础扎实、实践能力突出的马克思主义理论人才。

思想政治教育（师范）专业
教育实习的创新探索

李丽丽*

思想政治教育（师范）专业教育实习是培养合格中小学思想政治教师的重要环节，其发展历程可追溯至 20 世纪 50 年代。经过几十年的发展，我国已形成了相对完善的教育实习体系，为中小学输送了大批优秀的思想政治教育人才。然而，随着教育改革的深入和社会需求的变化，传统的教育实习模式面临着诸多挑战。因而，对思想政治教育（师范）专业教育实习进行创新探索具有重要的理论和实践意义。本文结合广州大学思想政治教育（师范）专业教育实习现状，通过分析当前教育实习的创新实践和存在问题，提出改进建议和未来展望，以期为思想政治教育（师范）专业教育实习的优化提供一定的借鉴。

一、思想政治教育（师范）专业教育实习的背景

新中国成立初期，为了迅速培养大批思想政治教师，满足基础教育发展的迫切需求，我国开始建立师范教育体系，并将教育实习作为师范生培养的重要环节。这一时期的实习主要以集中实习为主，学生在毕业前统一安排到指定学校进行为期数月的实习，重点培养学生的教学能力和班级管理能力。

随着改革开放的深入和教育事业的发展，思想政治教育（师范）专业教育实习逐渐形成了较为完善的体系。20 世纪 80 年代，教育部颁布了《高等师

* 李丽丽，哲学博士，广州大学马克思主义学院副教授，硕士生导师。

范学校学生的教师职业技能训练大纲》，明确规定了教育实习的内容和要求。20 世纪 90 年代，随着素质教育的提出，教育实习开始注重培养学生的综合素质和实践能力。进入 21 世纪，基础教育课程改革的推进对思想政治教师提出了新的要求，教育实习也随之进行了相应的调整和创新。

当前，我国正处于全面建设社会主义现代化国家的新征程中，思想政治教育的重要性日益凸显。党的十九大报告明确提出，要全面贯彻党的教育方针，落实立德树人根本任务，培养德智体美劳全面发展的社会主义建设者和接班人。这一要求对思想政治教师队伍的建设提出了新的挑战，也使得思想政治教育（师范）专业教育实习的重要性更加突出。

从教育政策层面来看，近年来国家出台了一系列文件，为思想政治教育（师范）专业教育实习提供了政策支持。2018 年，教育部等五部门联合印发了《教师教育振兴行动计划（2018—2022 年）》，提出要"强化师范生教育实践""明确教育实践的目标任务，构建全方位教育实践内容体系，与基础教育、职业教育课程教学改革相衔接，强化'三字一话'等师范生教学基本功训练"。2020 年，教育部印发《新时代高等学校思想政治理论课教师队伍建设规定》，强调要加强思想政治理论课教师的实践能力培养。这些政策为思想政治教育（师范）专业教育实习的创新和发展指明了方向。

从社会需求层面来看，随着社会的发展和变革，思想政治教育面临着新的挑战和机遇。一方面，全球化、信息化的发展使得学生的思想观念更加多样化，对思想政治教师的教学能力和综合素质提出了更高的要求。另一方面，新时代对思想政治教育的重视程度不断提高，社会各界对思想政治教师的期望值也在上升。这就要求思想政治教育（师范）专业教育实习必须与时俱进，不断创新，以培养适应新时代需求的思想政治教育人才。

从教育实践层面来看，近年来各高校在思想政治教育（师范）专业教育实习方面进行了诸多探索和创新。例如，有的高校引入了"双导师制"，即由高校教师和中小学教师共同指导实习生；有的高校开展了"微格教学"训练，通过模拟课堂提高学生的教学技能；还有的高校建立了"实习基地群"，为学生提供多样化的实习选择。这些创新实践在一定程度上提高了教育实习的质量。

二、思想政治教育（师范）专业教育实习的创新实践

思想政治教育（师范）专业教育实习的主要包括课堂教学实习、班主任工作实习和教育调查研究等三个部分。课堂教学实习要求学生参与备课、授课和评课等环节，培养其教学能力；班主任工作实习则侧重于班级管理和学生思想工作，提高学生的组织协调能力；教育调查研究则要求学生针对教育实际问题开展研究，培养其科研能力。为优化教育实习，广州大学在统筹规划思想政治教育（师范）专业的教育实习时，主要采取了以下三个创新做法。

（一）采用集中实习，全面提升师范技能

集中实习模式是全面提升师范生师范技能的有效途径。通过将实习时间集中安排在一个学期，学生可以全身心投入到教学实践中，避免了分散实习可能带来的精力分散问题。在集中实习期间，学生能够系统地参与课堂教学、班级管理和教育研究等多个环节，全面锻炼和提升自身的师范技能。这种模式有利于学生深入理解教育教学规律，积累实践经验，形成稳定的教学风格。

在集中实习过程中，学生可以参与完整的教学周期，从备课、授课到评课，全方位体验教师工作。这种深度参与有助于学生将理论知识与实践相结合，提高教学设计和实施能力。同时，集中实习也为学生提供了更多观摩优秀教师课堂的机会，有利于他们学习和借鉴先进的教学方法和技巧。此外，集中实习还能促进学生之间的交流与合作，学生通过集体备课、相互听课等方式，共同提高教学水平。

（二）优化实习时间安排，确保教育实习质量

传统的实习安排往往与就业季和毕业论文撰写时间重叠，导致学生在实习期间分心，难以全身心投入。将实习提前至大三下学期，可以在时间上有效避免与就业面试和撰写毕业论文的冲突，确保学生能够专注于实习任务，提高实习效果。

这种调整不仅有利于学生更好地完成实习任务，还能为后续的就业面试和毕业论文撰写预留充足的时间。在实习期间，学生可以集中精力积累教学

经验，为未来的教师职业发展打下坚实基础。同时，提前完成实习为学生提供了更多的时间来准备就业面试和撰写毕业论文，减轻了毕业季的压力。此外，这种安排还能让学生有更多的时间总结实习经验，为毕业论文的选题和研究提供实践基础。

（三）实行双导师制，全程守护教育实习

双导师制是保障教育实习质量的重要机制。通过为每名实习生配备高校指导教师和实习学校指导教师，可以实现理论指导与实践指导的有机结合。高校指导教师主要负责整体规划、理论指导和实习评价，而实习学校指导教师则侧重于具体教学实践的指导和反馈。这种双重指导模式能够为学生提供全方位的支持和帮助，确保实习过程的顺利进行。

在双导师制下，两位导师可以定期沟通，共同制定实习计划，及时解决实习过程中出现的问题。高校指导教师可以通过定期走访、线上交流等方式，了解学生的实习进展，提供理论指导和建议。实习学校指导教师则可以在日常教学中给予学生具体指导，帮助他们改进教学方法，提高教学技能。这种全程守护的指导模式不仅有利于学生的专业成长，也能促进高校与中小学之间的交流与合作，推动师范教育的创新发展。

双导师制还能为学生提供更多的学习资源和机会。高校指导教师可以引导学生关注教育前沿理论和研究，培养他们的科研能力；实习学校指导教师则可以分享丰富的教学经验，帮助学生快速适应实际教学工作。这种双重指导模式有助于学生全面发展和成长，为未来成为优秀教师奠定坚实基础。

三、思想政治教育（师范）专业教育实习的问题和展望

思想政治教育（师范）专业的教育实习仍存在一些问题亟待解决。第一，实习指导力度不足。由于高校教师教学科研任务繁重，实习学校教师工作压力大，导致对实习生的指导时间和精力有限。此外，部分指导教师缺乏系统的指导培训，指导方法和效果参差不齐。第二，实习评价体系不够完善。比如，评价标准不够细化，评价方式单一，难以全面反映学生的实习效果。第三，部分实习基地建设滞后。比如，实习基地的软硬件设施不完善，难以提

供高质量的实习环境。

面对思想政治教育（师范）专业教育实习存在的问题，未来应从以下几个方面进行改进和创新：

首先，加强实习指导，提高指导质量。建立完善的指导教师培训体系，提高指导教师的专业素养和指导能力。尝试引入"导师团队制"，由多名教师组成指导团队，从不同角度对实习生进行指导。同时，应充分利用现代信息技术，建立线上线下相结合的指导模式，提高指导的及时性和有效性。

其次，完善实习管理机制，构建科学的评价体系。建立健全实习管理制度，明确各方职责，加强过程管理。尝试引入第三方评估机构，对实习质量进行客观评估。同时，应完善实习评价体系，细化评价标准，采用多元化的评价方式，全面评估学生的实习效果。

最后，加强实习基地建设，拓展实习渠道。加大投入，建设一批高质量的实习基地。可以尝试建立"实习基地群"，整合区域内的优质教育资源，为学生提供多样化的实习选择。同时，应积极探索新的实习模式，如"互联网+实习"等，拓宽学生的实习渠道。

思想政治教育（师范）专业教育实习的质量直接影响到未来教师队伍的整体素质。因此，教育实习应紧跟教育改革的步伐，不断创新实习模式，优化实习内容，提高实习质量。高校、中小学和政府相关部门应加强合作，共同推进教育实习的改革与创新，为培养适应新时代需求的思想政治教育人才作出贡献。

师范生顶岗实习支教带队教师的角色担当*

石若坤

　　忻州师范专科学校（现忻州师范学院）依据基础教育师资培养规律和经济欠发达地区师资队伍建设的实际需要，从 1997 年开始探索师范生顶岗实习支教模式。此后，顶岗实习支教在全国各高师院校逐步发展起来。今天，开展师范生顶岗实习支教工作的意义得到了社会各界的广泛认同，即师范生顶岗实习支教不仅是推动教师教育改革、强化师范生实践教学、提高教师培养质量的有效措施，也是密切高等师范院校与中小学的联系、促进理论与实践紧密结合、更好地服务基础教育的重要纽带。为有效落实这项工作，地方政府、高等师范院校及支教学校所起的重要作用是不言而喻的。这其中顶岗实习支教带队教师的工作也是十分重要，其角色担当更是值得认真思考的问题。

　　基于作为顶岗实习支教带队教师的实践经验和体会，从顶岗实习支教师范生（以下简称支教生）的立场考量，笔者认为顶岗实习支教带队教师（以下简称支教带队教师）应当主动担负起如下角色工作。

一、支教带队教师是支教生心理、思想问题的开导者

　　研究发现，参加实习支教的师范生心理健康状况总体较差，与在校大学生相比也有其特殊性，特别存在人际关系恐惧症、强迫症、压抑症和焦虑症等心理问题①。事实上，在顶岗实习过程中支教生出现思想波动、存在某些心

---

　　* 本文载于《高教论坛》2017 年第 8 期。
　　① 刘宗发、冉汇真：《师范院校实习生角色心理冲突与对策》，《教育与职业》2007 年第 14 期。

理问题是正常的。首先，任何正常人进入到一个陌生的环境，意味着原有生存秩序被打破，在还未适应新秩序之前，其紧张和不安是客观存在的。支教生离开大学校园，进入到一个陌生的新环境，有的条件还比较艰苦，其紧张和不适应是必然存在的。其次，支教生顶岗实习支教意味着必须扮演多重角色。与支教学校指派的支教指导教师共事，自己变成了徒弟、同事；与学生相处，自己俨然是教师；与支教带队教师相处，自己还是学生；与学生家长打交道自己立马又是教师身份。多重角色又对应着完全不同的权利与责任，而多种角色的不断转换会给支教生带来心理上的失衡，造成一定的心理冲突。支教生一旦角色转换不及时或角色转换不当，其思想问题必然随之产生。最后，顶岗实习支教通常工作任务比较繁重，在巨大的工作压力下，支教生很容易产生自我效能感不足。他们具有一定的教育理论储备，然而教学实践却明显缺乏，当在实践教学过程中遇到挫折时，教学效能感就可能降低，表现为讲课怯场、担心学生不守纪律和教不好甚至教不了学生。面对支教生可能遇到的多重心理问题，支教带队教师应当积极地帮助支教生进行有针对性的思想开导和心理辅导。

此外，在顶岗实习过程中支教生还可能遇到比较复杂的人际交往问题。笔者在支教带队中遇到个别支教生与自己的指导教师关系紧张，相处不融洽。当支教生与指导教师关系紧张甚至存在分歧时，支教生往往会陷于矛盾当中，从而影响到其对存在问题的正确认知。通常表现为无论出现什么问题，陷入矛盾当中的支教生极少从自己身上反思问题产生的原因，却常常主观片面地认定之所以出现问题就是指导教师在找碴。支教生存在类似问题也属正常，毕竟他们刚刚离开校园，踏入社会，在相对复杂的人际关系认知和处理上难免表现出不成熟和过于主观。支教生的这种情绪和认知应该被理解且不能被支教带队教师忽略，需要支教带队教师的正确开导和引导，毕竟负面的认知和情绪对支教工作的开展是非常不利的。实践当中，支教生在遇到类似问题时多数是寻求支教带队教师的理解和帮助，在许多支教生看来，支教带队教师就是他们的"娘家人"，能够给他们温暖、支持和帮助。支教带队教师应积极主动地开导支教生、帮助他们正确分析问题，引导他们善于解决人际关系中的矛盾，这不仅对支教工作有利，对于学生今后的职业生涯引导也具有非常积极的意义。

二、支教带队教师是支教生职业伦理观的正确引导者

在顶岗实习中支教生承担的工作与普通教育实习中承担的工作存在极大的差异。在普通教育实习中，实习生不能完全独立承担实习学校系统的教学任务，实习生主要还是通过观察、听课、授课和辅导来初步学习和体验教学过程。而顶岗实习时支教生会"顶替"原任课教师的教学工作，相对独立地进行教学或承担班主任工作，几乎完全履行全职教师岗位的所有职责。因此顶岗实习对支教生而言几乎就是他们毕业后进入职场的预演。在这一关键时期，支教带队教师应当承担一项重要的责任即帮助支教生树立正确的职业伦理观。

职业伦理观是职业主体对职业伦理问题的根本看法和态度，是职业主体世界观、人生观和价值观的集中体现。正确的职业伦理观可以帮助职业主体把外在的社会伦理内化为从业者个人的道德体认，使其恪守职业行为的伦理规范和准则[①]。支教带队教师有必要把教育职场要求的伦理价值观等知识传授给学生，培养学生分辨对错、辨别是非、处理人际关系等方面的能力，并使之内化为良好的职场伦理品质，诸如遵纪守法、有责任心、有毅力、敢担当、善创新以及有自我牺牲精神、团队合作精神和奉献精神等，并将其用于指导他们的言行。如此，支教生毕业之后才能摆正心态，适应环境变化和驾驭新的职场，在自己的岗位上尽心尽力地工作，从而实现自己的人生理想和人生价值。

或许有人认为支教生在顶岗实习过程中自然会接触到相关职业规范，领悟到职业伦理要求，并不需要支教带队教师刻意去指导他们。然而实践证明，此类想法与实践存在偏差。人们必须意识到，毕竟需要支教援助的中小学通常处于经济相对落后的地区，受客观条件所限及部分主观因素的影响，其教育理念和教育规范相对落后甚至不符合时代要求的，仅仅依赖支教生在顶岗实习支教中理解和领悟职业伦理不完全可行。笔者随堂听支教生授课时，有

---

① 曹照洁：《破解大学生就业难研究的新视角：职场伦理教育》，《黑龙江高教研究》2012 年第 10 期。

两个学生不太遵守课堂纪律，私底下说闲话比较多。在笔者看来对于初一年级的新生而言，缺乏一定的自制力和自我约束力也基本属于正常和可接受的情况，授课教师适当提醒学生遵守课堂纪律即可。但是这名支教生在进行此类教学管理时竟然态度粗暴地命令学生到教室后排罚站。两个学生在罚站期间交头接耳更频繁了，但支教生一直未予理睬，完全漠视这两个学生的存在。显然，这名支教生是为了方便自己的课堂管理才采用如此粗暴且不合规范的教育管理方式。之后，当我找这名支教生谈心，问及她为何如此罚站学生时，她的回答竟然是："我这样罚站在这个学校已经算最轻的惩罚了，本校教师罚学生更频繁，方式也更多样。"从这名支教生的话语中，我们不难发现其完全把罚站学生当成一种合理的教育方式。而这种认知与支教学校某些不良教学风气的消极影响存在一定的关联。之后我通过与该支教生的沟通交流，让她逐渐意识到对待学生无论是对听话的学生还是对调皮的学生都应当真心爱护和教育，教育职业要求教师关心爱护学生，教书与育人并重才是正确的职业伦理要求，此后该支教生在教学管理中再没有乱惩罚过学生。支教带队教师如果忽视对支教生树立正确职业伦理的引导，也许未来社会上就多了一个为教书而教书的教书匠，少了一个教书育人的好教师。

三、支教带队教师是支教生心理契约的修护者

契约关系是组织环境中普遍存在的一种社会现象，它通过界定个体与组织之间的权利义务关系把个体与组织有机结合起来，然而在个体与组织之间除了存在书面的契约外，还存在着一种隐含的、非正式的、未公开说明的相互期望和理解，它构成了心理契约的内容。有的学者指出：心理契约是个人与组织之间的一份内隐协议，协议中指明了在彼此关系中一方期望另一方的付出与回报的内容。有的学者把它界定为"任何时刻都存在于个体与组织之间的一系列没有明文规定的期望"[1]。于桂兰认为"心理契约是指交往双方彼此对于对方所抱有的一系列微妙而含蓄的期望"[2]。在顶岗实

---

① 李原、郭德俊：《员工心理契约的结构及其内部关系研究》，《社会学研究》2006 年第 5 期。
② 于桂兰：《良性互动与心理契约》，《企业研究》1999 年第 9 期。

习这一组织活动过程中，支教生与支教学校之间存在着心理契约，即支教生从准备顶岗实习开始内心就对支教学校充满了相关期望要求，其内容通常关涉支教学校的生活、工作条件及状况。因为心理契约具鲜明的主观特性，所以支教生在构建与支教学校的心理契约时难免存在与事实不完全相符的地方，甚至存在一些片面、偏差的理解。并且在实践过程中可能因为个体理解上的偏差或客观情况的变化导致支教生心中心理契约遭受破坏继而出现心理契约的违背。理论上心理契约的违背即个体在感知心理契约被破坏之后所产生的消极情绪体验及相应的与组织规定期望、目标相反的行为总和。实践中当支教生感知到与支教学校的心理契约被破坏后也会消极地影响到支教生在实习工作中的心理、情绪甚至相关行为反应。往往在这关键时刻，支教带队教师就负有及时修正和维护支教生良好心理契约的责任。例如，在顶岗实习支教之前，支教生可能期望支教学校能提供的工作、生活条件尽可能好一些。但是如果支教学校实际能提供的条件相对艰苦则需要支教带队教师及时与支教生沟通，告知支教学校的现实状况，减小支教生内心期望与支教学校实际情况不符对支教生心理产生的消极影响，帮助支教生正确理解和体谅支教学校的困难，从而维护支教生与支教学校之间良好的心理契约。

笔者在暑期走访某小学后，知道该学校生活住宿条件相对艰苦，于是第一时间找到将去该小学顶岗实习的支教生，明确告知其学校真实的条件，并且引导支教生正确看待外部环境条件。由此支教生适当降低了预期，做好了接受非理想支教条件的心理准备。没想到的是，该支教学校在暑期积极主动地修缮了支教生的住宿环境，结果支教生发现实际的住宿条件好于她们预期，由此非常满意，随后支教生主动把这种满意情绪转化为更加积极的支教热情，圆满地完成了支教工作并获得了支教学校的积极肯定。

笔者还遇到过支教生抱怨支教学校在排课方面不合理，自己的课全部被安排在上午第一节或最后一节的情况。支教生的抱怨情绪很可能就是来自心理契约的破坏，因为最初支教生没有预估到学校会如此排课，它未达到支教生的心理预期。此时，支教带队教师应当主动干预，帮助支教生修正其心理契约。支教带队教师可以引导支教生换一个角度看问题，即帮助支教生认识到因为他们年轻，精力旺盛，并且由于住宿在学校内，所以在排课上支教学校适当照顾其他教师也有其合理性。让支教生意识到自己能帮助其他教师解决一些实际困难也是件快乐的事情，从而理解、包容学校的做法。事实证明，在保证支教生情绪正常、工作愉悦方面，支教带队教师作为支教生心理契约修护者所起的作用非常大。

四、支教带队教师是支教生正当权益的维护者

顶岗实习支教活动实质上是一种双赢的合作，是在支教生与支教学校互利合作基础上实现的双赢。在顶岗实习过程中支教学校与支教生的合法权益都应当被维护和尊重。然而在实践过程中，顶岗实习工作与支教生的部分发展需求是存在客观冲突的。问题通常集中在顶岗实习支教工作后期出现，因为顶岗实习支教的后期会有全国研究生入学考试、国家公务员考试、各地市学校组织的公开招考等。一方面，这些考试为大学生就业与未来发展提供了重要机会，大学生（支教生也不例外）对此必定特别重视，并期望能全力以赴去参与和应对。另一方面，支教生如果参加此类考试无疑会占用一些支教时间，甚至会与支教学校安排给支教生的工作相冲突。通常在这一问题上支教生与支教学校若能彼此理解，相互体谅与尊重，问题就比较容易解决。毕竟当今大学毕业生面临严峻的就业压力是不争的事实，支教学校在支教生就业或升学考试、应聘、面试等重要环节灵活地调整支教工作安排，为其提供适当的便利也是符合情理的做法。而支教生正常地寻求未来就业与发展的途径也是其合法正当的权利，是应当被维护和尊重的。在实践中，部分支教学校尤其支教学校的个别教师可能出于自身利益的考虑，不愿意为支教生提供此类便利，有部分支教学校的教师甚至在言语上给支教生施加压力，要求支教生严格执行已有的工作安排，放弃为应对考试、公招、应聘而做的工作调整。此时支教带队教师不应为了自己和支教学校管理的方便而机械地认同支教学校的工作安排，而是应当主动地扮演起支教生正当权益维护者的角色，主动积极地与支教学校协调、沟通，寻求支教学校对支教生请假、调课等行为的理解和支持。鼓励支教生相互间开展帮扶，帮助支教生在考试、应聘、面试之前调整好工作安排，既保证支教工作正常有序地进行，又使支教生合理求职等权益得到保障。

总之，支教带队教师应当意识到，在顶岗实习支教过程中由于所处境遇

不同，支教学校的利益诉求与支教生的利益诉求存在差异，有时甚至会出现矛盾冲突。当冲突出现时，支教带队教师的职责应当是正确判断各方利益诉求的合理性，积极维护支教生合理的利益诉求。

青年师生协同成长的实践探索

——以思想政治教育（师范）专业本科生师范技能培养为例

邓　妍*

　　青年教师是我国高等教育的生力军和后备军，是国家人才的重要组成部分，肩负着人才培养、科学研究、服务社会和引领文化的重要使命。《教育强国建设规划纲要（2024—2035 年）》明确提出构建素质精良的教师队伍体系，建设高素质专业化教师队伍，筑牢教育强国根基。同时，近年来随着国家对学校思政课建设愈加重视，一方面，高校马克思主义学院思政课教师出现了新老更替快、青年教师占比越来越大的趋势；另一方面，中小学思政课教师后备人才的培养也成为新时代思政课建设的题中应有之义。那么，如何才能实现二者协同发力、共同成长呢？本文旨在从思想政治教育（师范）专业本科生师范技能培养角度，分析青年师生协同成长的内在逻辑与现实挑战，并提出优化策略。

一、明理：青年师生协同成长的内在机理

　　高校青年教师通常是指初入职场、年龄一般小于 40 岁、中初级职称的教师群体。他们接受了长期的学校教育，面临初入高校职场所必经的身份转变、心理调适、专业成长等多方面挑战。本科生则刚刚经历了高考这一重大的学业和人生考验，初入大学校园的他们同样面临来自心理、学业、就业等方面

---

　　* 邓妍，哲学博士，广州大学马克思主义学院硕士生导师，主要研究方向为传统文化现代化、思想政治教育。

的诸多挑战，这为青年教师带动青年学生成长提供了契机。

第一，就青年的群体性特点而言，年龄差距小的天然优势有助于青年教师发挥传帮带作用、引领学生共同成长。两个青年群体相聚于大学校园，尽管各自处于人生的不同阶段，却面临相似的成长挑战，而青年教师以其丰富的经历、深刻的体悟、较高的学养，在引领学生树立正确的人生观、道德观、学业观、职业观上具有天然的优势。例如，通过师生交流，青年教师在"生—师"之间的身份转换，对于引导学生正确对待由中学生向大学生、由普通学生向师范生身份的转变，可以起到重要的作用。同时，青年教师基于个人家庭生活的变化及对全新人生阶段的体验，也可以帮助学生更好地适应由高中集体生活向大学相对独立生活的过渡，以及未来融入社会生活的转变。此外，青年教师还会面临克服专业成长的困难、实现个人职业发展等挑战，对于帮助学生迎接大学学业挑战、做好就业准备、规划职业生涯也将提供宝贵的经验。

第二，就教学相长的共性而言，青年教师与学生在教与学的双向互动中，有助于推动"师—生"共同体的成长。西汉的戴圣在《礼记·学记》中说："是故学然后知不足，教然后知困。知不足，然后能自反也；知困，然后能自强也。故曰：教学相长也。"在大学教学过程中，学生的专业学习首先离不开教师主导性作用的发挥。青年教师长期的学习经历、丰富的专业积累、一定的教学经验，是帮助学生"学然后知不足"并"自反"的关键要素，也为帮助学生打下坚实的学科基础、持续提升教学技能奠定了重要基础。同样，在教师教的过程中，通过观察学生学之"困"进而知自身教之"困"，对于青年教师的专业成长无疑也将起到有效的推进作用，实现青年教师与学生的共同成长。

第三，从师范教育的特性而言，青年教师与学生在以师范生培养为导向的教学中，有助于促进"师—师"共同体的培养。一方面，青年教师经历了从博士生到高校教师的身份转变，这意味着他们首先要完成日常教学任务，这就要求教师必须学习教学理论、钻研教学技能、积累教学经验、优化教学效果。同时，青年教师还需要开展相关教学课题研究，这也对教师在教学经验归纳、教学规律总结、教学理论研究等方面提出了更高要求。另一方面，思想政治教育（师范）专业属于师范类专业，人才培养目标是为中小学输送优秀的思政课教师，如广州大学马克思主义学院思想政治教育（师范）专业人才培养方案中，要求毕业生能胜任中学思政教育教学、科学研究、宣传思想、管理等工作，毕业五年左右能够成长为中学思想政治学科骨干教师。因此，学生具体的培养目标除了专业学习方面学养扎实以外，还包括德高为范、善于教学、长于育人、专于发展等教学素养与能力要求。因此，青年教师与作为未来中学思政课准教师的师范生之间实际上形成了一个特殊的"师—师"共同体，教师的教学成长不仅能从教育理论和教学能力方面促进学生的教学成长，更能从教育理想、师德师风、综合素养培育等方面向学生施加有益影响，从而有效提升师范生培养质量。

二、审视：青年师生协同成长面临的现实困境与归因分析

在高校提供的教学空间中，青年教师与学生实际上构成了一个天然的协同成长共同体，然而这一共同体作用的发挥却囿于主客体及环境等各方面因素影响，并未形成长效机制，青年教师带动学生成长的客观效应亟待强化。

第一，从青年教师群体来看，其带动学生成长的主导性发挥不足。一方面，青年教师积极带动学生成长的主体意愿不够强烈。当前高校盛行的教师评价体制普遍存在重科研、轻教学的问题，在科研占极大权重及随之而来的考核压力之下，少数青年教师走入了轻视教学、忽视育人的认识误区。其次，青年教师对教师这一职业的理解也存在偏差。教书育人和科学研究是高校教师永恒的主业，然而部分青年教师受到高校评价标准的影响，往往不能很好地平衡二者的关系，甚至将教学视为副业，价值主体由社会本位转向个人本位，职业理想缺位，敬业精神不足，在付出与索取的矛盾中陷入思想误区。另一方面，青年教师带动学生成长的理论知识和能力素养存在欠缺。首先，理论知识是青年教师成长的基本要素，主要包括学科理论知识和教育理论知识。然而受我国高校教学体制的影响，青年教师的知识结构体系存在欠缺，普遍强于马克思主义理论、思想政治教育等专业理论知识，而弱于针对师范生培养的基础教育理论知识、教师教育类课程知识、中学思政课教学的学科理论知识等，在思想认识层面也缺乏主动学习和钻研的意愿。其次，教学能力素养也是青年教师成长的关键要素，其中最为核心的就是教学技能，它是指教师在教学工作中完成教学任务所需要的一系列行为方式，是教师运用已

有的教学理论知识，在教学活动中通过练习而形成的稳固而有效地促进学生学习的活动方式，体现在教学过程的各个环节，是与学生交互作用的最直接反映。教学技能主要包括教学设计、方法、实施、媒体、观察、反思、评价等多样化技能体系，要求教师既拥有丰富的教学实践经历，也具有稳固的技能应用经验。然而当前高校青年教师囿于教学经验及教学技能实践训练的不足，要么在专业教学中体现为缺乏规范的教学环节和流程，要么在学科教学中表现为前沿教学技能知识的不足，尤其在师范生教学技能培养中缺乏实战经验，大大影响了师范生的高质量培养。

第二，从学生群体来看，其参与师生成长共同体的主体性发挥不足。受中学应试教育体制的影响，大学新生对大学阶段的学习生活缺乏了解，在师生关系上普遍存在认识不清进而导致不善于向教师请教、学习的积极性与主动性不强等问题。事实上，中学阶段的师生关系基于应试教育体制而获得了一种硬性联结，而大学师生关系则更多地回归于知识学习、能力培养、价值引导本身，因此，部分学生入学后容易陷入两种极端，一种是将大学教师视为中学教师角色的某种延续，另一种则是与之走向疏离，在自身成长过程中缺乏主动联结师生关系的主体意识，进而导致师生协同成长无法有效开展。

第三，从制度支持来看，高校尚未给予足够重视并建立长效支持体系。部分高校以行政思维主导教学管理，将青年教师成长与学生成长割裂开来。在此基础上，学生学习成长过程中与青年教师的接触多集中于课堂教学；青年教师教学理论知识与能力培养则多集中于岗前培训阶段而缺乏职后长效培训制度，影响教书育人能力的持续提升。同时，青年教师评价多以教学工作量、教研成果、学生课堂评价为主，青年教师带动学生成长的工作业绩在评价指标中占比不高，也尚未建立鼓励师生协同成长的长效机制，导致青年教师在学生培养工作上缺乏制度支持，积极性、主动性发挥不足。

三、纾解：基于协同发展理论的青年师生协同成长优化策略

协同发展理论（Synergistic Development Theory）是一种强调系统内各要素通过协调、合作和互动实现整体最优化的理论框架，广泛应用于经济、社会、生态、区域规划等多个领域，其核心思想是通过要素间的协同互补、动态协

作和资源共享而产生合力效应，从而实现更高效、可持续的发展。从协同发展理论视角出发，要有效促进青年教师成长带动学生成长，必须从"师生"两端、"院校"两级入手，通过调动多要素合力协作，着力打造师生协同成长的长效机制。

首先，加强青年教师中国特有"教育家精神"的培育，努力强化教学理论知识与技能水平，夯实育人本领。党的十八大以来，从"四有"好老师到"大先生"，到"教育家型教师"，再到习近平总书记提出并深刻阐释的"中国特有的教育家精神"，即"心有大我、至诚报国的理想信念，言为士则、行为世范的道德情操，启智润心、因材施教的育人智慧，勤学笃行、求是创新的躬耕态度，乐教爱生、甘于奉献的仁爱之心，胸怀天下、以文化人的弘道追求"，分别从教师使命、师德师风、育人实效、专业素养、教师情怀、教育理想的高度，为新时代青年教师从事教育事业提供了精神灯塔和行动指南，有助于引导青年教师树立崇高的职业理想，正确处理教师与学生、教书与育人、科研与教学的关系，在学生成长的过程中积极主动地发挥青年教师的主导性优势，提高站位，甘于奉献。在此基础上，青年教师要自觉强化围绕教学工作的理论知识学习与能力素养提升，尤其需要针对师范生教学技能的培养需求，在努力完善自身知识结构的同时，进一步加强教学技能的实践训练，积极参与各类青年教师教学技能比赛，实现以赛促学、以赛促教、以赛促研。在知识积累与能力培养的同时，青年教师还要坚持参与申报教研课题、开展教学研究，积极总结教学规律、阐发教学心得、凝练教育理念，逐渐形成独具特色的教学风格，实现从教学技术到教学技能再到教学艺术的升华，发挥"名师"的教学示范引领作用。

其次，强化学生成长教育指引，打造师生协同成长共同体，发挥教师教育合力。例如，广州大学马克思主义学院从一年级新生入校开启大学学习生活初始，班主任、辅导员等便通过入学教育、主题班会、解读人才培养方案等形式，着重围绕师与生、教与学为学生提供大学阶段师范生成长教育指南，尤其针对师范生教学技能培养提供具体指引，通过广泛宣传做到让学生有章可循、规划得法。在此基础上，学院组建由校内外优秀青年教师组成的包括一对一学业导师团队、教师教育课程团队、"三习"指导教师团队、高年级师范生教学技能大赛指导教师团队等在内的青年教师教学团队，涵盖成长教育、心理调适、生活指导、价值指引、课程教学、技能竞赛等范围，以师范生教学技能培养为核心打造全方位、全过程、全链条、高黏性的青年师生协同成长共同体，不仅为师范生培养提供全面护航，也为青年教师迅速成长注入强大的动能。

最后，重视"院校"两级青年师生协同成长的长效机制建设，为青年教师成长带动学生成长提供根本制度保障。学校和学院相关教学管理部门、教师发展中心、学生工作处室要进一步形成工作合力，将青年教师培训与学生培育工作的各环节打通，构建师资培育与师范生培养双向互动的全新工作格局。在此基础上，为学生提供课堂教学之外与青年教师开展交流学习的多样化通道，如通过一对一学业导师制、学生社团导师制、"挑战杯"大赛导师制、教学技能大赛导师制等，以及各类读书会、教育教学讲座、主题班会等形式，为青年师生协同成长提供丰富多样的制度化交流平台。同时，要为青年教师成长提供长效制度化措施，如除了一般性的教师岗前培训制度以外，可动员优秀老教师加入青年教师成长火炬计划，为青年教师制定个性化的教学能力提升计划，同时鼓励青年教师参加教学技能大赛、提供申报教研课题的有力支持、提供兄弟院校学习交流与访问机会，以及定期提供优质在线教学资源、学校星级课程公开课资源、名师教学讲座资源等供观摩学习，为青年教师长期发展保驾护航。此外，在教师教学评价、业绩评定、职称晋升等细则制定方面，"院校"两级也要通过分段评价，逐步提高青年师生协同成长工作的占比，充分激励青年教师发挥工作积极性，以自身高尚品格、人格魅力、丰厚学养、高超技能引导和培育学生，实现青年师生同向而行、同步提高、共同成长。

教师是立教之本、兴教之源。青年师生的成长本是一体两面，不应人为割裂。未来，高校应当继续以教育家精神为引领，着力打造卓有成效的青年师生成长共同体，充分发挥青年教师在学生成长过程中的示范、引领作用，同时为青年教师发展提供动力，从而更好地落实立德树人根本任务，以"强师"队伍筑牢教育强国根基。

第二编

讲道理与讲故事

——思政课建设内涵式发展的双轮驱动

高校思想政治理论课教学
要有意思更要有意义[*]

吴阳松^{**} 陈金莲

习近平总书记在学校思想政治理论课教师座谈会上明确指出："我们办中国特色社会主义教育，就是要理直气壮开好思政课"①，并对思想政治理论课建设和改革创新提出了"八个相统一"的具体要求。高校思想政治理论课本质上是一门"铸魂育人"的课程，上好高校思想政治理论课，要求教师的教学不仅要有意思，更要有意义。"有意义"是高校思想政治理论课教学的本质要求，是指高校思想政治理论课教学要紧紧围绕"铸魂育人"，培育社会主义建设者和接班人这个根本目标服务。"有意思"是指高校思想政治理论课教学要有亲和力、感染力、说服力，让学生觉得有趣、有味、有理，使学生乐于接受、易于理解、善于运用，本质上是一个教学方法问题。"有意义"的思想政治理论课离不开"有意思"的讲授，"有意思"的讲授要紧紧围绕"有意义"的目标展开，两者之间是一个有效互动、辩证统一的关系。教学实践中，我们要进一步审视"有意思"与"有意义"的内涵与边界，规范两者之间的内在关系，更好地实现两者之间的有效统一，确保高校思想政治理论课教学取得实效，发挥作用。

---

* 本文载于《思想政治教育研究》2019 年第 6 期。

** 吴阳松，国家高层次"特支计划"青年拔尖人才，广州大学马克思主义学院副院长、教授、博士生导师，广东省习近平新时代中国特色社会主义思想研究中心特约研究员。

① 《习近平谈治国理政》第 3 卷，外文出版社 2020 年版，第 329 页。

一、"有意义"是高校思想政治理论课教学的本质要求

新时代背景下高校教师上好思想政治理论课,一个前置性问题就是要弄清、弄懂、弄透高校思想政治理论课的本质属性与教学目标,深刻领悟高校思想政治理论课的"铸魂育人"的意义要求。只有明晰高校思想政治理论课的"意义"内涵,教师才能在教学实践中采取有效方法,通过一定方式安排好教学,确保教学不偏航,实现课程的价值与目标。

高校思想政治理论课本质上是一门"政治课",其根本目标就是引导大学生坚定正确的政治方向,树立正确的世界观、人生观、价值观,培养成为社会主义事业的合格建设者和可靠接班人。对大学生知识和能力的培养固然重要,但最关键的还在于使之具有坚定的政治方向。[①] "为谁培养人,培养什么样的人"是高等教育自始至终都要面对和回应的根本性问题,高校思想政治理论课是高校思想政治工作的主渠道和主阵地,担负主要职责,具有独特功能。从本质来说,高校思想政治理论课是国家为提升大学生的思想政治素养和培养社会主义事业的可靠接班人而专门设置的,这是思想政治理论课"铸魂育人"的"魂"之本质所在。高校思想政治理论课教学要"有意义",就是意味着高校思想政治理论课教学要紧紧围绕培养一代又一代拥护中国共产党和社会主义制度,不断增强中国特色社会主义的道路自信、理论自信、制度自信、文化自信,树立正确的世界观、人生观和价值观,立志成为中国特色社会主义事业的建设者和接班人这一根本目标而展开。政治上的坚定离不开理论上的清醒。"铸魂"当代大学生成为社会主义事业的可靠接班人,需要遵循思想政治教育的基本规律,深刻把握"思想政治理论课"是通过"思想"来教"政治","政治"不是空洞的说教,是有"理论"内涵的政治这一本质特点。高校思想政治理论课教学就是要通过"理论的彻底",以思想的魅力、真理的力量来触动学生的灵魂,使尚处于人生"拔节孕穗期"的大学生掌握辩证唯物主义和历史唯物主义的世界观和方法论,能够正确运用马克思主义的立场、观点和方法来观察、分析、处理实际问题,熟悉中国化时代化

---

① 刘世平:《论高校思想政治理论课的本质属性》,《学校党建与思想教育》2009 年第 5 期。

马克思主义的基本内容，洞察近代中国社会特别是中国特色社会主义演进发展的理论逻辑、历史逻辑和实践逻辑，自觉增进政治认同，坚定"四个自信"，成为中国特色社会主义的坚定信仰者和忠实实践者。

思想政治理论课教学是高校思想政治工作的主渠道和主阵地。高校是培育"人才"的场所，如果说高校的其他课程是一种侧重传授知识和技能的"成才教育"，那么高校思想政治理论课教学则是侧重于铸魂育人的"成人教育"，就是要通过思想政治理论课的系列讲授，使当代大学生成为一个政治立场坚定，具有正确的世界观、人生观和价值观的社会主义建设者和接班人，这是思想政治理论课教学的根本旨向和目标。

二、当前高校思想政治理论课教学值得商榷的几种教学表现

高校思想政治理论课教学要实现"有意义"的目标，需要通过"有意思"的教学方法来呈现。只有善于把"有意义"的课程讲授得"有意思"，把大道理表达地生动易懂、娓娓动听，才能收到"有意义"的效果。思想政治理论课教学是"有意义"与"有意思"的统一。从现实教学实践来看，一些思想政治理论课教师过于追求教学的"有意思"，甚至把思想政治理论课的"有意义"与"有意思"割裂开来、对立起来，导致高校思想政治理论课的价值目标被模糊、弱化，我们必须严肃正视这些教学过程中出现的不良倾向。

（一）在教学形式上片面追求教学"有意思"的几种表现

一是"迎合式"教学。所谓'迎合式'教学就是立足于学生现有的认知水平，以一些学生的学习态度、认知偏好及思维习惯为转移，通过投其所好来组织实施课程教学活动，以期获得一些学生的认可和提高学生对教学的满意度。[1] 当前一些教师背离思想政治理论课的本质要求，在教学实践中刻意迎合学生喜好，把思想政治理论课教学异化为一种纯粹的"市场行为"。"你喜欢什么我就给你讲什么"，一味顺从、迎合甚至是讨好学生，以获取学生的

---

① 赵中源、陈倩：《高校思想政治理论课必须正视"迎合式"教学的误区》，《思想教育研究》2016年第4期。

"好评"。在教学形式上刻意追求新、奇、怪,在教学内容上专挑学生喜欢的讲,甚至邀请学生"点单"开讲;在教学管理上放松要求,无视教学纪律和教学秩序等。从过程上看,迎合式教学的确实现了教学过程的"有意思",教学场面火爆,学生纷纷点赞,教师很受欢迎;但从效果上看,这一教学模式已严重偏离了课程设置的初衷,使思想政治理论课沦为十足的"有意思而无意义"荒唐课。

二是"兴趣式"教学。高校思想政治理论课本质上是一门政治课,不是教师的兴趣课,也不是学生的专业课。在教学实践中,一些教师把思想政治理论课演绎成为自己的"兴趣课",主要根据自己的所学专业、所研方向、所感趣味来安排教学内容,这一现象日益成为当前教学实践中的一个突出问题。兴趣课教学主要有两种表现形式。首先,一些教师把思想政治理论课作为"专业兴趣课"来讲;一些教师根据自己的学习背景和研究专长,随意解构教材,扬长避短而不愿系统研究教学内容,只讲自己熟悉或自己擅长的部分。比如,把马克思主义基本原理概论课作为哲学课来讲,只讲马克思主义哲学部分且长篇累牍地从古希腊、古罗马等西方哲学讲起,无视马克思主义政治经济学和科学社会主义的内容;在中国近现代史纲要课上只讲中国近代史,不讲中国现代史等,或把该课作为纯粹的历史课来讲,大谈上古史、封建史,或从横断面上大讲近现代的道德史、经济史、文化史等;在思想道德修养与法律基础课上,大谈民法、刑法、婚姻法,把该课讲授成了法学专业学生的专业课等;把毛泽东思想和中国特色社会主义理论体系概论课讲成了专业的党史课、社会学课程,或纯粹是党建报告、形势分析课。其次,部分教师把思想政治理论课作为"生活兴趣课"来讲。一些教师随意脱离教学大纲或牵强附会,教学内容主要是根据自己的兴趣、喜好和生活感悟来设计安排,把思想政治理论课演绎成为自己的"生活兴趣课",想怎么讲就怎么讲,喜欢什么就讲什么,只在乎讲得过瘾、有意思,完全割裂了思想政治理论课的政治课本质与育人要求。

三是"流放式"教学。近年来在思想政治理论课教学改革的大背景下,一些教师以教学改革创新为名,在教学实践中把思想政治理论课演绎为纯粹的"新闻课""视频课""讨论课",本质上没有提升教学效果,反而使思想政治理论课沦为一种"流放"状态,在教学实践中特别值得警惕。这一现象首先表现为"新闻课"教学。"新闻课"教学的主要特点是在教学内容上以

"讲新闻"为主。一些教师强调理论联系实际，而教学实践中只有联系实际而完全没有理论，随意肢解、脱离教学大纲，以当下各类新闻话题、热点故事为主要教学内容，根据自己的理解进行演绎教学；或是教学话题依据各类新闻、网红事件漫无边际地叙说或由学生畅所欲言、自由发挥，教师在此过程中又不加以正确引导，最后使课堂沦为各种新闻、故事甚至是娱乐八卦的大联欢、大互动。其次，表现为"视频课"教学。在当前教学方式改革的大背景下，一些教师和高校有组织地推动高校思想政治课教学改革，从出发点上是积极和认真的，但存在教学改革过度而异化的现象。一些教师以教学改革为名，特别强化线上教学的作用，把教学完全搬到了网上，把思想政治理论课教学演绎成了完全的"网络课"，教师从"三尺讲台"变成了函授式的"远程教学"；一些教师刻意强调多媒体教学的作用，动辄整节课播放视频、观摩示范，把思想政治理论课变成了"视频课"。最后，表现为"讨论课"教学。一些教师为强化教学互动和发展学生的主体性作用，积极运用讨论式教学方法，是要肯定和支持的，但在具体的教学实践中逾越了事物的"度"。一些教师以"讨论"为名，刻意放大学生讨论的规模和时间，使教师从"讲课"变成了"听课"，还存在一些教师以"讨论"为名无限扩大讨论的范围和话题，从"专业讨论"变成了"社会讨论"，模糊了思想政治理论课教学的内容和目标。

四是"猎奇式"教学。当前"95"后和"00"后已成为大学生的主体，受到成长环境的影响，他们尤其热衷接受新事物，对未知事物具有极强的探索精神和好奇心理。一些教师应和当代大学生的这种心理，把思想政治理论课教学演化为"吸引力"很强的猎奇式教学。猎奇式教学在教学实践中表现为，把教学重点放在了一些历史人物或知名人物的旮旯小事、生活点滴的描述上，或借助一些来源不正、根据不足的材料和数据，以戏谑的口吻来解读、评价重大历史事件，或根据自己的知识积累和借助新媒体信息收集的优势，大量穿插讲授一些学生不知而"想知道"的话题和事件，以满足学生的好奇心和感官享受，博取学生的注意和支持。从表面上看，课堂教学氛围活跃，学生"认真听讲"，教学吸引力强，学生评价较高，而本质上教学已脱离了该课程的基本价值追求而愈行愈远。

　　(二)　在教学内容上片面追求教学"有意思"的几种表现

　　一是以学术性研究的偏畸来消解"有意义"。高校思想政治理论课是"政治性和学理性相统一"的课程,政治性要通过学理分析来展现政治,学理分析必须是表达一定政治倾向和意识形态的学理。"研究马克思主义不可能没有政治立场,不可能走非意识形态化的纯学术道路。"① 在教学实践中,个别教师把"政治性与学理性"割裂开来,人为地把两者对立起来,刻意标新立异,认为在大学课堂上不讲授一些"不一样"的观点,就不能体现其思想和水平;或者搞形而上学的统一,不能正确认识马克思主义理论的学术性与意识形态属性之间的关系,以所谓的学术性研究来冲击、挑战思想政治理论课的政治性要求。主要表现为,个别教师对已有历史定论的问题不断发表"新见解",刻意追求给学生"耳目一新"的感觉,以凸显研究视角和学术水平;少数教师从所谓学术批判出发,无视中国特色社会主义建设的伟大成就而聚焦发展过程中存在的问题,更有甚者是刻意放大这些问题特别是社会存在的消极现象或负面问题,或把个人的经历、感受放大化和普遍化,从而在课堂上肆意发表抹黑现实甚至抹黑社会主义建设的言论等,从导向上引发学生对中国特色社会主义的怀疑,本质上颠倒了思想政治理论课教学的"有意义"要求。

　　二是以多元化思潮的误读来冲击"有意义"。高校思想政治理论课要坚持建设性和批判性相统一,传导主流意识形态,直面各种错误观点和思潮。在思想多样化的当代境遇下,各种形形色色的时髦思想与五花八门的学术流派铺天盖地袭来,特别是在西方文化与价值观的影响,对马克思主义的解释力、凝聚力和创新力提出了挑战,马克思主义与非马克思主义的"铸魂"与"蛀魂"的拉锯一刻也没有停歇,思想政治理论课教学"传导主流意识形态,直面各种错误观点和思潮"的责任尤为突出。没有对事物的认识和重视,是难以提出有效举措促进其发展的。重视是以认识为前提,以认同为根据,达到重视的阶段需经历"认识—认同—重视"的过程。② 个别教师对此认识不清、认识不全,在教学实践中表现出立场不够坚定,观点不够明确,在一些是非

---

　　① 侯惠勤:《读好马列经典是博士生的基本功》,《思想理论教育导刊》2017 年第 3 期。
　　② 杨志刚、费聿辉:《刍议提升高校思想政治理论课教学质量的三个着力点》,《思想政治教育研究》2018 年第 6 期。

问题上缺乏判断能力，迷糊不清，不能对学生进行主流意识形态的引导，不能对多元化思潮和各种错误观点进行深刻的理论批判。更有甚者，个别教师深受西方价值观影响，对西方文化和制度顶礼膜拜，在课堂上有意或无意地介绍、宣传西方价值观念，甚至用西方的价值观来评判、度量中国特色社会主义的发展，宣传一些与党的路线、方针、政策不同的观点和认识，发表一些"新言论"，这从根本上背离了思想政治理论课教学的"有意义"要求。

三是以知识性内容的聚焦来淡化"有意义"。高校思想政治理论课要坚持价值性和知识性相统一，寓价值观引导于知识传授之中。思想政治理论课教学传授的不是纯粹的人文知识，不是以智力开发为教学目标，而是以传授具有一定价值观的知识为载体，以培育树立特定的价值观为目标的教学课程。高校思想政治理论课"不是以传授系统知识为目标，而是力求通过系统知识的传授，来触动学生的灵魂，进而服务于培育中国特色社会主义事业的合格建设者与可靠接班人"①。高校思想政治理论课教师的角色定位就是通过一定的知识传授成为学生健康成长的"引路人"。在教学实践中，少数教师从马克思主义理论的学科性出发，简单地把思想政治理论课作为单纯的知识性课程来讲授，坚持以纯粹知识为本位取向，把传授知识作为第一要务，漠视思想政治理论课的价值导向功能。这主要表现为把思想政治理论课定位为政治知识的辅导班，热衷于甲乙丙丁式的知识性讲授，不能或不愿提升知识背后的观点、逻辑与价值指向，或根据个人的知识结构与知识储备，漫无边际地拓展讲授一些历史知识、时政知识和专业知识等，把思想政治理论课教学变成了专业知识型课程。这样模糊了思想政治理论课教学的本质要求，缺乏作为一名思想政治理论课教师应有的政治担当与责任感。

三、提升高校思想政治理论课教学"有意义"的实现路径

"有意义"与"有意思"是高校思想政治理论课教学一个有机统一的矛盾体。"有意义"是矛盾的主要方面，决定授课的性质、前途和方向，如果高校思想政治理论课教学无法实现"有意义"的目标，"有意思"则必然沦为

---

① 纪亚光：《思想政治理论课综合评价体系建设的新举措》，《思想理论教育导刊》2015 年第 11 期。

自娱自乐的娱乐课、荒唐课。提升高校思想政治理论课"有意义"的目标，必须进一步审视"有意思"与"有意义"的内涵与边界，规范两者之间的内在关系，正视当前思想政治理论课教学实践中存在的偏离"有意义"而一味追求"有意思"的教学现象，通过一系列相关措施确保高校思想政治理论课教学更"有意义"。

（一）在教学主体上要不断提升思想政治理论课教师的政治素养

办好思想政治理论课关键在教师。"一个学校能不能为社会主义建设培养合格的人才，培养德智体全面发展、有社会主义觉悟的有文化的劳动者，关键在教师。"① 教师是高校思想政治理论课教学的主要实施者，其政治素养和理论水平如何直接决定着教育教学的方向、质量和效果。思想政治理论课教师政治要强，让有信仰的人讲信仰。孟子曰："贤者以其昭昭，使人昭昭；今以其昏昏，使人昭昭"。如果我们的思想政治理论课教师自己没有做到"真知、真懂、真信"，必然也就无法做到"真用"，在教学实践中就可能走偏方向，不可能培育出合格的社会主义事业的建设者和接班人。当前要大力提升高校思想政治理论课教师的政治素养，一方面要建立准入制度，把好思想政治理论课教师的入口关，确保增量队伍的能力与水平。另一方面要建立健全思想政治理论课教师的政治学习制度。打铁还需自身硬，要不断强化政治学习，练好"内功"，不断强化思想政治理论课教师的政治责任感，不断提升思想政治理论课教师的政治鉴别能力，使思想政治理论课教师确立底线思维，强化红线意识，做政治上的明白人，使思想政治理论课教学在一个健康的轨道上前行。

（二）在教学内容上要不断强化思想政治理论课教学的思想性和理论性

如何通过"有意思"的教学来达到"有意义"的目标，核心要在教学内容上下功夫，特别是要深挖思想政治理论课教学内容的科学性、真理性与彻底性。马克思指出："理论只要说服人，就能掌握群众；而理论只要彻底，就能说服人。思想政治理论课不是空洞地说教和灌输。"在课堂上教师机械地灌输主流意识形态和价值观念的方式，不仅事倍功半，甚至会磨灭学生的求知

---

① 《邓小平文选》第2卷，人民出版社1994年版，第108页。

热情和探讨欲望，并将思想政治理论课推向边缘化。"① 空洞地说教、口号式地宣传，从来就难以实现教学目标。思想政治理论课教学要实现"有意义"的教学目标，必须深挖教学内容的科学性、理论性，依靠对马克思主义基本理论、观点和方法的深刻剖析来吸引学生，依靠深刻的思想理论与严密的演进逻辑来启迪学生。要以透彻的学理分析回应学生，以彻底的思想理论说服学生，用真理的强大力量引导学生。在思想政治理论课教学中要特别注意把"说理"建立在对"事实"的具体分析与客观评价之上，要善于通过用实例说话、用数据说话、用历史说话、用对比说话来引导、征服学生，通过深入浅出的讲解，以真理的力量来教育和引导学生。坚持理论联系实际，用理论来诠释现实，思想政治理论课教学过程中要勤于关注最新消息、关心社会热点，善于把社会热点问题、焦点问题、大学生关注的问题引入到教学实践中，运用马克思主义基本理论与方法对这些问题进行系统深入剖析，有效引导学生获得客观、理性的认知，从而自觉增进政治认同。

（三）在教学保障上要不断加强思想政治理论课教学的管理和服务

确保高校思想政治理论课在"有意义"的轨道上前进，需要高校相关部门严肃认真地进行教学管理和服务。各级党委要把思想政治理论课建设摆上重要议程，抓住制约思政课建设的突出问题，在工作格局、队伍建设、支持保障等方面采取有效措施。要建立党委统一领导、党政齐抓共管、有关部门各负其责的管理格局和服务机制。一要严肃思想政治理论课教学的政治纪律。理论研究无禁区，课堂教学有纪律，思想政治理论课教学尤其要有政治纪律。高校相关主管部门要旗帜鲜明地明确政治纪律，对思想政治理论课教学内容与形式进行一定的干预，明确干预边界、量定干预内容，要通过听课制度、督导制度、学生座谈会等渠道和途径及时准确掌握课堂情况，确保课堂上不出现杂音、乱声。二要从服务和管理的高度来不断完善思想政治理论课教学评价的导向性。当前高校教师教学评价主要是以"学生评价"为主，并把学生的评价结果与教师的各种奖惩和晋升关联，客观上增强了教师在教学实践中一味追求教学"有意思"的动力。合理评估教师教学中"学生评价"的作

---

① 杨怀中、程宏燕：《新媒体对思想政治理论课教学的挑战及评价机制创新》，《高教发展与评估》2012年第3期。

用，要注意到思想政治理论课教师教学的"特殊性"，这一特殊性集中体现在思想政治理论课主要侧重于一种价值观认同的"成人培养"，不同于一般的知识性要求的"成才培养"。高校思想政治理论课教学评价，要进一步强化思想政治理论课教师教学中的"有意义"评价权重，建立专业评价、同行评价、督导评价与学生评价相结合的复合式教学评价体系。

高校思想政治理论课
教师实践品格的提升研究*

刘　莉**

作为马克思主义理论的研究者传播者，高校思想政治理论课教师应在习近平新时代中国特色社会主义思想指引下，围绕中国特色社会主义实践的发展需求，从新的历史高度来凸显自身实践品格，"为巩固和发展中国特色社会主义制度服务，为改革开放和社会主义现代化建设服务"，同时"更好地担起学生健康成长指导者和引路人的责任"。

一、"阐释实践"：思想政治理论课教师的学术旨归

高校思想政治理论课教师承担着《马克思主义基本原理体系概论》《毛泽东思想和中国特色社会主义理论体系概论》《中国近现代史纲要》《思想道德修养与法律基础》四门课程的教学工作。这四门课程分别是中国特色社会主义实践的理论基础、理论概括、历史证明和实践要求。因此思想政治理论课教师要恰当、准确地传播好课程内容，必须是马克思主义理论的研究者，必须结合所承担的课程围绕中国特色社会主义新实践进行原理论证、理论概括、历史论证和生活化实践等向度的研究，才能达到"明道、信道"，才能使自身在理论教育中"立得稳、探得明、思得深、讲得透"。

---

　*　本文载于《中国高等教育》2017 年第 11 期。

　**　刘莉，广州大学马克思主义学院教授，硕士生导师。

（一）"扣紧"中国特色社会主义两个实践维度

"中国特色""社会主义"是思想政治理论课教师进行理论阐释的两个实践维度，是在中国共产党的领导下围绕积累物质财富、优化社会关系、繁荣精神文化进行的具有"中国特色"的、指向"共产主义"价值目标的各类物质生产实践、交往实践活动及精神生产实践活动。因此"中国特色""社会主义"这两个实践维度为马克思主义理论的发展开辟了巨大的实践场域、提出了独特问题、积累了丰富的实践经验。这种前无古人的伟大实践，必将给理论创造、学术繁荣提供强大动力和广阔空间。高校的思想政治理论课教师应结合自己所讲授的课程，以中国特色社会主义实践中提出的问题为导向、以人民群众创造的实践新形式为感性材料、以自己的专业特长为切入角度、以优化社会主义实践为学术目标，在学术研究中选准问题、看清方向、细化选题、设计对策，以"树立为人民做学问的理想，尊重人民主体地位，聚焦人民实践创造，自觉把个人学术追求同国家和民族发展紧紧联系在一起，努力多出经得起实践、人民、历史检验的研究成果"。2016 年 5 月，习近平在哲学社会科学工作座谈会上发表的重要讲话。

（二）"活化"阐释实践的三类理论资源

中国特色社会主义实践是无产阶级革命实践的承接和推进，是中国历史上人民实践的延续，与全人类实践包括西方社会实践有着勾连之处，因此应在一个更宽广的人类视域、历史延续上来看待中国特色社会主义实践的特殊性和共同性。这就涉及如何处理和运用对不同历史阶段、不同场域的人类实践进行总结产生的三大类理论资源：一是马克思主义基本原理，关涉的是无产阶级的革命实践和人类命运问题；二是国外哲学社会科学的理论资源，关涉的是别的国家社会实践以及实践中的问题；三是中国传统文化资源，关涉的是中国社会的历史实践和"前在"实践情境。思想政治理论课教师在进行理论研究时，既要从不同的向度进行中国特色社会主义实践研究，也要具有宽广的理论视野，按照立足中国、借鉴国外、挖掘历史，把握当代，关怀人类、面向未来的思路，既把握马克思主义经典作家的基本原理，又能借鉴最新的国外文明理论成果，还善于吸纳中国传统文化中"真善美"的实践价值取向，并以此形成一个综合的理论场域，聚焦中国特色社会主义实践中出现的新问题、新形式、新关系，在与全球实践、中国历史实践的横向比较和纵向分析中，综合、吸纳、批判性借鉴各种理论资源，一起"发力"对实践中的新材料进行综合"解剖""提炼""构建"，形成对中国特色社会主义实践经验进行理论概括的马克思主义的新思想、新观点、新论断。

（三）"摸准"高校思想政治教育的实践新状况

思想政治教育实践也是在中国特色社会主义实践场域中展开的，它是一种特殊的交往实践，是在一定的社会环境条件下教育者和受教育者通过一定的教育中介发生的交往关系，目的在于通过这一特殊的交往实践实现"培养德智体美全面发展的社会主义事业建设者和接班人"的目标。因此，高校思想政治理论课教师还必须研究高校思想政治教育实践中出现的新状况和新趋势，研究思想政治教育的新环境因素如全球化、微媒体、多元文化、社会思潮对大学生影响的方式、途径机制、状况以及相应的策略；研究面对大学生的实际生活和关注的热点问题，教育者应如何进行新的实践话语体系的生产、理论话语的生活转换以及制定话语传播策略等问题；研究如何运用新载体、新资源，在教育实践中采用何种形式来调动大学生的知情意行等心理认知环节以提升教育的效果，使思想政治教育"更好地担起学生健康成长指导者和引路人的责任"。

二、"实践教育"：思想政治理论课教师的育人机制

抓好马克思主义理论教育，为学生一生成长奠定科学的思想基础。思想政治理论课承担着向大学生传播马克思主义理论以指导大学生未来参与社会实践的责任，这需要思想政治理论课教师教育和引导学生正确认识时代责任，树立起将来为中国特色社会主义实践贡献力量的历史使命感，在教育教学中切实培养大学生的实践关怀意识、实践智慧、实践价值目标。

（一）"实践教学法"与大学生实践关怀意识的培养

大学生的实践关怀意识涉及对实践主体、实践目的的关怀和审视，决定着他们在未来实践中的交往关系、实践活动选择、实践价值目标等方面。思想政治理论课的课程理论内容从不同侧面印证了社会实践，在课堂教学上教师要善于寻找课程内容和实践活动之间的内在逻辑关联，在教学过程中通过

设置实践情境，采用实践案例分析、专题实践教学、模拟实践等教学方式，引导学生在关注广阔的社会生活实践中理解和掌握马克思主义理论和中国化的最新理论成果；在课程考核上，充分运用"社会调查"考核形式，采取学生小组项目研究方式，通过引导选题、问卷调查、访谈实践撰写调查报告、小组答辩等形式，培养学生对社会实践的关注意识和提高学生分析现实的能力，在实践中达到"深化理论、提升能力、培养品质、开阔视野"的教育目的。在课外育人活动上，将大学生"青年马克思主义者工程"志愿服务活动、"三下乡"活动、暑期实践活动与学生的"挑战杯"项目、创新训练项目、地方研究项目等学生学术科技项目结合起来，组成思想政治理论课教师与学生的"实践共同体"，一起深入工厂、模范村落、特色街区、历史遗迹点、城市地标建筑场所等观察和收集人民群众物质生产实践、精神生产实践和交往实践中的新形式、新途径和新方法等感性材料，在实践场域中充分感受中国特色社会主义理论的正确性，感受激扬的爱国主义精神和民族精神，感受人民群众作为实践主体的伟大历史力量，从而"树立起为共产主义远大理想和中国特色社会主义共同理想而奋斗的信念和信心"。同时要引导大学生关注弱势群体的生存境遇，引导学生正确认识少数群体因实践不利而导致的生活困难、交往缺乏、人际疏离等不良境遇，充分认识中国特色社会主义实践的复杂性、艰巨性，这样为大学生将来的实践活动选择确定了方向，树立起优化实践、改善人民生活境遇和建构和谐社会关系的实践立场、态度和目标。

（二）"对话式教学"与大学生实践辩证智慧的提升

实践是主观性和客观性、普遍性和特殊性、合规律性和合目的性、原则性和灵活性的统一。实践智慧指的是面对实践能够在这些辩证关系中把握合理的"切合度"和"兼容场"，这直接关涉对实践方向的把握、方案设计、方法选择、综合判断等辩证智慧。"对话式教学"能够延伸课堂教学的情境，能够在对话情境中冲突、碰撞、交流，能够通过对话追问、研判和反思，是大学生实践辩证智慧提升的一种重要教学方式。在思想政治理论教学中，教师应充分设计"教师启发对话情境—小组分析和判断—个体的感悟和反思—形成内在认同"的对话诸环节，在师生对话、小组对话、学生自我对话中让学生认识到中国特色社会主义道路选择的历史规律性、客观条件性和场域特殊性的辩证统一、领会社会主义建设的最高目标和现实策略的辩证统一性、理解中国特色社会主义道路的原则性和灵活特色的辩证统一，这一最高层次的实践辩证智慧会为大学生未来进行实践活动提供辩证思维的根本方法。同时，教师需要将人民群众在中国特色社会主义实践过程中生动、新颖的实践活动形式以及实践中存在的新问题和新趋势灵活地呈现出来，通过专题设置、冲突情境设置、小组对话、辩论会、分享会等形式，让学生分享感悟、交流体会，在协作对话中理解人民群众进行实践活动的创造性、灵活性与实践制约性和限定性的辩证统一，这为他们未来的实践活动提供了理论联系实践、历史和逻辑相统一、比较分析和抽象概括等方法训练，有利于开阔学生思维、锻炼思维灵活性和多向性，提高未来实践活动的效率。

（三）"价值澄清法"与"真善美"实践价值目标的构建

实践观念是指"人在现实的实践活动发生之前超前建构的使事物符合规律性和目的性、真善美统的变化的观念模型、方案规划和理想蓝图等"。实践活动的"真""善""美"应是实践活动的三个价值尺度，实践应该是"真""善""美"的统一，是在尊重"真"的客观规律基础上、优化"善"的交往关系、生成"美"的体验和感受，这是实践的价值目标。在思想政治理论课教学中，教师要综合运用"实践价值澄清法"，运用案例教学法、叙事教学法、对比反思法、小组辩论法、小组汇报法等方法，引导学生树立"真善美"的实践价值目标，这是大学生将来进行实践活动选择、实践活动设计、规范实践活动的价值规定。教师要引导学生辨析中国特色社会主义实践所处的全球"环境场域"及其对中国特色社会主义实践产生影响的内在机制、途径和方式，如全球化、资本的全球扩张、文化多元交汇、新媒体等环境产生的影响，并运用"真善美'的价值目标辨析其可能产生影响的好的趋势和潜在不良倾向，并引导学生做好心理上出现危机的预警；同时，要引导学生关注、剖析、总结人民群众尤其是大学生群体在交往实践和精神实践中出现的新倾向、新趋势和新苗头，如微信朋友圈、微公益、微志愿、网络流行语、微表情包等，运用"真善美"的价值标准区别哪些是合理的实践形式，哪些是不合理的实践以及偏差原因和后果，在对比分析、判断、比较中澄清是非、厘清方向、纠正行为，树立正确的实践价值导向。

三、"实践提升"：思想政治理论课教师的队伍优化

2005 年中央实施马克思主义理论研究和建设工程、设立马克思主义理论一级学科，组织和编写一批马克思主义理论教育教材精品；运用中央党校、国家行政学院、各级省市党校对高校思想政治理论课教师进行有组织、分批化的教育培训；资助各级思想政治理论课教师专项课题、实施思想政治教育中青年优秀人才支持项目……这些方式为培养马克思主义学科建设的骨干、打造高水平的思想政治理论课教师队伍奠定良好的基础。但是在高校思想政治理论课教师队伍中，仍然存在个别自说自话、书院哲学、文本考证等脱离中国当代实践的研究倾向，在教学中还存在少数或照本宣科或者以偏概全，用一些耸人听闻、道听途说的"故事""丑闻"来代替社会主流实践现象的迎合式、娱乐化教学现象，这都涉及高校思想政治理论课教师的实践品格甚至政治方向问题，必须加以重视和改进，从学校政策、院系举措和个人提升上来强化思想政治理论课教师队伍的实践品格。

（一）各类高校应探索"实践导向"的政策举措

高校相关管理部门应重视思想政治理论课教师实践研究和实践教育教学能力的提升，厘清各自的职责、创新工作思路，构建从平台、项目到人才培养的综合一体的实践导向举措。第一，优先支持思想政治理论课教师的实践平台建设，为教师进行社会实践提供渠道、场所和资金；外引内联，引导思想政治课教师为校外基地和单位开展宣讲、调研、咨询服务等活动。第二，在科研项目和成果的奖励上，应结合各类高校的培养特色，专项资助高校思想政治理论课教师"社会实践"类和社会调查类的研究项目，资助对重要现实问题进行研究的著作，对将思想政治理论课教师关注社会现实、注重问题分析、提出对策设计的优秀研究成果进行评奖，遴选优秀成果并建立共享成果资源库。第三，在人才培养目标上，在马克思主义理论博（硕）士生的培养方案中增加社会调查和社会实践的学分要求，引导博（硕）士生结合学位论文的选题，深入农村、社区等基层进行调查和研究，培养未来的思想政治理论课教师和教育者的问题意识、实践意识和社会关怀意识。

（二）院系强化"实践教学"的指标考核

思想政治理论课所在的院系应探索以学生关注的社会问题为导向、以学生的社会调查研究为形式、以学生社会实践项目为主要支点，以提升教学效果为目的的实践教育的考核模式。一是在课程的评价指标考核上，在教学督导评分、学生评分、同行评价等思想政治理论课评价指标中凸显"对社会现实的关注度""是否正确分析中国现实""理论是否联系真实现实"等方面。二是增强对实践教学课时的考核，设置独立的实践教学课时，结合思想政治课教师的教学特点与发展要求，将师生共同参与社会实践、教师指导和参与学生社会调查项目的实践作为评优、绩效考核的重要依据。在业绩考核指标上，要求教师在实践教学课和学生一起进工厂、社区、农村进行志愿服务、公益活动、技术服务，形成"实践共同体"。引导学生和教师构建"学术共同体"，促进师生共同走进社会，读懂中国实际，"构筑学生、学术、学科一体的综合发展体系"。第三，组织专门的实践教学考核与交流会议，依据教师指导学生实践内容、实践活动场所、实践运行情况的形式、实践效果等方面的综合评价指标体系，在实践教学课结束后，采取学生汇报、教师说明、组内互评、领导小组综合评价等方式进行公开、公平、共享的交流与考核，促进思想政治理论课教师社会实践的制度化、规范化、有效化、长效化运行。

（三）思想政治理论课教师的"实践提升"

高校思想政治理论课教师还应自觉进行实践品格的提升。一是提升发现实践中重大现实问题的能力。教师要通过各种途径，如参观访问、基层宣讲、挂职交流、支教活动、社会调查、参与学生文化活动等方式观察、记录实践的第一手资料，初步发现研究问题；要通过沙龙、QQ、微信等以"学术共同体"的方式进行交流、分享，做到眼观八路、耳听八方，并在此基础上结合自己的学术专长，运用跨学科知识提炼出研究问题，这样才能切准"要害"，有效发力。二是提升分析问题和提出对策的能力。对准提出来的研究问题，运用马克思主义的实践思维方式、方法、原理、概念和话语系统，进行"去粗取精、去伪存真、由此及彼、由表及里"的加工制作、提炼和深化，形成"求是"的理论分析；并针对社会实践的新情况、新问题构建行之有效的"求何"的应用型对策，实现学术成果向社会对策的转化。三是提升实践教育教学的能力。思想政治理论课教学应是"课堂教学·网络教学·实践教学"三位一体的综合教学体系，教师应整合这一教学体系并落脚在社会实践上。在课堂教学中探索将中国特色社会主义理论贯穿于社会实践现象中进行传播的话语讲述方式、问题导向方式、对话环节、引导提升的方式，让学生在实践情境中"认知"理论；在网络教学中应研究如何将新媒体技术与教育教学高度融合，研究如何运用新媒体技术表现社会实践资源、网上互动学习平台、交互论坛、微博微信的课下延伸讨论，网上创意作业等形式，延伸学生"理解"理论的实践型学习空间；在实践教学中，应探索和改进学生通过志愿活动、慈善活动、支教下乡等社会实践活动的参与心理机制与环境"对话"的方式、小组互动的新方法，让学生在参与社会实践中学习理论。

中国特色社会主义实践向马克思主义理论的发展发出了时代呼唤，作为马克思主义理论的研究者和传播者，高校思想政治理论课教师的实践品格尤为凸显，为此高校思想政治理论课教师应端正学风、勤学苦练、探索新现象，把握新规律，为中国特色社会主义实践"建言""献策""育人""培优"，发挥思想政治教育者应该担负的时代责任。

思想政治理论课话语创新片论*

黄禧祯**

　　创新表达以马克思主义为指导的当代中国实践、中国道路以及中国化时代化马克思主义理论的学术话语和宣传教育话语，是维护我国意识形态安全的迫切需要，也是建设中国特色社会主义凝心聚力的现实要求。2018 年，习近平总书记强调对做好新形势下宣传思想工作必须自觉承担起"举旗帜、聚民心、育新人、兴文化、展形象"的使命任务。① 思想政治教育担当着"育新人"的职责，其课程话语的守正创新，是达成立德树人的一个重要维度和有效路径。

　　"语言是思想的直接现实。"② 话语承载思想又表达思想。话语是言说者的立场、利益和思想等因素之言语内容和言说方式的有机统一体。思想政治教育的课程话语，包含着其育人目标。在当下全球化、移动互联网以及中国特色社会主义进入新时代多重语境中，要帮助学生确立对马克思主义的信仰，对中国特色社会主义的信念，对实现中华民族伟大复兴中国梦的信心，必须认真对待和深入研究其话语创新问题。

　　2019 年 3 月，习近平总书记在学校思想政治理论课教师座谈会上对思想政治课的改革创新提出了"八个相统一"的方法论原则，包含着对这一课程话语创新的基本要求。以"八个相统一"为指引，笔者就高校思想政治理论课（以下简称"思政课"）话语创新问题作些思考。

---

　　* 本文载于《广州大学学报（社会科学版）》2021 年第 2 期。
　　** 黄禧祯，广州大学马克思主义学院教授。
　　① 《习近平谈治国理政》第 3 卷，外文出版社 2020 年版，第 312 页。
　　② 《马克思恩格斯全集》第 3 卷，人民出版社 1965 年版，第 525 页。

一、话语吸引力：满足学生成长成才的实际需要

在话语实践维度，话语的成效往往取决于言说主体间的互动以及彼此对话语意义的共识性理解，话语的吸引力、解释力和影响力，则是制约人们对话语接受和认同的几个重要因素，这是思考话语创新必须解决的若干关键问题。思政课要让学生真心喜欢、终身受益，应提升其话语魅力。

话题是引起学生对理论的兴趣和关注的起点。然而，思政课话题的设置或更新，受特定教学目的和课程内容制约，不能随心所欲，不能只考虑话题的新鲜、新颖甚至新奇，更不能为了吸引人而去迎合低俗或者一些学生的趣味偏好。"理论在一个国家实现的程度，总是取决于理论满足这个国家的需要的程度。"① 马克思在这里所说的"需要"，是指"实践（实际的）需要"。从思想政治教育角度看，其是实现"培养什么人、怎样培养人、为谁培养人"这个立德树人的根本任务之现实需要，也是学生成长成才的实际需要。这双重"需要"，是社会发展和人的发展双向互动的时代要求，并以实现学生成长成才（自由而全面发展）为最终目的。可见，思政课设置的话题能否吸引人，取决于能否满足学生成长成才中解决思想困惑的实际需要。找准和契合学生这一需要，是话题设置的前提和根据。

思政课设置的话题要贴近和契合学生的思想实际和生活世界，因事而化、因时而进、因势而新，要有问题意识。问题是话题的内核，话题是问题的表述。思政课话题中的"问题"，有理论问题，又有现实问题；有社会发展的问题，又有个人生活中的问题；有知识性问题，又有思想性、价值性问题；等等。什么问题能够成为课堂上的话题，难以一概而论。然而，一个最基本要求，就是不能疏离学生的实际需要，不能偏离育人目标，这也是马克思主义强调理论联系实际以及宣传教育"三贴近"（贴近实际、贴近生活、贴近群众）的根本要求。对思政课教师来说，应把握好以下要点：

其一，广泛而深入了解和研究青少年学生群体的思想实际和身心发展规律，找准其"成长中的问题"。学生的思想实际，与他们在现实生活中各种需

---

① 《马克思恩格斯选集》第 1 卷，人民出版社 2012 年版，第 11 页。

要及其满足程度密切相关，并受到社会环境以及学生的身心、意识和行为诸多因素制约。教师既要真情关爱学生，关注其"所思、所忧、所盼"，帮助其解决好学习交往、毕业求职、创新创业等方面的操心事、烦心事，又要深入了解学生的身心及其发展的特征和规律，理解和掌握他们在成长成才中特有之独立与依赖、理想与现实、自我与他人、认同与冲突、理性与情感、认知与行动等一系列矛盾及其冲突引致的思想困惑和选择困难，把握其"成长中的问题"，这是话题设置的前提。思政课要提出有吸引力话题，必须认真研究学生成长成才的现实需要及其发展规律这一课题。

其二，善于区分"问题"。问题是现实生活的矛盾及其认知困惑的反映和表现，有多种多样。教师应通过调查研究，找到和抓住那些反映学生思想实际之根源性、必然性以及迫切性的问题。要善于区分"真问题和假问题"，找到针对学生的思想实际和契合学生生活世界的问题；区分"真实需要的问题和虚假需要的问题"，抓住学生成长成才必须破解的难题；区分"私人问题和公共问题"，发现那些出在学生身上而根子扎在社会中的现实问题；区分"具体问题和一般问题"，形成来自现实生活并通过科学抽象之个性和共性相统一的理论性问题。围绕这些"问题"，设计好思政课的话题。

其三，话题中的问题，既要有"新意味"，又要有"新意思"。思政课话题的立意，不能只考虑"意味"或"意趣"，思政课教学有别于排难解纷、心理疏导的个体性思想政治工作和心理咨询辅导，旨在提升学生的思想政治素质尤其是理论思维能力，帮助其确立科学正确的信念、信仰和信心，树立好正确的"三观"。这要求教师紧紧围绕立德树人根本任务，立足于思想政治教育视域，把既有"意味"又有"意思"的热点、难点、重点问题融入课程体系之中，彰显课程话语的理论价值和现实意义。在课堂教学上，不能将随手拈来的"碎片化"问题、吸引眼球的"低俗化"问题、不靠谱的"心灵鸡汤"问题作为话题，否则，思政课就容易在迎合学生的趣味性或功利性的话题引导下，蜕变为低俗媚俗的话语喧哗，忽略甚至丢失立德树人这一根本任务。

二、话语解释力：以"彻底的"思想理论解释现实和说服学生

思想政治教育是说理教育，说服和认同的矛盾，直接制约着教育成效。思政课话语的魅力，不仅源于话题的吸引力，还在于话语的解释力。马克思指出："理论只要彻底就能说服人，所谓彻底，就是抓住事物的根本。但是，人的根本就是人本身。"[①] "事物的根本"即事物的本质和规律，在人的世界中，就是社会生活的实践本质及其内在运行机制和规律。因而，话语阐释的彻底性，在于以事物本质和规律的底层逻辑去阐明事理、指引行动。对思政课来说，就是以"彻底的"思想理论说服学生，以"透彻的"学理逻辑分析回应社会现实问题和学生的思想实际问题。这是解决说服和认同这对矛盾的关键。

由此看来，思想政治教育中的"理"，一是指理论作为一个概念系统的知识体系所表达之事物本身的"道理"（原理）或"思想"，其彻底性在于抓住事物的"根本"；二是作为教学方式的"说理"，其彻底性在于话语的阐释达到明晰透彻的学理逻辑分析。与之相对应，理论中的"道理"是对现实的阐释；说理是针对学生已有的认知，讲清楚"道理"让学生信服或达成某种共识。简言之，话语的解释力，取决于能否以"彻底的"思想理论解释现实和说服学生。可见，话语的解释力，并非只是一个语言表达之说理论辩的方法和技术问题（当然，这也很重要），而是关涉理论中思想、价值、思维等层面的立场和观点问题，并通过言说中对理论与现实的矛盾的集中阐释表现出来。在以往那种教条主义或形式主义倾向的教学中，学生对思政课兴趣不大甚至拒斥的根源之一，往往就是理论脱离现实（实际）而彼此成为"两张皮"，理论与现实处于分离相隔状态。因此，提升思政课话语的解释力，有以下几个着力点：

其一，阐明理论与现实"和解"的正确路径。黑格尔认为，哲学必须与现实和经验相一致，以"达到自觉的理性与存在于事物中的理性的和解，亦

---

① 《马克思恩格斯文集》第 1 卷，人民出版社 2009 年版，第 477 页。

即达到理性与现实的和解"①。这里说的"和解"是指理论（"自觉的理性"）与现实（"存在于事物中的理性"）达到本质上内在关联的辩证统一。马克思虽然反对黑格尔把这种"和解"建立在"抽象理性"上的客观唯心主义态度，但认同哲学要求理论和现实达到辩证统一的思想。马克思进一步把理论和现实"和解"建立在实践中，指出理论与现实的矛盾，只有在实践中才能真正得到解决。因此，哲学在内容及其实现方式上，"都要同自己时代的现实世界接触并相互作用"②，"光是思想力求成为现实是不够的，现实本身应当力求趋向思想"③。也就是说，应当在实践中去理解和解释理论与现实双向互动的辩证关联。一方面，理论要面向现实，以正在做的事情为中心，研究现实问题，构建反映时代精神的话语体系；另一方面，理论又要回到现实中去接受检验、指导实践、改变现实，并在实践中创新发展。换言之，实践是理论与现实"和解"的基本路径。思政课话语对现实的阐释，应当遵循习近平执行总书记强调的"理论性和实践性统一"的方法论，把学理逻辑分析建立在以实践为基础的现实生活之中，以说明理论和现实矛盾之对立、冲突以及"和解"的表现及其原因和根据，分析其中的现实问题和理论问题，让学生在"根本"上理解"理论的逻辑"与"生活的逻辑"的契合机理。由此可见，话语的解释力，在于理论透过现象把握事物本质从而反映和切中现实的矛盾和"要害"之逻辑力量。值得重视的是，理论和现实在实践中相互作用，是理论的现实性（"思想成为现实"）和现实的思想性（"现实趋向思想"）有机统一。因此，思政课无论对现实问题还是理论问题的阐释，都要坚持"建设性和批判性统一"的方法论，既要重视对现实的反思批判去发现问题，提升学生批判性的辩证思维能力，又要在解决问题中阐明"现实趋于思想"的实践途径，帮助学生形成和坚定理想和信念。这是培养学生理论自觉和理论自信一个着力点。

其二，话语的"特性"（政治性）和"本性"（学理性）相协调。思想政治教育是中国共产党意识形态建设重要的组成部分和途径，思政课话语要体现党性和人民性的一致性，站稳以人民为中心、代表最大多数人民群众根本

---

① 《马克思恩格斯文集》第 1 卷，人民出版社 2009 年版，第 265 页。
② 《马克思恩格斯全集》第 1 卷，人民出版社 1956 年版，第 121 页。
③ 黑格尔，著，贺麟，译：《小逻辑》，商务印书馆 1980 年版，第 43 页。

利益的政治立场，这是思政课作为意识形态教化方式的特性，即政治性或意识形态性。正如马克思所言 "哲学的实践本身是理论的"，因为哲学对现实的批判要 "依据本质来衡量个别的存在，根据观念来衡量特殊的现实"。① 思政课对现实的阐释采取的是 "理论的" 方式，即以理服人，重在学理逻辑分析，换言之，学理性是思政课话语的 "本性"。习近平总书记要求思政课坚持 "政治性和学理性统一、价值性和知识性统一"，意味着要提升思政课话语的解释力，就要使话语的 "特性" 和 "本性" 相协调。一方面，固守话语的政治性。"没有正确的政治观点，就等于没有灵魂。"② 坚持马克思主义在我国意识形态指导地位，牢固掌握意识形态话语权，用习近平新时代中国特色社会主义思想铸魂育人，增强学生 "四个自信"，是思政课的基本遵循和价值所在。另一方面，又要强化话语的学理性。以理服人，要求有扎实的知识基础和深透的学理分析，帮助学生解决好思想实际问题。思想实际问题关涉人的立身之本而非谋生之术，是世界观、人生观、价值观、思维方式、理想信念、道德品质以及家国情怀、人类关怀等人生的 "根本" 问题。抓住和围绕这些实质性问题，把其中一些道理讲清楚、说透彻，话语才有解释力，理论方显魅力，学生才会真切体悟到课程使其终身受益的深远价值。

其三，学术、教学、宣传三种话语融会贯通。长期以来，思想政治教育已经形成一个由学科话语、教学话语和宣传话语构成的话语体系。③ 相对来说，三种话语有各自的目标、界域、功能以及表达方式。比如，学科话语侧重于理论研究，强调学术性和学理性；教学话语（课程话语）重在教书育人，强调知识性、思想性和价值性；宣传话语旨在思想引导和舆论导向，强调政治性、公共性和实践性。然而，三种话语都归属于理论宣传教育类别。在教学中三者相互支撑和彼此印证，是提升思政课话语解释力一个必要条件。思政课的教学话语以学术话语为支撑，吸收马克思主义中国化、时代化的最新理论成果，能够增强话语的思想含量和理论厚重，便于把道理讲清楚、说透彻；同样，思政课融入宣传话语，关注社会民生、治国理政的 "热点、热词、热事"，"讲好中国的故事"、拓展国际视野，则能够增强话语的时代性和现实

① 《马克思恩格斯全集》第 1 卷，人民出版社 1995 年版，第 75 页。
② 《毛泽东选集》第 5 卷，人民出版社 1977 年版，第 385 页。
③ 高鑫：《思想政治教育话语体系结构探析》，《思想教育研究》2017 年第 3 期。

感，便于引导学生对现实生活的观察分析、反思批判，思考和解决个人成长成才、安身立命、为人处世等一系列切身利益问题。总之，三种话语融会贯通，有利于话语阐释形成深刻的思想性、严密的逻辑性以及崇高的价值性。

三、话语影响力：讲求复调式叙事的话语表达策略

话语影响力，反映出人们对话语认同的范围和程度，与话语权密切相关。话语影响力不断扩大与提升，自然会逐渐产生话语权。话语权作为一种在精神文化上对人们思想和行为产生约束和支配的权威力量，是以人们对话语的价值认同和自愿服从为前提的，并非依靠外力强制、心理操控以及诱惑欺骗而取得的。从根本上说，话语权取决于话语及其阐释的现实性、科学性和价值性，但也同话语表达方式密切相关。因此，提升话语的影响力，除了增强话语的解释力，还要从话语方式角度去考虑其表达策略。思政课要形成强大的话语影响力，应讲求复调式叙事的话语表达策略。

"复调"又称为"多声部"，原为音乐术语，指由几个独立的音调或声部组成的乐曲。在叙事学中，复调式叙事相对于独白式叙事而言，是指在同一主题的叙事中存在着两重、多重的声音和话语的叙述方式。复调的叙事方式，有马克思主义哲学辩证思维特色，对提升思政课的话语影响力有较大作用。以下仅从课堂话语方式和理论表达方式两方面进行分析。

创设师生互动对话的方式和场域。以师生互动对话取代"一言堂"的教师独白，可说是改革开放以来思政课教学方式变革的强音。师生互动对话，正是复调式叙事的话语表达策略之体现。陶行知先生有一个著名见解是"教学做合一""教与学都做为中心，在做上教的是先生，在做上学的是学生"。①这里说的"做"指"教学活动"这件事情。思政课中的"做"可看作话语实践。思政课的话语，不仅是教学中师（教）与生（学）联结互动的方式，也是师生共同对理论（话语体系）之致思与施教、阐释与接受、对话与共识的教学过程。因此，不能只考虑"教"，更要突出"学"；不应把课堂教学简单归结为一个学习认知的特殊认识论问题，而应把教学看作一个师生共在（教

---

① 华中师范学院教育科学研究所：《陶行知全集》第2卷，湖南教育出版社1984年版，第289页。

学现场）共构（教学情境）、互通（双向沟通）共通（共识性理解）之话语交往的实践过程。这就要求把忽视学生主体性的"被动式、单向式、接受式"的话语方式，转变为多重语境制约下体现学生主体性的"自主式、双向式、参与式"的话语方式。简言之，把单声部"独白"转变为多声部"共奏"（对话）；把教师主导性和学生主体性有机结合起来，构建互动对话的场域。由此出发，有助于我们深入理解"主导性和主体性统一、灌输性和启发性统一、统一性和多样性统一"方法论的意义。

注重教材话语、教学话语、"媒介话语"的转换和融通。思政课的理论表达，从语言媒介看有三种：文本（文字语言）、口语（声音语言）、"媒介话语"（视听电子多媒体语言和移动互联网的新媒体语言）。思政课的教学过程，一般经过由教材话语向教案话语转换，再由教案话语向授课话语（口语为主）转换。在当下全球化和信息化等多重语境中，"互联网+"的教育理念，正促使信息技术和思政课深度融合，思政课已逐步走向连通传统课堂与新媒体新技术的"慕课""微课"、课内课外、线上线下之"全媒体"的"大思政"话语格局。这也就要求我们坚持"统一性和多样性统一、显性教育和隐性教育相统一"原则，构建理论表达多话语转换和融通的话语机制。

其一，注重教学设计，活用教材。思想政治教育的政治性、理论性、教育性和实践性的本质属性和话语规范，要求教学"用教材教"，落实好宣传思想工作"举旗帜、聚民心、育新人、兴文化、展形象"的使命任务，落实好立德树人、培育担当民族复兴大任时代新人的教育责任。然而，"用教材教"不等于照本宣科，不能面面俱到，而要在内容上融通学术话语、教学话语和宣传话语，在形式上采取一切有益于充分发挥学生主体性的教学策略和方法，如议题设置、专题研讨、"研学后教"以及"翻转课堂"等。这就要重视教学设计，做好由"教材话语"向"教案话语"再向"授课话语"的"两次转换"。这也是通过教学设计把学术话语和宣传话语融入教学话语的重要环节。

其二，强化理论表达中说理教育的本色，把马克思主义理论的学理逻辑分析和讲好中国故事的教育叙事有机结合，寻求理论和实践、显性教育和隐性教育最佳结合的理论表达。

其三，促使传统课堂的话语表达和新媒体新技术的话语表达有机结合和转换融通。如同话语媒介发展的技术逻辑一样，从"声音中心"到"文字（书写）中心"再走向"图像（媒介话语）中心"，正成为学生对话语表达的接受方式。移动互联网的新媒体和新技术，正深刻影响着学生的心理、认知和行为，改变着他们的心态、思维、价值观、个性和兴趣。不同语境中，科技向来有"双刃剑"效应，"碎片化阅读""多任务干扰""拖延症"等，便是人们熟知的新媒体、新技术对学生的学习认知以及思想、意识和行为产生的一些负面影响。因此，把握新媒体、新技术的话语表达方式，并非只是让思政课的话语符合学生的语言使用习惯，更易于为学生所接受，而是贴近学生思想实际和找准其思想困惑的现实需要。当然，也不能由此走向另一个极端，无视甚至绝对否定传统思政课"声音中心"的话语表达在说理教育中所具有的互动对话、言传身教以及声情并茂的优势，陷入"新媒体、新技术崇拜"。

后疫情时代生命教育的新转向[*]

胡宜安^{**}

2020 年 2 月 23 日，习近平总书记在统筹推进新冠肺炎疫情防控和经济社会发展工作部署会议上的讲话指出："这次新冠肺炎疫情，是新中国成立以来在我国发生的传播速度最快、感染范围最广、防控难度最大的一次重大突发公共卫生事件。对我们来说，这是一次危机，也是一次大考。"新冠疫情对我们造成的影响是深刻和深远的。首先，它在很大程度上造成了对人类生命的极大毁灭；其次，它将几乎所有人都强行拖拽在死亡面前，感受死亡带来的恐惧并思考自己的生命现实；最后，它提出了一个严肃的生命教育话题，即瘟疫之下，我们是否学会如何应对？我们是否教会学生如何应对？

疫情期间，相当一部分学生出现学习不积极、生活不规律现象，少数学生甚至出现恐慌和焦虑情绪，对健康状况信息上报和网课学习心生厌烦。这反映出不少学生在疫情之下生命意识不健康、不成熟的现状。

后疫情下的生命教育有一项重要的使命，即将人类在疫情中的苦难经历转换成常态的生命智慧，让学生学会与灾难相处，去了解它、熟悉它并接受它，从中升华出将苦难经历转化成内在动力的生命智慧。

生命教育走向体验多向化，一是要尽量关注个体生命实践中的各种体验，深入了解、理解并及时疏导；二是生命教育活动展开应该注意避免简单化，要让学生在活动中有多种多样的个体体验与认知，不必强求一致。

面对学生生命成长中的问题，生命教育所要做的不是消除问题，而是陪

────────────────

* 本文由作者 2020 年 11 月 21 日于浙江杭州浙江传媒学院"中国陶行知研究会生命教育专业委员会第八届年会暨第八届海峡两岸大学生命教育高峰论坛"所作的报告整理而成。本文载于《中国德育》2021 年第 7 期。

** 胡宜安，广州大学马克思主义学院教授，国家级一流本科课程"生死学"课程负责人。

伴与帮助学生解决这些问题背后的人生矛盾，引导学生以合理可取的方式应对日后生命进程中的矛盾。

如此，既谈生也谈死并做到既知生也知死，这才是完整的生命教育。

一、生命教育面临的挑战

（一）重新认识生命的真相

新冠疫情给我们展示出生命的另一真实面相。一方面，生命不再一如既往。常态下生命存在是以日常生活世界形式呈现的，我们的生活日复一日、年复一年，这是我们赖以安身立命的基础。疫情使生活失去了常态，我们无法朝九晚五地工作，也无法在学校课堂中学习，封闭与隔离替代了我们熟悉的日常生活。另一方面，生活随时可能失序。世间一切总有规律可循，这使我们在纷乱的世界中寻求到某种可以遵循和依赖的东西。诸如一年四季的时间先后、"种瓜得瓜，种豆得豆"的前因后果，人们从中领悟到许多生活逻辑和人生哲理，从而建立起人生信念，如"只要我努力，明天会更好"，或者"生活要有规律"。时间次序与因果逻辑构成生命的稳定性本质，我们不会轻易去破坏。新冠疫情破坏了生命的日常规律，造成了生活严重脱序，什么都被打乱了。

实际上，疫情只不过为我们打开了窥视生命另一面的窗口。在我们的生命中，并非只有这次新冠疫情才会造成无常和失序，在任何时候，生命都会出现无常与失序。以个人为例，俗话说"天有不测风云，人有旦夕祸福"，生活中的任何一次意外包括家中亲友的亡故、重大疾病，还有自然界的任何灾难事件，都足以破坏正常的生活秩序，使生活无法一如既往地过下去。正是这些不熟悉、不确定的事件构成生命无常与无序的一面。

（二）面对瘟疫的生命意识仍不成熟

在今天，社会的发展程度越来越高，无论技术水平还是制度建设都处在高速发展中。然而，我们面对新冠疫情的反应及所体现的生命意识却仍不成熟。一方面，我国应对瘟疫的技术与制度日趋成熟。自2003年"非典"之后的17年，中国社会的方方面面已有了长足的进步和发展。面对新冠疫情，无论高层决策、社会调动还是公共卫生举措都是行之有效的,这是在经历"非典"后社会和技术层面日臻完善的表现。另一方面,少数民众个体表现出非理性与混乱无序的状态。疫情是一面明镜,能折射人间百态,更能透视人们的内心。在疫情前期,民众表现出焦虑和恐慌,甚至有些人感受到了头晕、恶心等生理上的不适,恐慌在迅速扩散,仿佛生活中每个角落都充斥着这种情绪,避无可避。因此,与其说瘟疫令我们的生活失常与失序,不如说是我们自己的内心世界混乱失常,面对疫情方寸大乱。

疫情背景下的"停课不停学"也改变了学生的学习方式。疫情期间,相当一部分学生出现学习不积极、生活不规律现象,部分学生甚至出现恐慌和焦虑情绪,对健康状况信息上报和网课学习心生厌烦。这反映出不少学生在疫情之下生命意识普遍不健康、不成熟的状态。

(三) 生命教育模式的自身缺陷

疫情对人们生命认知、情感与意志造成了较大的影响,表现为生命认知产生否定性反应,即对以往思想观念的怀疑与动摇;生命情感出现创伤性体验,即面对疫情带来的破坏所产生的负面情感情绪;生命意志遭遇断裂式体验,即由于无常失序产生的生命意义幻灭的虚无感。

这种种生命体验的背后,暴露出学校生命教育存在的问题。

第一,生命美化失真。我们尽可能多地向学生灌输生命美好的观念,旨在强调珍惜生命,给学生编织着一个美好的"生命王宫"。可是,当学生真正接触到外面真实的世界时,曾经的教育可能失效,产生适应困难带来的痛苦与挫折。

第二,生命体验单一。学生被引导体验生之快乐,旨在强化乐生爱生。学生被告知,任何令人开心、愉悦及享受的感受都是我们应该从生命中体验到的。万一遇到有学生情绪低落,我们总是关心"怎么不开心呢",总在提醒学生"开心起来""应该高兴啊"等。我们习惯强化正面情感体验,却有意无意地弱化与回避负面的体验。

第三,追求理想化。学生总是被告知生命的本质是创造,被鼓励追求更高的价值目标。生命教育德育化倾向明显,一是过于强调"为什么而活""活着为什么"等目的论思考,忽略对个体生命自身价值与意义的探寻与肯定;二是过度强调"将来怎么样"的未来价值取向,不注重对个体生命当下存在

感的引导与培养。学生很少被引导体验平淡的生命意义在哪里，而只是追求
成功、追求更好。

二、后疫情时代生命教育面临的几个转向

生命教育有必要让学生全方位面对生命，了解生命的全过程，不仅仅是
单向地领略与欣赏、享受与获取，还要学会为了生命的成长而担当各种形式
的苦难、痛苦与艰辛，更重要的是引导他们领悟自我生命，培养"我向"
思考。

（一）生命认知的辩证思维转向

后疫情下的生命教育有一项重要的使命，即将人类在疫情中的苦难经历
转换成常态的生命智慧，让学生学会与灾难相处，去了解它、熟悉它并接受
它，从中升华出将苦难经历转化成内在动力的生命智慧。为此，生命教育有
必要向辩证思维转向。

第一，要抛弃线性思维。这种思维将生命理解成没有曲折、没有矛盾的
一维向前的直线运动。线性思维往往造成个体的两极化倾向，即当个体成功
时可能欣喜若狂，而一旦失败则痛不欲生，其结果可想而知是非常糟糕的。

第二，要学会辩证地看待生命中的一切。人生的轨道原本就是由成败、
苦乐、进退、得失以及生死等一系列矛盾所铺就的，而且生命既是确定的也
是无常的，既是有章可循的也是不可捉摸的。要引导学生充分认识到生命的
这种矛盾本质，坚持辩证的认知取向，树立辩证的生活态度。学会在成与败、
得与失及苦与乐之间坦然自处，"痛并快乐着"，这才是真正的生命智慧。

第三，生命教育活动的组织开展要遵循辩证法。教育的实质就是引导与
塑造，学生总是在有形或无形中被教育者所引导和塑造。生命教育要培养学
生的生命智慧，自然应该坚持辩证法原则。生命教育要将辩证法引入课程内
容、目标甚至方法设计，以富有智慧的教育方式启迪学生，是生命教育的题
中之义。

（二）生命情感的多向体验转向

生命的丰富性在于生命体验的丰富性，除了正向体验，还有一定的负向体验，也存在一些处于正向与负向之间的体验。生命体验很多时候是复杂的，如同一年四季，自然会呈现出酸甜苦辣的多种人生况味，所谓"五味杂陈"，个体在生长过程中，必然会逐渐体验到。生命教育断不可隔离这些人生况味而营造纯粹的乐境、顺境而不使之接触苦境与逆境。

为此，生命教育走向体验多向化，一是要尽量关注个体生命实践中的各种体验，深入了解、理解并及时疏导；二是生命教育活动展开应该注意避免简单化，要让学生在活动中有多种多样的个体体验与认知，不必强求一致。

这里着重强调悲伤体验与苦难体验的问题。生命的成长必然伴随着悲伤体验，即便儿童时期也会有，孩子喜爱的宠物死了、玩具坏了，或者爷爷奶奶生病等都会引起他们内心的悲伤，我们却以孩子还小为由不去关注，这实不应该。个体年龄渐长，其悲伤体验会更加深刻，对个体的影响会更加深远，生命教育不应该回避这些问题。另外，如何面对自己人生中的苦难，是生命教育的重要内容之一。如果将苦难经历置于生命本质之外，那么再多的挫折教育都是徒劳的。只有从生命内在本质上肯定苦难的意义，学生才能真正理解挫折对生命的意义，从而能够坦然面对挫折。

（三）生命教育的共同体转向

由于病毒致命的传染性，新冠疫情使所有人都遭遇到死亡的威胁，需要我们同心同德、共同面对，在灾难中建立相互信任的支持联结，建立起坚固的生命共同体，成为我们的制胜法宝。

一直以来，生命教育都是立足于个体生命，却忽略了一个严肃而严峻的现象，那就是过于强调个体。自我是众多青少年生命意识危机的主体根源，他们局限于自我并夸大自我，但这是一种单子式的自我，实难承受生命中的任何压力、挫折与痛苦。在疫情中人类的共同遭遇成为建构生命共同体的契机，在后疫情时代，生命教育必须实现主体的共同体转向。在充分肯定自我个性的同时，引导学生更多地从"我们"这一复数主体出发认识生命的存在，体验生命的成长，走出狭隘的自我框架。要学会与他人分享与分担生命体验，培养关爱他人、关心人类命运的生命情怀而不是沉浸在自我的情感世界。

（四）人本学的方法论转向

如何看待个体生命中的诸多问题，如霸凌、酗酒、自杀等问题行为？仔细分析，我们不难发现这些问题的根源是当面对生命过程中的各种矛盾时，不同的个体必然会有不同的应对。这就可能会表现出一些不恰当的应对，诉求一些不良的行为并养成某种习惯，最后导致一系列问题的发生。可是，个体可能没有意识到这种应对方式的负面性。因此，教育不应盯着这些习惯和问题本身，而应该深入到个体生命进程的矛盾中。

少数教师采用病理学方法论来看待这些问题以及相关的学生，将个体成长中的任何问题都认定为"病"，将种种体现问题的行为视为"病毒"，将有问题的个体视为"病人"，从而采用对待疾病的方式来认识、理解与解决这些问题，而不去关注究竟是什么原因导致这些问题的发生。

人本学方法论承认问题存在的合法性，认为问题不仅不应被视为否定个体存在的病理因素，而且应被视为一种个体自我呈现的途径或方式，折射出个体生命的真实一面。因此，我们应立足个体生命活动，将问题理解为个体生命成长过程中矛盾运动的必然结果，只要矛盾存在，问题总会出现。面对学生生命成长中的问题，生命教育所要做的不是消除问题，而是陪伴与帮助学生解决这些问题背后的人生矛盾，引导学生以合理可取的方式应对日后生命进程中的任何矛盾。

三、后疫情时代生命教育的几个主题

后疫情时代的生命教育应在保持连贯性的同时，强调三个主题，即生命教育必须求真、生命教育必须去"港湾化"以及生命教育必须强化死亡教育维度。

（一）生命教育必须求真

我们常言"真善美"是人生价值的最高追求，但要想达到"真善美"，首先要引导学生求真。诚如陶行知先生所言："千教万教，教人求真；千学万学，学做真人。"教育求真是教育的生命力所在，也是教育之有效的前提所在。那么，生命教育面对着学生的万千生命，自然以引导学生求自我生命之真为使命。

生命教育之求真，首先是让学生了解真实的生命，既要关注各种生命现象，更要关注这些现象背后的生命本质，培养学生善于通过种种现象发现生命本质的思维能力。要让学生真正意识到，生活中所感知及所体验到的，都只不过是生命所表现在外的现象，不应该停留在这些现象层面，而应该通过它们深刻地领会生命的真谛。例如，成功与失败都是相对而言的，重要的是，无论成败你依然要坚持。当你能够理解屡战屡败不重要，重要的是屡败屡战时，那你便发现了人生的真谛。生命教育正是要致力给予学生一双发现人生真谛的慧眼。

生命教育引导个体追求生命之真，以此为基础建构生命之善与美，并确立生命信仰。正如罗曼·罗兰所说，真正的英雄主义是那种认清了生活的真相之后依然执着的人。由此可知，对生活真正执着的根基还是在于对真实生命的了解。

(二) 生命教育应该去"港湾化"

一些青少年为什么抗压能力差？一方面他们缺乏生活的磨砺，另一方面教育欠缺面对磨难的相关意识与能力的培养。生命旅程总是存在风云变幻、前路坎坷以及得失无常，这是谁也改变不了的。但我们可以改变个体面对磨难的认知、态度并增强其应对的能力，这便是生命教育的应尽之责。

也许是考虑到学生的年少与心智不成熟，我们试图为学生构筑安全的生命认知环境，这其实是一种保姆式、港湾式的教育。然而，"造船的目的不是让它停留在风平浪静的港湾"，学生总要学会成长，进向社会。为此，生命教育首先得去"港湾化"，引导学生走出港湾，面向大海。

磨难对人的成长意义重大，它既是生命出生的前提，也生命成长的动力。"艰难困苦，玉汝于成""天将降大任于是人也，必先苦其心志"等启发我们：磨难成就生命。这样看来，生命教育去"港湾化"也是生命成长的内在要求。

(三) 生命教育必须强化死亡教育维度

新冠疫情带给人们最大的恐惧是死亡，令所有人都感受到死亡离我们如此之近！然而，长期以来，在多数人的生命意识里，死亡是被排斥在对生命本质的理解之外的。我们被教育如何求生、如何成长、如何成功等，但是，如何面对丧失，如何面对生死，却较少谈及，我们对生命的理解在一定程度上一知半解。

生命的本质就是生与死，没有死亡便没有生命。显然，生命教育必须强化死亡教育维度。只有当我们认识到生命包含死亡时，个体才能真正理解生命的短暂与易逝，也才能懂得生命为什么值得珍惜的道理。开展死亡教育的目的，一是解除生死问题的神秘性，让学生以科学的眼光去透析生死，真正了解生命与死亡的本质与意义，坦然面对生死，克服死亡恐惧；二是赋予生死态度以神圣性，通过对生命必死的了解，揭示生与死的必然联系，使人们懂得生命的宝贵，敬畏生命，关爱生命。

如此，既谈生也谈死并做到既知生也知死，这才是完整的生命教育。

高校德育育德的有效性探讨[*]

唐卫红　周美玲[**]

2016 年 12 月，中共中央总书记习近平在全国高校思想政治工作会议上强调，高校思想政治工作关系高校培养什么样的人、如何培养人以及为谁培养人这个根本问题。要坚持把立德树人作为中心环节，把思想政治工作贯穿教育教学全过程，实现全程育人、全方位育人，努力开创我国高等教育事业发展新局面。[①] 德育课是高校思想政治工作的主阵地和主渠道，德育课程的有效性关乎青年大学生的成长与未来发展方向。

一、"师爱"情操是德育有效性的基础

"师爱"是教师所特有的职业道德感，是一种超越血缘、超越私利而源于人类教育本性的、崇高的、永恒的教育情感，具有高度的责任性、彻底的无私性、明显的广泛性和突出的教育性等一系列特性。情感教学心理学认为，"师爱"是师生建立情感关系的初始启动力量，并在师生交往中发挥教育的导向作用，它可以促进学生的学习积极性，提高学生的学习成绩，陶冶学生高尚的情操。

在道德教育中，学生道德学习的进步和高尚情操的养成具有一致性，即道德性的提升，而在"事实性"知识教育里，学生学习成绩的提高与高尚情

---

　　[*] 本文载于《教育教学论坛》2018 年第 16 期。
　　[**] 唐卫红，广州大学马克思主义学院副教授。周美玲，广州大学马克思主义学院副教授。
　　[①] 习近平：《把思想政治工作贯穿教育教学全过程 开创我国高等教育事业发展新局面》，《人民日报》2016 年 12 月 9 日 1 版。

操的养成属于人才培养的两个方面，于是"师爱"在道德教育中显得更为重要。另外，要区分两种"师爱"，因为在高校道德教育过程中，存在着对"师爱"的两类解读，即遵循传统教育理念的"以生为本"的"公利性"的"师爱"和受社会市场经济冲击的"以师为本"的"功利性"的"师爱"，带给学生不同的感受，对德育效果产生不同的影响。"以生为本"的"公利性"的"师爱"，是对学生无私的、恒常的、普遍的爱，本身具有高尚的道德性，学生对这样的"师爱"的反馈是"敬爱"，由此与教师建立融洽的师生关系，接受教师的道德教育，并受教师的人格魅力所感染，心向往之，进而提升了道德层次。而"以师为本"的"功利性"的"师爱"，是建立在把高等教育当作经济活动、知识是商品的认识基础上，是教师由对自己的利益的回馈与预期结果来决定给学生爱的程度，是自私的、多变的、个别的爱，学生发自内心的"敬爱"之情难以启动，疏远教师传授的道德教育，甚至受教师情感的影响，降低自身的道德要求，削减德育效果。

道德教育是有目的影响人的活动，它植根在现实的土壤上，又对现实进行超越的"理想性"活动，具有人格上的提升作用。在师生之间交往过程中，情感交融具有一定的启动作用，那么以"师爱"或"物爱"作为师生连接的发端，就会给学生带来完全不同的情感体验。作为"师爱"，爱的对象与交往对象重叠，让学生直接体验到对自身纯粹的关爱，引发其对教师的敬爱之情，体验无私的、真挚的、高尚的情感，暗合了道德教育"人格的提升"，引向积极的道德教育方向；而作为"物爱"，爱的对象与交往对象疏离，教师与学生的交往突显个人物质利益的需求，突出金钱和个人利益的价值，把质朴的情感商品化，与道德教育的导向性相脱离，道德教育失去了理想的追求，缩小了其发展空间，破坏了道德教育规范性与引导性的统一，从而降低了德育效果。

正是由于道德教育的特殊性和现实高校德育中存在的"师爱"认识偏差，树立高校道德教育情感教育的"师爱"情操才更为迫切。

二、"师生正向协同"是德育有效性的条件

所谓"师生正向协同"，即师生情感正向反馈。"情感反馈"指学生受教

师情感感染后，又把这种积极的情感反馈给教师，彼此形成正向的情感互动，这是基于德育情感的迁移和感染功能所显示的教学双主体的价值。德育情感的迁移功能是指道德教育中的接受主体（学生）对传授主体（教师）的情感扩散、泛化到传授主体（教师）的道德情感上，以及传授主体（教师）对德育的情感扩散、泛化到接受主体（学生）情感的功能。德育情感的感染功能是指传授主体（教师）积极的情绪情感和道德情感引发接受主体（学生）的类似情绪和情感，并把感受到的情绪情感反馈给传授主体（教师）。在道德教育中，关注较多的是德育情感的迁移功能和感染功能的前一部分，较少涉及学生的情绪情感对教师的影响，教师缺乏主动感受学生的情绪，常常出现两种状况：一是部分教师沉浸在"独语"中；二是部分教师经常会对自己、对自己的教学产生疑问，如"学生怎么评价我""学生怎么评价我的课""我所讲的学生是否接受"等，结果不是自欺欺人，就是否定自己，这些主观判断带来的情绪体验大多是消极的，教师很难获得积极、正向、稳定的情绪。欲使德育效果达到最佳，教师与学生务必形成情感的正向互动，产生移情。美国情感心理学家斯托特兰德（E. Scotland）认为，移情就是"由于知觉到另一个人正在体验或去体验一种情绪而使观察者产生的情绪性反应"。① 也就是说，移情是当一个人感觉到对方某种情感体验时，可以分享对方的情感。一个受到学生爱戴的、道德高尚的教师传递给学生的积极情感，学生又会把这种情感反馈给教师，形成正向的情感互动。在此基础上，教师所体验的道德情感也会迁移到学生的内心，让学生体验到相同的感受，成为自己的道德情感。因此，德育传授主体应该通过多渠道了解学生对自己的态度。若要使"师情"激起"生情"，让学生得到预期的道德情感，然后，通过激起的积极的"生情"再反馈给接受主体，并且是接受主体所期待的情绪反应。同时，"师情"必须保证两个稳定性：一是积极的、饱满的、热情的主导情绪的稳定性，它决定学生对教师本人的态度；二是教师道德情感的稳定性，它决定学生对教师职业的态度。首先，德育教师要保持快乐、饱满、振奋的主导情绪状态，感染学生，唤起学生饱满、兴奋的情绪，为学生的道德学习活动提供最佳的情绪背景，从而让学生的情感趋向德育教师、趋向德育教师的道德情感。其次，德育教师的道德情感在教育和生活中要保持稳定性、一致性。教

---

① 斯托曼，著，张燕云，译：《情绪心理学》，辽宁人民出版社 1986 年版，第 333 页。

师自身的情感对学生具有潜移默化的作用。美国心理学家鲍德温在研究了73位教师与100名学生的相互关系后指出，一个情绪极度紧张的教师，很可能会扰动其学生的情绪；而一个情绪稳定的教师，也会使他的学生情绪趋于稳定。所以，要培养学生高尚的道德情感，教师必须自己具有这种情感；要学生激动，教师自己要付出真情才能换取真情，矫揉造作，虚情假意不仅不会收到教育的效果，还会造成不好的影响。课堂上，一个受学生欢迎的德育老师，不在于板起面孔说教，而恰恰在于他拥有一个正常人所具有的喜怒哀乐，有满腔的热情、明辨是非的能力、真正的同情心、强烈的正义感。在讲台上，他可以为正义而高歌，为文明而欢呼，对违法而愤慨，对乱纪而疾恶；他可以用自己所学的知识，用自己所感所悟，用自己的真情实感，去影响学生、感染学生。课堂外，一个受学生信赖的德育老师的情感体现在对学生实际问题和困惑如何解决、体现在具体的道德情境中如何做出选择。如果仅仅是上课讲得好，感而有发，而在现实生活中，不是切切实实地为学生解决一些困惑和实际问题，在道德判定中与教育中的道德情感的指向背道而驰，也是得不到学生信赖的。课堂与课外的情感背离，更会增加学生对德育教师本人的反感，对道德教育的怀疑。所以，德育教师的道德情感在教育中与生活中要保持稳定性与一致性。

三、科学教学法是德育有效性的保障

做好高校思想政治工作，要因事而化、因时而进、因势而新。遵循教书育人规律、遵循学生成长规律，高校德育教师要不断改革创新教育教学方法。科学的教学方法，因其遵循课程本身的性质和规律，使师生形成情感的良性互动，对教育结果而言，往往起到事半功倍的效果。为避免教与学"两张皮"，教学实践中，务必提升学生的主体意识，采用与时俱进的教学方法。

（一）课堂讨论，引导学生

现今多元价值共存的社会里，人们不得不经常面对一些价值冲突，对处于冲突之中的各种价值趋向作出取舍，而不是一味地顺从或盲从。于是，传统道德教育中自上而下的"满堂灌"式的教育方式，很难适应社会的发展，很难满足学生的需要。德育教师要深入生活，洞察社会，关注时代风云的变化，了解学生关注的热点问题，找到学生的兴奋点和盲点，并通过分析、比较，找出可供讨论的事例和话题，组织学生进行广泛而深入的讨论，甚至争论。在讨论的过程中，师生把不同道德价值观的冲突、道德问题的困惑等融入课堂。教师引导学生分析、判断，从中受到启发和有所体验，从而把德育的要求内化为自己的品质。

（二）设置情境，模拟教学

情境教学法已在西方的社会课和道德课中广泛运用，并获得了实效。教师在课堂上，要适当地采用情境教学，模拟道德生活典型场景，让学生扮演设定的角色，借助体验换位的心理感受，从而帮助学生理解教育内容，发展道德判断。例如，笔者通过对学生的调查，发现70%以上的学生都存在着交往困惑，于是，提炼、编辑出几个学生生活中的带有普遍性的交往冲突情景，让同学自己扮演其中的角色，在课堂上表演，里面冲突不断，然后由学生发表意见，如怎样建立和谐的同学关系，最后由教师点评。

（三）线上线下，无缝对接

现代社会已进入自媒体时代。人们须臾不离博客、微信、QQ、论坛等网络空间，教师仅仅依靠课堂上的有限时间难以动态地把握学生的思想脉络。因此，教师要有意识地与学生在网络空间保持联系，"教育手段应更加丰富、更符合学生的认识习惯，更注重人生发展的引导。"[①] 教师应主动地在网络上谈论社会热点、交流所思所想、避免说教，以便引起学生的热烈探讨。

（四）参与实践，提升善性

实践活动是道德教育的一个不可缺少的重要环节。课堂教育更多的是解决德育知识和思想的传授，要实现德育效果，必须让学生走进社会生活，在鲜活、复杂的社会环境中去体验、积累情感，形成信念，适应生活，实践社会。过去，德育课缺少实践环节，"以教师为中心，以书本为中心，以课堂为中心"，接触社会少，教师、学生躲在象牙塔里坐而论道，走出校园，无所适

---

① 朱超华：《教师核心能力论》，广东高等教育出版社2007年版，第39页。

从，经常发出感慨"是社会不了解我们，还是我们不了解社会?"现在，高校德育开始重视实践活动，但在活动过程中没有给学生留下思考、讨论、自主选择、能动参与的足够空间，难以激发学生的情感，形成学生的觉悟。广州外来务工群体较大，无证经营人员落地开花，部分市民对这一群体的人持有排斥、厌恶态度。而笔者所教学生多数是广州学生，家庭条件相对较好，对这一群体缺乏了解，甚至具有某种偏见。让学生走出校门，主动参与他们的生活，亲历其生活体验，感受其内心情感，这对于生活在优良环境下的大学生具有特别意义。在与交往对象的心灵互动中，大学生产生对这一群体的深刻理解和同情，体悟到自己作为青年人的人生责任。

高校思政教师教育亲和力研究[*]

——基于大学生心理契约的质性

石若坤[**]

2016 年 12 月，习近平总书记在全国高校思想政治工作会议上明确指出："思想政治理论课要坚持在改进中加强，提升思想政治教育亲和力和针对性，满足学生成长发展需求和期待。"[①] 这是从如何培养人的高度对思想政治教育工作提出的新要求。开展高校思政教师教育亲和力提升的研究，引导高校教师承担思想政治教育工作者的理论探索和现实担当责任。

一、问题的提出

教育过程强调教育者和被教育者的沟通与互动，两者的关系在某种意义上类似供给方与需求方。思政教育实效性不佳，一定程度上源自教育的供给和需求之间的矛盾一直未能得到有效的解决。客观地说，教育的供给是矛盾的主要方面，矛盾的解决很大程度上有赖于教育供给方的持续改善。着力开展思想政治教育的供给侧改革，尽可能满足学生的合理需要与期待，才可能提升教育的实效性。此外，"满足学生成长发展需求和期待""提升思想政治教育亲和力和针对性"两者之间存在因果关系，前者是后者的前提条件（因），只有满足学生合理的需求与期待，思想政治教育才能更具有亲和力、

　＊　本文载于《教书育人（高教论坛）》2023 年第 18 期。

　＊＊　石若坤，广州大学马克思主义学院副教授。

　①　习近平：《在全国高校思想政治工作会议上的讲话》，《人民日报》2016 年 12 月 9 日 1 版。

针对性，获得良好教育实效。

学界对教育亲和力概念的界定尽管暂时还未形成统一的认识，但普遍认同思想政治教育亲和力发生在教育与被教育主体间，且"亲和"是一种个体的主观感受。那么什么样的教师具有亲和力？什么样的教师缺乏亲和力？最有发言权的应该是学生，最具评价意义的看法也必须是由学生提出的。因此，聚焦学生的理解、期待与感知，是思想政治理论课教师教育亲和力研究的有效路径。

二、文献综述

（一）思想政治教育亲和力的内涵

关于思想政治教育亲和力的内涵，有学者认为是"作为思想政治教育主体基本特性的相互性、作为信息基本特性的相互性和作为基本实践活动的相互性之间的有机叠加形成的一种合力育人力量"。① 还有学者认为思想政治教育亲和力"是教育者和教育对象在思想政治教育辩证互动过程中显示出来的情感力、吸引力、人文力、感染力的综合"。② 也有学者把思想政治工作的亲和力看作是"在思想政治教育实践活动中使受教育者对教育目标、内容、形式等一系列过程产生的亲近感、认同感与悦纳感"。③

从已有研究看，思想政治教育亲和力的内涵研究基本集中于理论层面的描述或阐释。尽管学者从交互维度、要素维度、过程维度、价值维度等分析研究教育亲和力的内涵，但他们主要探讨的始终还是学者视角下的教师教育亲和力是什么的问题，鲜有运用实证研究的方法去探究学生视角下教师教育亲和力究竟是什么。而课题组认为对教师教育亲和力最直接、最真实的感知主体是学生，离开学生的期待和感受去谈教育亲和力是不全面、不完整的，也注定缺少现实基础和现实意义。

———————

① 邱仁富：《论新时代思想政治教育的亲和力》，《河海大学学报：哲学社会科学》2018 年第 6 期。

② 方世南、徐雪闪：《提升思想政治教育亲和力和针对性研究》，《思想政治课研究》2017 年第 1 期。

③ 杨宝忠、詹研：《论提升思想政治教育亲和力》，《思想政治教育研究》2018 年第 3 期。

（二）心理契约及德育心理契约的内涵

组织行为学家 Schein 在其《组织心理学》（*Organizational psychology*）中将心理契约定义为"每一组织成员与其组织之间每时每刻都存在的一组不成文的期望"，人们可以把心理契约"移植"到多种学科，包括德育领域。首次提出"德育心理契约"概念的是武汉理工大学文法学院申来津副教授，他认为德育心理契约是指德育关系中存在的一系列的彼此期待的主观信念，是德育关系双方相互期望的集合。[①]

事实上，学生很少有机会对教师的教育亲和力进行评价。但是访谈和问卷调查等资料显示，学生对思想政治理论课教师（以下简称思政教师）教育亲和力是有期待的，并且绝大多数学生会依据这种期待去评价和判定思政教师是否具备亲和力。从心理契约的视角看，亲和力可以被理解为存在于学生内心的有关教师教育亲和力的主观信念、心理期待。心理契约具有主观性和内隐性特点，因此学生对思政教师教育亲和力的理解、期待需要研究者积极主动去探寻，并且只有弄清楚了学生期待的教师亲和力"因"，之后才可以帮助我们实现提高教师教育亲和力的"果"。

课题组以大学生心理契约中的思政教师教育亲和力为研究视角，采用质性研究的方法，历时两年多时间，在一定程度上了解大学生对思政教师教育亲和力的理解与认知，基本弄清楚大学生对思政教师教育亲和力的真正期待和需求。

三、研究方法与研究设计

课题组主要采用质性研究方法，该方法是在自然环境下，使用实地体验开放型访谈、参与型和非参与型观察、文献分析、个案调查等方法对社会现象进行深入细致和长期的研究，[②] 归纳法是其主要的分析方式。研究者收集第一手资料，并尽可能从当事人的视角去理解研究对象的行为意义以及研究对

---

① 申来津：《心理契约：德育提升的支点》，《教育研究》2003 年第 9 期。
② 冯生尧、谢瑶妮：《扎根理论：一种新颖的质化研究方法》，《现代教育论丛》2001 年第 6 期。

象对相关事物的看法。研究者在此基础上建立假设和理论，通过证伪法、相关检验等方法对研究结果进行检验。研究过程是研究结果中不可或缺的重要组成部分，必须详细加以记录、记载。质的研究特别重视研究者对研究情境的参与，倡导研究者与研究对象共情。研究者必须参与到这个过程当中，通过"深描"细节与事实，在反复分析重组研究片段的过程中，让事物的质通过研究者的移情解释而逐步地呈现。

本次研究搜集的第一手资料，由半结构化访谈资料、非干扰性资料（学生作业）和调查问卷三部分组成。2018 年 3—5 月，笔者以"我期待的有教育亲和力的思政教师"为题向广州大学两个大班学生布置作业，并收回 8 个专业学生完成的书面作业共 180 份（非干扰性资料）。在对该作业进行初步分析研究的基础上，笔者拟定访谈提纲，其内容包括以下五点：①请简单介绍一下你的基本情况，包括年龄、学校、学院、专业、年级等。②你如何理解思政教师的教育亲和力？③你对思政教师教育亲和力是否有期待？期待程度如何？如果有期待，那么你期望思政教师具备怎样的亲和力，其具体表现形式主要有哪些？④在你看来什么样的思政教师最缺乏亲和力？⑤你认为对思政教师而言具备教育亲和力对其教育教学重要吗？请阐述你的理由。

2018 年 5—7 月，课题组通过校园采访的方式对 30 位广州大学本科生进行有关思政教师教育亲和力期望问题的深入访谈，访谈对象涉及文科、理科、工科等学科相关专业一到四年级的男女学生，访谈内容均以录音和笔记方式记录。2018 年 9 月—2021 年 1 月的三个学期中，课题组成员共成功访谈了 60 名本科生。每个学期末，笔者都将访谈提纲转化为调查问卷的形式派发给授课班级学生作答，共收回有效问卷 663 份。

对搜集到的三大类资料，课题组主要采用扎根理论研究法进行内容分析。该研究的总体设计是从大学生的视角理解他们对于思政教师教育亲和力的看法与期待，在此基础上建立假设和理论，通过证伪法、相关检验等方法对研究结果进行检验。具体方法上，首先对该资料进行筛选、分析，进而对资料进行三个级别的编码，即一级编码（开放式登录）、主轴编码（关联式登录）、选择编码（核心式登录）。最后，根据扎根理论的判断标准，以选择编码线索为依据再进行历程分析，进行纠偏、完善，完成研究的反思。

四、研究结果

（一）大学生期待的思政教师教育亲和力的开放编码和主轴编码

目前，基于扎根理论研究的结果表述还没有公认的标准化格式。我们尝试采用归纳表格法来呈现访谈数据的意义关系。表1即为数据整理结果。

表1　大学生期待的思政教师教育亲和力的开放编码和主轴编码

主轴编码	开放编码	文本举例
尊重	尊重人格	不要当堂呵斥学生
	尊重想法	不要对学生的（幼稚）想法不屑
关注、关心	负责课堂管理	放任课堂纪律不管反而是不具备亲和力的
	留意教学效果	不要只顾自己讲，完全不理会学生听懂了没有
交流互动	课堂内互动	课堂上积极组织与学生讨论交流互动
	课后沟通解惑	下课后可以像朋友那样与学生交流，帮助学生解决一些困惑
教学艺术	语气	语气冷淡、生硬的教师肯定没亲和力
	语调	语调毫无波澜的教师让人感觉冷漠
	语言	最好语言生动幽默，偶尔使用点网络流行语
	微笑	面容和善，面带微笑，不是一直板着脸
教学技能	课件设计	PPT比较活泼、灵动，不要全部是密密麻麻的文字
	案例、视频教学	最好有生动的案例，偶尔播放视频
理论阐释	理论生活化	将深奥的理论知识进行生活化呈现的教师有亲和力、接地气
	理论热点化	深奥的理论要是能与社会热点结合起来分析、讨论、解释、说明会更有吸引力
职业道德	教书育人	仅仅把教书当作职业的教师最没有亲和力
个人美德	三观正	三观不正的思政教师绝对没有亲和力

（二）基于大学生心理契约的思政教师教育亲和力的维度探讨

基于对上述概念、范畴层次关系表和文本数据分析过程的反复研讨和思考，笔者发现大学生心里期望的思政教师教育亲和力的维度由四个方面共同构成，即情感魅力、传授魅力、理论魅力、人格魅力。

1. 对主轴编码中的"尊重""关注、关心""交流互动"的选择性登录得出"情感魅力"维度

访谈资料显示，大学生在接受思政教育的过程中特别期待和渴望教师能够倾注真实的情感，真正关心、关注学生，尊重和理解学生。能切实关心学生但要求严格的教师，在学生眼里并非绝对地没有亲和力。相反，对大学生一味放任且缺乏真诚关爱的教师恰恰会被学生识别为没有真正的亲和力。"交流互动"也是大学生期待的教师有亲和力的一个非常重要的特性。大学生极其反感教学全程无互动，这类教师不是被学生认定为高高在上就是被大学生判定为太过冷漠，会被绝大多数大学生判定为没有亲和力。课题组认为，尊重、关注、关心、交流互动其实都是大学生对教师教育情感投入的主要感知和评价。访谈中，我们也深切感受到，思想政治理论课教学过程中，大学生是会用心去感知教师的教育情感的，也会对教师的情感付出做出较为客观的评价，就此维度而言，教师教育亲和力聚焦在教师的情感魅力层面。相关问卷调查数据显示，81.7%的大学生把不具备情感魅力的教师直接认定为最不具亲和力的教师，这个数据应当引起思政教师的重视。

2. 对主轴编码中的"教学艺术""教学技能"的选择性登录得出"传授魅力"维度

教学艺术可以被理解为"教师娴熟地运用综合的技能技巧，按照美的规律和原则进行的独特的创造性教学实践活动"。① 访谈资料显示大学生期待的具有亲和力的教师通常具备以下教学特质：语言艺术上要有温和的语气、抑扬顿挫的语调、生动幽默的表达，在教学仪表仪态上以"微笑"为最大特征。教学技能方面，大学生期待的具有亲和力的教师通常能做到 PPT 设计灵动活泼，教学手段灵活多样。大学生对案例教学、视频教学等教学手段的渴望尤为突出。换言之，在教育教学过程中，具有亲和力的思政教师应在准确把握教育教学内容的基础上，灵活恰当运用多种教学方法和手段，巧妙创设教学情境，在精心组织的教学活动中积极展现教学艺术，尤其是语言艺术与微笑艺术。因此教师教育亲和力的另一维度可以定格在教师的传授魅力上。

3. 对主轴编码中的"理论阐释"的选择性登录得出"理论魅力"维度

访谈资料显示，大学生普遍认为能将理论予以生活化阐释的教师很接地

---

① 李如密：《教学艺术论》，山东教育出版社 1995 年版，第 84 页。

气，很有亲和力。大学生尤其渴望教师能将自己的生活、工作、学习经历与经验与其分享，这种分享比较容易让其产生教师既是教师又是“朋友”的身份认同和情感认同。亲和力在某种程度上意味着有吸引力，所以不少大学生也渴望思政教师在理论阐释方面能与时俱进，积极关注社会热点以及国际热点问题。马克思明确指出：“理论只要说服人，就能掌握群众；而理论只要彻底，就能说服人。”① 理论是否彻底、能否说服人的关键，教师除了必须具备完备的理论知识外，还必须高度重视大学生渴望和期盼的理论阐释方式，如此才能切实发挥理论对大学生思想的指导或影响作用。所以对思政教师而言，具有亲和力离不开理论魅力的生动展示。

4. 对主轴编码中的“职业道德”“个人美德”的选择性登录得出“人格魅力”维度

访谈资料显示，思政教师亲和力离不开其人格魅力展示。在大学生眼里思政教师的本职工作与道德教育密切相关，其教育最具教书育人的特性。换言之，作为大学生理想、信念、信仰、人生观、价值观教育工作的主要承担者，思政教师这个特定身份寄托着大学生对完美师德师风的想象，道德素养方面能言传身教并身体力行的教师最能让学生产生悦纳感和认同感。习近平总书记指出：“要加强师德师风建设，坚持教书和育人相统一，坚持言传和身教相统一，坚持潜心问道和关注社会相统一，坚持学术自由和学术规范相统一，引导广大教师以德立身、以德立学、以德施教。”② 因而思政教师要真心热爱教育事业，而不是仅仅把教书作为一种谋生的手段，要不断提高自身的人格修养和职业道德素养。正如乌申斯基所说：“在教育中一切都应以教育者的人格为基础，因为只有人格才能影响人格，只有性格才能形成性格。”③ 人格魅力不仅是教师教育亲和力的重要维度，更是教师教育亲和力的一种升华。

五、分析与讨论

基于上述主轴和选择编码之间相互作用关系，参照选择编码原则与课题

① 《马克思恩格斯选集》第 1 卷，人民出版社 1995 年版，第 9 页。
② 习近平：《在全国高校思想政治工作会议上的讲话》，《人民日报》2016 年 12 月 9 日 1 版。
③ 张承芬：《教师素质学》，济南出版社 1990 年版，第 274 页。

组在编码过程中的理论体悟，课题组形成了基于大学生心理契约的思政教师亲和力的进一步认知。

（一）大学生期待的思政教师教育亲和力的内涵及其结构

课题组对思政教师教育亲和力的内涵的总结归纳是基于大学生的视角，而该领域的已有研究成果对课题组的研究依然具有积极的启示和借鉴意义。综合获得的第一手资料，课题组认为，就大学生主体的期望而言，思政教师的教育亲和力可以理解为思政教师在教育教学过程中所展现出来的，且为大学生所感知到的，能让其产生亲近感、悦纳感、认同感的动力水平和能力，其内容主要由思政教师的情感魅力、传授魅力、理论魅力、人格魅力四部分组成。

学者路遥等认为，亲和力可分为感性亲和力和理性亲和力，感性亲和力是教育过程中被人直接感受到的、承担思想政治教育内在价值的物质载体和外在形态，是对受教育者感觉和知觉产生的吸引力和感召力；理性亲和力是在感性亲和力的基础上，受教育者经过综合的判断和识别，对思想政治教育内生价值和理论意蕴产生的发自内心的趋近感。[①] 借鉴其观点，课题组认为思政教师教育亲和力中的情感魅力与传授魅力主要基于大学生的感觉、直觉而产生，故可以归属为感性亲和力；理论魅力、人格魅力基于理智、理性价值判断而产生，故可以归属为理性亲和力。感性亲和力具有短暂性和表浅性，影响力短暂；理性亲和力具有长期性和深刻性，影响力长久。访谈资料显示，大学生最快、最直接判定思政教师具有亲和力的依据，多数源自其对思政教师的情感魅力和传授魅力的直接感知、感受。因此，思政教师应在授课前期积极充分地展示自己对大学生的尊重、关心和关注，在与大学生的互动交流中应积极呈现语言艺术与微笑艺术，由此让大学生在尽可能短的时间内产生对教师的亲近感。当然，大学生初步感知到了教师的感性亲和力后，教师并非可以一劳永逸。要让大学生形成对教师的悦纳感、认同感，教师需要进一步展示其理论的魅力和人格的魅力。换言之，大学生在最初的亲和力感知中总是感性多于理性，但随着教学时长的增加，大学生对事物的认识会因为时

---

① 路遥、张艳红：《思想政治教育亲和力内涵、结构及生成机制》，《华北理工大学学报（社会科学版）》2018年第5期。

间的积累，一方面不断深入了解理论知识的本质获得真知，另一方面随着对教师认知程度（尤其对教师道德素养和个体美德的认识）的不断加深，愈觉得其有魅力，必然会增强对教师本人及其传授知识的喜欢和认可度。

马克思曾经说："如果你先感化别人，那你就必须是一个实际上能够鼓舞和推动别人前进的人。"① 同理，在思政教育教学过程中，教师如果能充分积极地展现其情感魅力、传授魅力、理论魅力、人格魅力，则其具备的亲和力水平必定能被大学生所感知，并对大学生产生积极的甚至是巨大的思想政治教育影响。

（二）大学生对思政教师教育亲和力充满期待的原因及反思

调查数据显示，96.8%的大学生对思政教师教育亲和力充满期待，其主要原因基本集中在以下四种认知。一是在大学生看来思想政治教育是对大学生进行思想、意识形态层面的教育引导，注定离不开师生间的情感交流与沟通，而教师具有较好的亲和力对于师生间的情感交流与沟通无疑具有积极的影响。二是思想政治理论课不同于专业课，大学生通常不会重视这类课程，所以思政教师具备亲和力在一定程度上可以提升学生对思想政治理论课的关注度。三是绝大多数大学生对思想政治理论课的认知存在刻板印象，有过半数的大学生认为思想政治理论课非常无聊、教学内容也相对枯燥，所以思政教师具备亲和力在一定程度上可以提升思想政治理论课对学生的吸引力。四是部分大学生认识到思想政治理论课有教育作用，但他们同时又感觉其作用比较隐性，不具备专业课的显性作用，因此需要思政教师具备较高的亲和力以提升大学生对思想政治理论课的悦纳感和认同度。

不难发现，大学生对思政教师亲和力存在一定程度的认知偏差，这恰恰需要教育工作者重视、反思并积极帮助大学生予以纠偏。访谈中不少大学生都谈到了在中学政治课程学习中，通常会为了有效命中答案中的各个知识点（得分点）以获取考试高分，于是死记硬背答题套路和答题模板的学习经历。中学政治教学和考核过分强调知识点以及为了分数而机械地套用知识点，在某种程度上的确使得大学生形成了"政治课学习非常无聊、枯燥"的错误认知和刻板印象。此外，访谈过程中有过半数的大学生主动提及对思想政治理

① 《马克思恩格斯全集》第 42 卷，人民出版社 1979 年版，第 155 页。

论课的重视程度远不及专业课。事实上，同样的认知不仅存在于大学生当中，也存在于不少专业课教师的认知中。思想政治理论课作为高等学校教育的一个重要组成部分，"关系高校培养什么样的人、如何培养人以及为谁培养人这个根本问题"。① 承担着"为人民服务，为中国共产党治国理政服务，为巩固和发展中国特色社会主义制度服务，为改革开放和社会主义现代化建设服务"的历史重任。② 本课题的研究成果提醒我们，在短期不能彻底改变大学生错误认知的前提下，高校思政教师可以先改变和完善自己，在教学过程中以最大的热情和激情展现情感魅力、传授魅力、理论魅力、人格魅力，不断提高让大学生产生亲近感、悦纳感、认同感的动力水平和能力，学习贯彻落实习近平总书记在全国高校思想政治工作会议上的重要讲话精神，把培养千千万万社会主义合格建设者和可靠接班人作为自身的使命担当和行动自觉。

---

① 习近平：《在全国高校思想政治工作会议上的讲话》，《人民日报》2016 年 12 月 9 日 1 版。
② 习近平：《在全国高校思想政治工作会议上的讲话》，《人民日报》2016 年 12 月 9 日 1 版。

"互联网+"时代高校思想政治教育的新常态[*]

石若坤　胡宜安[**]

正如德国哲学家海德格尔所指出：现代技术正建构着我们的社会生活。互联网正是这种建构的集中体现。"事实上，互联网不仅仅是一个媒介，更本质的意义就在于它是一种重新构造世界的结构性力量，这是它真正的意义。"[①]对"互联网+"作工具主义理解，实质就是工具主义地对待互联网，如"计算机网络和思想政治教育的联姻，是思想政治教育的一种现代方式"[②]。实际上，这是"+互联网"。而从"+互联网"到"互联网+"正是我们对于互联网认识和把握的一种深化。本文旨在从建构主义角度，将"互联网+"理解为思想政治教育的内在维度，认为当代思想政治教育正呈现出一种新常态，即"互联网+思政"。

一、"互联网+"引致的教育变革

从 1994 年中国实现全功能接入国际互联网以来，我们对于互联网的认识曾经在相当一段时间里是肤浅的。而近来中国社会最大的进步之一是开始认识到，面对互联网这一新兴媒体，包括教育在内的整个社会发展的逻辑应该

　＊　本文载于《高教探索》2018 年第 6 期。

　＊＊　石若坤，广州大学马克思主义学院副教授，国家级一流本科课程"生死学"课程团队成员。胡宜安，广州大学马克思主义学院教授，国家级一流本科课程"生死学"课程负责人。

　①　喻国明：《互联网是一种"高维"媒介——兼论"平台型媒体"是未来媒介发展的主流模式》，《新闻与写作》2015 年第 2 期。

　②　刘梅：《思想政治教育的现代方式——论网络思想政治教育建设》，《河南师范大学学报（哲学社会科学版）》2000 年第 2 期。

是"互联网+"而不是"+互联网"。这绝对不是一个"+"的前后位置的简单变换，其中包含着我们对于互联网价值逻辑和运用模式从肤浅到深刻的认识上的巨大转变。

在"+互联网"模式下我们仅仅把互联网看作是一种传播工具、传播手段、传播渠道和传播平台。我们对于互联网的应用大体上是在既有的运作逻辑的基础之上，把互联网作为延伸我们的影响力，延伸我们的价值，延伸我们的功能的一种延伸型的工具。互联网起着一种锦上添花的作用，即在固有的发展逻辑和社会运动逻辑的基础之上的一种按照固有惯性延伸的因素和手段。而"互联网+"则不同，它是把互联网视为构造社会、市场和行业全新格局的建构性的要素和力量。互联网正以其独有的法则和逻辑建构着教育与管理模式并引发教育的重大变革。

第一，对教育对象的深刻影响。目前高校学生群体多为"90后"与"00后"，前者号称"互联网的原住民"，后者则是"移动互联网的居民"，都是与互联网同生共长的新人类。他们就像习惯空气和阳光一样习惯、依赖虚拟的网络世界。"互联网+"是他们发现世界、认识世界不可替代的方式和途径。"90后""00后"多为独生子女，他们在现实社会中同伴相对少，很大程度上是通过虚拟世界去寻求和获得满足。教育对象也正是通过"互联网+"建构着他们所接受的教育并提出他们自己的要求与主张。

在传统观念上，受教育者如同一块"白板"，来到学校接受教育的过程实质上就是自身文化信息积累的过程：从无到有，从少到多。因而，个体始终处于绝对的被动状态，无论我们怎样强调学生主体性都改变不了其在文化传递链条上的客体地位。而在"互联网+"时代，个人则被充分激活①：

（1）个人操控社会传播资源的能力被激活，个人不再仅仅是盛装知识信息的容器，而是参与到信息传递与加工之中，个人既是信息的传播者，也是信息的生产者与供应者。如同互联网地图，你所得到的交通信息是他人行驶的道路上形成并提供的，而你在道路上行驶也为别人提供了交通信息。

（2）个人湮没的信息需求与偏好被激活。个人作为一个复杂的存在，其需要是千差万别的。在信息被封锁与文化资源被垄断的传统社会，个人面对

① 喻国明、张超、李珊等：《"个人被激活"的时代：互联网逻辑下传播生态的重构——关于"互联网是一种高维媒介"观点的延伸探讨》，《现代传播（中国传媒大学学报）》2015年第5期。

的信息是被给定的，因而其内在的信息需求被长期压抑，不能不依赖于学校与教育。但在互联网开放时代，各种信息巨量呈现，而且信息平台也多种多样，这种局面极大地激发了个体的信息需求，其内在的信息意识结构呈现出开放状态。同时，面对海量信息，个体按照自己的偏好进行撷取与选择，从而体现出自我化信息存取倾向。

（3）个人闲置的各类微资源被激活。互联网的连接性与开放性特征激发了储存在个人身上的各类微资源，原本散落在个人身上的闲置时间、闲置知识、闲置经验等各类闲置资源在互联网条件下得以被发现、被检索、被匹配，由此打破了传统的场所局限，各类资源之间的连接呈现出无所不至的可能。比如，传统游戏是个体或群体的娱乐活动，现在则被激发并成为一个重要产业，而网络游戏则成为老少咸宜的娱乐活动，移动互联网使之无时无刻不存在。这也就意味着，在以往的思想政治教育中，为我们所忽视的个体思想意识上的任何一种细小的因素都可能被激发并成为影响个人思想政治教育形成的重要因素。

第二，引发教育资源配置权的变革。教育通常被定义为一定社会或阶级有组织、有目的有计划地培养为统治阶级所需要的接班人的活动。因而，在文化教育资源配置层面表现为对配置权的垄断并进而形成权威话语体系。所谓教育资源配置权包括两个层面：一是宏观层面，统治阶级及其国家从意识形态层面展开对教育资源的垄断与配置；二是微观层面，教育教学过程中实施教育的教师及管理者对课程教育资源的垄断与配置，其是基于先天之教与学二项对立划分而形成的配置权。资源配置权的实现形式在以往是立足于自上而下以及自前而后的传递，前者是基于权力结构的上下体系，后者则基于长者为师、年少为学的前喻文化传递。

而到了“互联网+”时代，教育应立足于同时态空间维度资源配置与传递。互联网作为一种革命性力量，正在改变着整个社会的资源配置方式和权力结构。迄今为止，互联网初步实现了“人人皆可进行信息表达的社会化分享与传播”。互联网特别是社交媒体激活了以个人为其基本单位的社会传播构造，重新分配了社会话语权，并因此改造了社会关系和社会结构。在大众获得前所未有的话语权后，精英阶层对真相和真理的垄断被打破。互联网时代下，大众的话语力量日渐被激活，既往被视为理想主义的哲学家约翰·杜威（John Dewey）所主张的“参与式民主”渐渐呈现出一种可能，大众成为重构社会传播生态的重要力量。

第三，引发教育存在形态的变革。在技术引领之下诞生的各种在线学习，已经开始改变知识传授和学习的方式，也正在拆去传统教育中的时空围墙。传统教育以时间与空间来建构课堂，这是教育活动赖以展开的基本形态。时空围墙中的教育无不体现着有组织性、有计划性和目的性特征，教学内容、方法途径以及实际进程均自成体系并与现实生活相隔离。而"互联网+"时代的教育彻底颠覆了教育教学的组织形式，甚至是基本功能。比如，传统教育重在灌输与教化，学习也仅是学校教育。现在终身学习成为可能，教师由灌输与教化转型为提供教育服务，即利用网络平台开发各种在线课程为学习者提供教育产品，学习者的学习动机也不再是为接受教化，而是基于兴趣等其他动机。

传统课堂优质教育只能为少数人享受，在线课堂所追求的"通过技术实现教育资源均等化"的目标，是能够把优质的教育资源分享给更广泛的学校以及更多的学生，成功实现一种高端的知识交换，使得全球每一个人获得免费的、全面的优质教育，这被视为印刷术发明之后教育领域的最大改变。从教育技术上讲，在线课程是以往精品课、视频公开课的一个延续，并向前推进了一大步，它改变了以往单向教育传播模式，充分使用了交互功能，可以实现在线随堂答疑、批改作业、期中/期末考试、获取证书、学生之间互相交流、在网上创建学习社区等，使学习变得轻松有趣。

"互联网+"使教育呈现出网络化与数据化两大趋势。

一是网络化。中国已经成为全球最大的新媒体市场，各种自媒体发展迅速，媒体的融合转型加快，微传播已经成为一种主流传播方式。网络自媒体不断进行着自我更新，从 MySpace、QQ 空间、博客、论坛、微博、Facebook（现更名 Meta）、Twitter 到微信，一直发挥着舆论阵地的特别作用，且影响力持续增强。"互联网+"时代的到来，时刻提醒着人们"虚拟和现实"已经进入我们的生活并成为我们的生活。伴随"互联网+"而来的是，大学生在进行学习、生活和就业的时候，都离不开网络社会，名校的 MOOC（慕课）、网络大讲堂、社交媒体的视频教学、纪录片都成为大学生日常学习的一部分。

二是数据化。通过大数据学习分析模型，能够深入探究学习者的学习过程与情境，发现学习规律，根据每一个学生的需求和能力为其提供个性化自适应学习。基于大数据个性化的学习过程结构、学习过程可视化及学习效果实证等方面进行分析，研究结果表明，对学生学习行为与知识掌握程度进行数据分析，能够推荐合理的学习路径与恰当难度的学习资源，可对学生的学习效果作及时准确的反馈，提供个性化服务，有利于促进教与学。其实学生、教师的一言一行，所有学校里发生的事物，均可以转化为数据。当每个在校学生都能用自己的计算机终端学习，包括上课、读书、写笔记、做作业、发博客、进行实验、讨论问题、参加各种活动等便是教育大数据的来源。由于人的感觉存在盲点，直觉不可完全信任，理性思维也有局限，大脑即使有惊人的记忆力，也未必有惊人的信息加工能力，因此无论是根据学生的学习需求进行分析以便向他们推送最适当的学习资源，还是根据学生的教育行为进行评价，都需要基于大数据的自我量化，去记录、研究、分析自己的在线学习行为，认识真正的自己，提高自己。

二、"互联网+"对思想政治教育的挑战

第一，"互联网+"时代，对传统思想政治教育者的主导权提出了多样化的挑战。一方面，传统思想政治教育者的权威性受到质疑。通过"互联网+"，大学生可以与不同的专家学者或知名人士进行交流对话，得到以前很难得到的各种资源和信息；可以根据自己所处区域、兴趣爱好、专业、年龄等因素，选择不同的"朋友圈""主题群""网络社区"等，活跃其中。这种情况下，学生容易忽视学校和教师的教育引导，而接受虚拟社区中同龄人或某领域专家的影响，学校教育被不由自主地弃之一旁，教师的单一教育主导作用无形中被削弱。另一方面，互联网时代存在的话语体系多样现象，打乱了大学生思想政治教育"'两课'教学—辅导员德育—党团思想引领—专业课辅助"的传统模式，特别是冲淡了"两课"教学对学生思想行为的实际影响，使教育教学效果大打折扣。由网络上不良信息和误导造成的认知偏差，滋长了一些不良情绪，更容易促使大学生对教师教学的传统权威地位提出质疑和挑战。

随着经济全球化以及自媒体和信息技术的飞速发展，各种社会思潮不断涌入高校。社会思潮作为一种成体系、有影响力、代表一定社会阶级利益或观念的意识形态综合表现形式，常常对人们的思想、政治、文化领域产生一定的影响甚至冲击。多种社会思潮的涌入绝不是因为对网络政治的冷漠，相

反，这些社会思潮恰恰具有非常强烈的意识形态归属。各种社会思潮虽然对人们的思想观念影响十分广泛，但都会与社会思想政治或意识形态发生或多或少的联系，并且最终影响或干扰到社会意识形态工作。

第二，大学生思想政治教育的感染力被弱化。社会主义核心价值观、社会主义道德体系、马克思主义和毛泽东思想基本理论等是大学生思想政治教育的重要内容，涵盖有"大学生思想道德修养与法律基础""毛泽东思想与中国特色社会主义理论体系""马克思主义哲学基本原理""中国近现代史纲要"等课程。一直以来，大学思政课内容审核严格，宣传和教育渠道规范、统一，但在实际教育教学过程中存在着一些单调冗长、内容枯燥的现象。相比较而言，"互联网+"既是个体交流的私人空间，又是公开发表意见的舆论平台，所涉及的议题宽泛自由，形式短小精悍，更贴近生活，比教师说教更有吸引力。而海量信息的刺激、娱乐方式的便捷，也使思想领域的问题一定程度上被感性化、碎片化，乃至冲淡消解。学生的认识和行为更趋于个体性、独立性、私密化，对公共领域的需求也相对减弱。上述一系列的"互联网+"特征，使"90后""00后"思想教育层面存在着相当程度的多元性、个体性、不确定性、碎片化和非理性。而对于高校来讲，对学生进行统一的思想政治教育，使学生在思想政治上与党和国家保持一致。这就形成了思想政治教育供给与需求之间不同程度的错位，即学校传授的未必完全是学生愿意获知的。

第三，"互联网+"使单向、集中的传统授课方式受到冲击。大学生思想政治教育工作，通常是由教师通过班级授课或者校园媒体、讲座等方式开展。这样大范围、单向性的宣传方式有利于短期内大面积传达，但不利于师生之间充分地交流和互动，导致传播纬度和受众体验性不足，教育过程相对封闭，教育方法也多训导、传达或说教，给大学生较强的压力感。"互联网+"具有较强的开放性、交互性，能够不受时空限制地使用"关注""转发""评论""@"等功能，这种传播方式更能够迎合大学生的需求，一定程度上向思政教育原有的流程设置提出挑战。所以，"互联网+"时代，如何改变传统单一、集中的授课途径，有效利用新兴媒体的强大功能，重置、优化教育方法和传播途径，是大学生思想政治教育必须解决的问题。

第四，从传播学角度看，"互联网+"使传统的思想政治教育的传播效果减弱。传统的传播是"点—面"传播，信息由一个集中的输出端，传递到万千用户，这种传播信息源的垄断易于控制信息的接受者，这也正是传统思想政治教育有一定效果的基础。但互联网尤其是移动互联网，信息呈网状传递，每一个人都可能是信息输出端，也可能是信息接入端，没有一个很明显的传播导向与流向，这样便极有可能产生一种所谓的"沉默的螺旋"效应。所谓"沉默的螺旋"，即一般情况下，人们对有争议议题存在着从众心理：当属于"多数"或处于"优势"时，倾向于大胆表达；相反，当属于"多数"或优势方的声音越来越大，"劣势"方的声音就必定越来越弱，乃至逐渐沉默。当教育者的权威受到挑战，教育内容的信服力就会减弱。单向传授方式不受欢迎时，大学生对学校思想政治教育就会产生"怀疑"，甚至是习惯性地消极规避，选择听信那些"负面、不真实"的网络传言，从而削弱思想政治教育的教学质量与效果。

三、建构"互联网+思政"新常态

汤因比曾指出：挑战与迎战是文化发展的内在动力。思想政治教育同样是在面对"互联网+"的挑战中发展与完善的。面对强势的互联网渗透，在互联网与思想政治教育两者之间建立连接，不仅是互联网健康发展的内在要求，更是思想政治教育顺应时代寻求自身变革发展的内在契机。实际上，有关互联网的自由主义与社群主义的论争也昭示我们建构"互联网+思政"之必然与可行。

在"互联网+"时代，人们依托大流量开放平台为基础系统，自由流通、平等互动、相互聚合从而建构起一种全新的社会生态，完成信息的生产、分享与价值创造。从长期来看，互联网有创造新的媒介生态实现动态平衡的可能性，这种可能性根植于共同体的形成，基于共同体作用下的结构化交往过程。20 世纪末，以批判新自由主义而闻名的社群主义（communitarianism）受到学术界的广泛关注。社群主义批评自由主义以自我为出发点，过于强调个人权利而漠视公共空间，沉迷于消费和享乐，导致自由主义社会的空虚焦虑和认同危机。社群主义认为"人类社会应当重建认同和重返休戚相关的共同体"，主张将个体成员的价值追求植根于集体的共同理想。但是，一味强调集体利益一定会忽视个体的需求，单单依靠社群并不能解决生活的全部问题。"集体"

和"个人"应当是同时存在的，这是人性的两个向度，现代人既要自由也要安全感。这就要求思想政治教育必须建构起一种适应新时代的新常态，于变化之中求不变，这就是"互联网+思政"新常态。

第一，建构从以教为中心到以学为中心的个性化学习新常态。在互联网逻辑下的新媒介生态中，"集体"与"个人"间的平衡成为可能：一方面，互联网技术的发展赋予了所有信息节点技术地位的平等性和交往的自由性，各节点自由流通、平等互动、相互聚合，形成共享信息、利益、价值等的共同体；另一方面，共同体成为各节点实现个性主张的有效途径，各节点的身份和目标有机地融入到共同体的共同理想之中。在共同体内部，信息交流的主要手段是对话，如杜威所言："传播是人类生活唯一的手段和目的。作为手段，它把我们从各种事件的重压中解放出来，并能使我们生活在有意义的世界里；作为目的，它使人分享共同体所珍视的目标，分享在共同交流中加强、加深、加固的意义。"集体构建的共同目标、价值观和道德准则等无形中对各节点构成一定的约束力，使节点不会有太过"出格"的举动。这种约束力是基于共同体成员相似性之上的利益、情感、道德和价值基础，从而形成了媒介生态中每个共同体内部的最大公约数。显然，这为"互联网+思政"提供了客观依据。

这种新常态是以个性化学习为立足点。传统思想政治教育课存在的问题主要是教师只按照自己的思路讲课，完成教学任务，少有考虑学生的接受能力，缺少有效教学策略激发学生的学习兴趣和主观能动性，影响学生自觉性和积极性，导致学生主动获取知识的能力和创新能力不断减弱。究其原因是没有真正关注学生的个体差异与不同需求，自始至终没有实现"因材施教"，即个性化教育。

当然，传统课程的固定时空形态在客观上制约了个性化教学的实施。高校思想政治理论课多采取大班教学，人数达一百几十号人，在2~3节课程时段，要针对学生具体思想状况展开因材施教几乎是不可能的，只能尽可能将课程内容讲得生动，无法跳出以教为中心的传统共性教育模式。伴随着移动互联网迅速发展，教育信息化的普及与深入，知识传播与获取的方式产生了根本变化。在线学习兴起并逐渐被教师、学生所认可，不仅是因为在线学习可以实现终身学习和深度学习，从时间维度、空间维度和内容维度勾勒了立体化的学习图景，使学生能够得到丰富优质学习资源；更重要的是因为在线学习能够深度挖掘学习者信息，是实现学生个性化学习的有效学习方式，能够使教育变成教师和学生之间动态教和学的关系，实现以学生的认知需求为中心，每个人可以按照自己的方式、学习路径和偏好来进行学习，从而达到自己最大的学习潜能，更高效、扎实地掌握知识。因此，"互联网+思政"个性化教育使因材施教势成必然。

第二，建构从面对面到隔空对话的师生交往新常态。传统思想政治理论课基于固定时空的、固定关系的授课方式已经行不通了，思政课的权威性也会随之而削弱。因而，充分利用互联网，随时随地地与学生进行网络互动，展开隔空对话必然成为常态。一是通过转换课程内容与组织形式使之渗透于网络，从而使思政课程真正得以拓展时空；二是借助网络进行针锋相对的竞争，争夺网络意识形态阵地，这同样是思想政治教育的重要使命。

相对传统思政课，"互联网+思政"有着全新的理论基础。联通主义认为学习是在一个模糊不清的动态环境之中，通过学习者自我组织及互动、交流、分享、沟通而进行的知识建构，形成与学习相关的联系网络。行为主义和认知主义学习理论认为学习是被动接受知识的行为和对知识的主动认知过程；而建构主义学习理论认为学习是在一定学习环境中和理解自身经验过程中的知识建构过程，其建构过程不是任意的，具有社会性和交互性，在交流、磋商及自我调整和修正中实现。

有效对话需要重点做好以下工作。首先是建构"互联网+"批判性思维，其实质就是消除"沉默的螺旋"效应。"互联网+"时代大学生思想政治教育应该提倡批判性思维。所谓批判性思维，是面对认识的对象，做出肯定什么，否定什么，或要有些什么新见解、新举措的一系列的思考过程，对于网络信息有一定的筛选性，主动过滤不健康的信息资源。其次是建设"互联网+校园文化"。校园文化是学生成长的土壤和环境，它既有教师文化，也有学生文化，两种文化共生共处是最好的对话。同时，将丰富多彩的校园文化和互联网紧密结合，形成线上、线下的联动，营造生活和网络二合为一的互通环境。最后是师生对话走向生活化。"互联网+"拆除时空围墙，实质上就是将学校校园与校外生活世界完全对接。因此，思想政治教育必须展开师生间的生活对话，一方面，将教育话题融入生活，赋予理论以现实生活维度并增加理论的说服力；另一方面，将生活纳入教育，引导学生对生活的深度拷问从而提升现实的精神品质。这种教育与生活的联通正是对话的生动与鲜活之处，对话成为一种生活体验而不是教师说教。

第三，建构从单一线下教学到线上线下的混合教学新常态。线下课程教学即实体课堂，虽然"互联网+"颠覆了教育存在与实施形态，拆除了课堂时空围墙，但却无法终结实体课堂。实际上，实体课堂由于师生交往，生生交往的零距离，使得学习行为具有即时性与现实性，始终是教育的主要形态。而且，实体课堂能保证课程内容的连续性与系统性，能很好地呈现意识形态的复杂内涵，使学生完整地理解与接受。当然，由于时空的固定也暴露出传统课程的局限，为线上课程提供了存在与发展的前提与依据。线上课程最大优势在于其自由性、个性化与交互性，但其劣势也非常明显，即对知识碎片化的要求与学习行为的散漫性，构成对线下课程的互补。

网络为高校思想政治教育提供了现代化的教学手段，同时也容易造成思想政治工作者的依赖性，如何让现代化教学手段与思想政治教学内容有机结合，实现线上教育与线下教育联动、课堂教育与课外教育互补、教师的主导作用与学生的主体作用互动，是创新大学生思想政治教育方法必须解决的课题。网络拓展了大学生思想政治教育的时空，但是也为大学生思政治教育带来了信息泛滥、信息污染、信息骚扰、信息的渗透与反渗透等一系列问题。如何因势利导、趋利避害，净化网络教育环境，对创新大学生思想政治教育的环境提出了新的要求。当然，这也就加重了思想政治理论课教师的工作任务，教师现代教育技术提出了较高要求，这也是新常态。

第四，建构从独断式评价到过程性评价的课程评价新常态。传统思政课由于课程体系、内容结构以及固定时空等自成一套教与学的完整的制度化系统，其课程评价均是在课程结束之后才出现，而且评价主体为施教者，学生为评价对象。传统评价最大的问题在于无法深入到课程学习进程，学习过程往往被忽略。同时，评价是一种教师施行的单方行为，没有学生的参与，因而是一种独断式评价。而"互联网+思政"，由于交互学习日常化，特别是大数据学习行为分析使得评价转变为一种过程性评价，或者说，评价本身与成长是一体两面。

大数据时代的在线学习，实现全面地记录、跟踪、掌握和可视化学习者的不同学习特点、学习需求、学习基础和学习行为，为不同的学生建立学习模型并为不同类型的学习者打造个性化的学习路径，每个人的学习内容不再千篇一律，会根据用户个性化的学习轨迹动态呈现。

　　每个学习者创造的数据就是"大数据"的一部分，他们都是大数据的生产者和消费者。大数据时代对于学习过程分析具有较强的实用价值。在大数据的支持下，学习资源的个性化推送、学习质量分析等将有了可行的解决方案，个性化学习诉求在大数据时代有了新的实现途径。基于大数据的分析研究表明，个性化自适应在线学习分析模型已基本上实现了深度挖掘学习行为模式，揭示数据之间隐藏的关系、模式和趋势，了解学生成长的轨迹，了解学生学习的现状，从而有助于掌握学生的学习规律，便于更全面地评价学生及个性化干预指导，真正实现"为了学生发展的评价"的目标，有利于学生学习能力的提高、学习兴趣的培养、思考能力的提升，提供个性化的服务，做到因材施教。因此，"互联网+思政"的课程评价是学生参与且与学生成长相伴随的过程性评价，这将成为一种新常态。

思想政治教育的空间策略 *

张丽璇 **

　　意识形态工作要强化阵地意识，必须"守土有责、守土负责、守土尽责"。在战争中阵地的攻守，关系战争的胜负，在当今，这场没有硝烟的意识形态战场，胜负的关键因素同样在于阵地的攻守。面对各种试图破解马克思主义在意识形态领域的指导地位、破解全党全国人民团结奋斗的共同思想基础的意识形态进攻态势，能否坚守我们的阵地具有全局性的战略意义，事关我们事业的成败。"历史和现实反复证明，能否做好意识形态工作事关党的前途命运，事关国家的长治久安，事关民族凝聚力和向心力。这'三个事关'指明了意识形态工作引领社会、凝聚人心、推动发展的强大支撑作用，道出了意识形态工作的根本性、战略性和全局性意义。"[1] 显然，阵地意识要求以战略眼光看待我们的意识形态工作。

　　强化阵地意识要求我们应从阵地这一空间维度去思考与对待我们的思想政治教育。葛兰西在谈论无产阶级与资产阶级之间关于文化领导权的斗争时，明确指出应该由运动战转向阵地战，而阵地不是一个一维的空间结构，不只是一个方面，而是立体的空间结构。在全球化的今天，社会主义与资本主义之间意识形态领导权的攻守之势已然在发生微妙的变化并呈现出复杂性，对于一个在落后大国建设社会主义的无产阶级政党来说，尤其如此。意识形态领域的斗争在立体的三维空间全面展开，这已然是不争的事实。因此，从空间视域来探讨思想政治教育是既具现实意义也具理论意义的重要课题。

　　＊　本文载于《理论探讨》2017 年第 1 期。
　　＊＊　张丽璇，广州大学马克思主义学院副教授。
　　①　人民日报评论员：《把宣传思想工作做得更好——论学习贯彻习近平总书记 8·19 重要讲话精神》，《人民日报》2013 年 8 月 21 日 1 版。

什么是思想政治教育空间？如何建构思想政治教育空间？这都是思想政治教育不可回避的话题。综观学界的讨论，大多数是从教育学的角度基于思想政治教育活动如何实施来界定，思想政治教育空间便似乎是一个独立存在的现象，但它没有抓住思想政治教育的本质，而真正体现思想政治教育之本质的正在于它的意识形态性。阵地意识作为一种空间意识，既是意识形态空间本质的体现，也是对以意识形态为实质内容的思想政治教育的空间建构。本文尝试从意识形态入手探讨思想政治教育的空间问题，以期推动对思想政治教育有效性的理论与实践探讨走向深入。

一、意识形态的空间本质

意识形态具有空间本质是历史唯物主义的重要命题之一，这是指导我们思想政治教育的哲学基础与依据。

意识形态的空间本质有两方面含义：其一，意识形态必须是在空间中占支配地位。意识形态是耸立在一定的经济基础上的观念上层建筑，意识形态作为"被意识到的存在"是与物质前提相联系的物质生活过程的必然升华物。我们理解意识形态不仅要关注作为"意识形式"的思想属性，还要关注其作为"上层建筑"的空间本质，恰恰是这种空间本质赋予意识形态以现实性，才真正体现为"被意识到的存在"。马克思指出，统治阶级的意识形态始终应该是占统治地位的思想意识。所谓"占统治地位"，本质上就是在现实空间中所表现出来的支配地位，"支配空间的优势在阶级斗争中甚至成为最重要的武器"①。这里的空间显然不应只理解为学校、机关，还包括日常生活、社会交往空间。其二，意识形态必须对象化为现实空间的生活实践。任何统治阶级都要通过意识形态把自身利益幻化为全社会的利益，赋予自己的思想以普遍性，并实际影响人们的现实生活与思想观念，而这种普遍性当然不是某种抽象的概念的普遍性，而是现实生活所体现的普遍性，即必须进入到社会、客观的空间层面，以空间为依托才能建构起真正的普遍意义，为此，古人说得

---

① 戴维·哈维，著，阎嘉，译：《后现代状况——对文化变迁之缘起的探究》，商务印书馆 2003 年版，第 368 页。

好，"入其国，则教化可知"。马克思指出："理论一经掌握群体，也会变成物质力量。"① 所谓掌握群众既不是将理论实体化，也不止于所谓"用理论控制人的头脑"，而是与群众的生活实际相结合。否则，"如果未曾生产出一个合适的空间，那么，'改变生活方式'，'改变社会'都是空话"②。

因此，任何意识形态只有当其成为空间中的人化因素或在空间中得以内涵时，这种意识形态才能成为一种现实存在的精神力量。一方面论证和解释现实。对现实的一定时间和空间中的物质生产与交往关系进行反映、解释与演绎以及对其合理性与合法性进行论证，从而形成观念中的生产与交往关系，即思想关系。另一方面，提供精神动力。它以提供价值应然的方式为现实生活提供价值规范、目标与动力，以推动一定时间与空间的现实生活不断完善，从而对象化为现实生活。这就产生并决定了思想政治教育的空间本质，即思想政治教育就是对意识形态的空间生产与再生产，所谓坚守阵地，就是要坚守意识形态空间。

意识形态的空间属性实质就是建构意识形态的生活品格，这是对理论的生命延续与实践落实，它决定着思想政治教育的空间维度，实质就是思想政治教育必须走进现实空间，走入现实生活，这既是思想政治教育的内在本质，也是思想政治教育的基本内容，更是思想政治教育的根本途径。因此，思想政治教育空间必须包括两个部分：一是包括各级党校和学校在内的教育空间，二是现实生活空间。

（一）教育空间

中国特色社会主义的方向事关意识形态工作的根本，牢牢掌握意识形态工作的领导权、主动权就要落实党管意识形态原则，切实履行好各级党委对本地区、本部门、本单位意识形态工作的主体责任。履行好主体责任，把牢正确方向导向，就要高举中国特色社会主义伟大旗帜不含糊，坚定中国特色社会主义道路不动摇；就要保持政治清醒和政治定力，严明政治纪律和政治规矩，自觉在思想、政治、行动上同以习近平同志为核心的党中央保持高度一致。党校教育在党管意识形态方面就是要从思想上解决一些领导干部对意

---

① 《马克思恩格斯选集》第 1 卷，人民出版社 1995 年版，第 9 页。
② 包亚明：《现代性与空间的生产》，上海教育出版社 2003 年版，第 47 页。

识形态工作的意义认识不足的问题，强化领导干部的责任意识，在大是大非和政治原则面前，必须立场坚定、旗帜鲜明；面对敌对势力的攻击和抹黑，要敢于亮剑、敢于发声。

从狭义上讲，学校是思想政治教育的主阵地。高等教育阶段是大学生形成思想政治意识的关键时期，教育引导至为重要。由于现实社会的开放性，以及文化的流动性，学校已成为各种思想意识汇聚之地，这是意识形态斗争激烈的主阵地，必须用主流意识形态去占领，否则很容易失去意识形态工作的话语权。

（二）现实生活空间

现实生活空间既是广义的思想政治教育空间的组成部分，也是思想政治教育目标指向空间。意识形态的传播过程，实际上是对现实中的个体提供价值依据，并据此指导其实践的过程，其实质就是指向并融入到人的生活，从而转换为对象化空间中的主体精神。思想政治教育必须将触角延伸到现实生活空间，引导人们思考生活的价值与意义问题。

思想政治教育的实质就是要以意识形态为内容实施对受教育者的主体性建构，从空间视角来理解，就是要完成两个任务：一是外在意识形态向内在自我意识的转换，这必须是首先在教育空间进行的；二是由观念形态向实践主体性的生成，这是在现实生活空间中完成的。也就是说，思想政治教育是由两个空间的互动转换关联而成的，完整的思想政治教育缺少任何一个都不行。

二、意识形态的空间危机

早在 20 世纪 90 年代初，在美国一本专门从事中国研究的杂志中，有人撰文指出，"在中国面临的各种危机中，核心危机（thecorecrisis）是自性危机（Identitycrisis）" "中国正在失去中国之所以为中国的中国性（Chineseness）"①。这种"自性危机"通俗地说就是国家自我认同的危机，是空间与

---

① 包亚明：《现代性与空间的生产》，上海教育出版社 2003 年版，第 47 页。

意识形态出现分裂的危机。

中国社会自改革开放以来取得举世瞩目的伟大成就，无论综合国力还是人民生活水平，无论是经济发展，还是民主进程都有目共睹，不容否定。可是，由于我们的思想政治教育没跟上去，部分人没能认识到现实的物质生活的进步与社会主义的发展之间的内在必然联系，以至于"端起碗来吃肉，放下筷子骂娘"的现象并不鲜见。生活在中国，享受中国社会主义发展的果实，头脑中装的是他国的民主自由。

如果从空间视角来看，我们所遭遇到的意识形态危机正是意识形态的空间危机：一方面思想政治教育的"两张皮"现象所造成的空间隔离；另一方面，资产阶级意识形态全面的空间渗透与扩张。

（一）思想政治教育"两张皮"与空间隔离

所谓"两张皮"就是意识形态与现实生活脱离、脱节，言行表里不一致。我们时常目睹这样的现象：一些人可以在辩论会上阐述政治理论，引经据典，慷慨陈词，滔滔不绝，赢得满堂喝彩，却在现实生活中向往权势，巴结权贵，表现出极强的权力欲。他们可以在观摩爱国主义题材的影片时，感慨万分，泪流满面，却在聚会时大肆吹嘘自己所使用的国外名牌，并准备移民国外等。

以苏联为前车之鉴，意识形态的确立过分依赖强制和行政命令。如勃列日涅夫时期，意识形态工作应算抓得紧的，从机关、工厂、到学校的班主任制度，都有一套措施。但这只是一些行政命令，并没有真正深入人心，其结果是出现很多"夜间人"①：人们在上班时按这种"命令"的要求说一套，下班之后夜晚空闲的议论和行动又是另一套，这种做法为后来埋下危机的种子。"夜间人"的出现有两个原因：一是意识形态没有反映现实，二是意识形态无法与历史的发展相吻合。就根本而论，思想政治教育背离了意识形态的空间本质，热衷于表面上所谓的千篇一律，追求一种表达式意识形态认同与趋同（表态或表明立场），至于表里是否一致则另当别论了。

从空间视角看，思想政治教育容易存在两个致命缺陷，这也是意识形态空间危机的症结所在：一是空间单一化，二是空间绝对化。单一化表现为由

---

① 李慎明：《世界社会主义跟踪研究报告——且听低谷新潮声（之一）》，社会科学文献出版社2006年版，第618页。

于思想政治教育总是并仅仅在固定的空间场所进行，如会议室、报告厅、教室等，采取自上而下的传达模式。个体一旦走出会议室、教室就会判若两人。在我们明确意识形态主题的空间，人们完全是被动进入，完全是为了应付或带有功利性、工具性的参与。虽然我们强调坚守主阵地，但感觉好像是在喊口号与贴标语。

所谓空间绝对化，即抽空现实生活内容，从而变为抽象空间。众所周知，观念的东西不外是移入人的大脑并通过改造过的东西而已，唯有当精神与思想作为客观空间存在的一种属性时，才谈得上精神空间，其根本意义在于揭示空间的属人性。如果把空间的现实性因素等抽空，然后将其设置成固定不变的观念与思想生产的场所，这就是抽象与绝对的空间。

（二）西方资产阶级意识形态的空间渗透与扩张

在现代资本主义，资本的逻辑无不伴随着资产阶级意识形态逻辑。资本的物化倾向并没有抵消非物质领域中精神的巨大作用，马克斯·韦伯曾严谨地论证了资本主义精神的两大支柱：资本与宗教。宗教是资本的意识形态，而资本则是资本主义人格化的意识形态。宗教把空间视为一种"精神的事物"，与物质或社会现实相分离，资本则又通过商品将空间物化为一种客观现实。列斐伏尔认为，这正是一种空间策略而已。

资产阶级意识形态的空间策略是整合与分割并用。所谓整合，假借普世价值来推进非意识形态化，企图消除基于民族文化、历史传统及社会根本制度的差异性与多样性，消解他国意识形态，使之服从资本全球一体化需要。简单说就是采取非意识形态化手法，虚构一种普遍性实施对空间的整合。以"非意识形态化"进行"意识形态渗透"，把根植于西方历史的社会甚至宗教的文化价值元素标榜为"普世价值""普世文化"等。这种"非……"话语，实质就是营造"非意识形态空间"，如"国际学术会议""基督教堂""非政府机构"等。其根本手法之一便是实施意识形态文本转换，迂回地把意识形态嵌入西方政治学、经济学、哲学等是当前西方意识形态渗透的主要形式。哈耶克指出，从人们习以为常的"共性话语"以至学术话语中看到了意识形态的深刻内涵。试想，现在一些人努力洗刷传统的意识形态话语而十分倾向于"学术话语"时，背后是否徘徊着西方主导意识形态的幽灵？

而所谓分割，即借助多元价值来推进"去意识形态化"，解构一国意识形态。这是通过拆解整体性来对空间分割，利用多元的思想意识和生活方式实施对空间的分割。在现实生活层面，西方资本主义充分利用其技术优势与话语霸权，对第三世界国家实施人群分化与空间分割。一是通过思想意识的多元化消除主流意识形态。利用各种途径向中国输入各种社会思潮，如女权主义、民族主义、消费主义与自由主义等，这些思潮通过各种手段渗透于生活空间，幻化成现实生活中的各种重要命题与价值观念，使之成为人们现实关注的焦点，它造成一个假象：这些思潮看起来是没有统一主题的，相互之间或许是相互矛盾的。正因为如此，人们面对的是被各种理论思潮肢解了的现实。二是通过输入西方生活方式来传达多元价值取向。空间的分割还有待于进一步现实化，这就是通过生活方式加以实践。应该说，生活方式较思想意识更具有意识形态性，它是生活化的意识形态。西方资产阶级利用其媒体优势、技术优势与生产优势，通过各种广告向第三世界国家传递这样的信息：我的生活方式最好。早在 20 世纪 50 年代，美国国务卿杜勒斯就说："如果我们教会苏联的年轻人唱我们的歌曲并随之舞蹈，那么我们迟早将教会他们按照我们所需要的方法思考问题。"

这样，整合与分割双管齐下，且整合之中有分割，分割之中有整合，构成资产阶级意识形态完整的空间扩张策略，从而加剧了我们意识形态的空间危机。

三、思想政治教育的空间策略

上述分析表明，意识形态的空间问题是一个根本性问题，有针对性地展开思想政治教育的空间策略，即通过空间整合与空间转换建构立体、多元的空间体系已然迫在眉睫。

强化阵地意识，最根本的原则就是坚守主阵地。所谓主阵地指在宏观层面具有战略意义的主导空间，包括党政军机关、高等学校及相关理论研究机构，主导空间具有意识形态的排他性。在思想政治教育层面上，高等学校是知识化意识形态的生产与再生产空间，这个空间不能失守，这是底线。东欧剧变前的波兰便是一个血的教训。波兰共产党放弃对青年的意识形态教育埋下了丧失执政权的祸根。20 世纪 50 年代，当时的共产党在与波兰团结工会的斗争中被迫允许在学校开设宗教课，让儿童和青年参加校外宗教活动。波兰天主教会利用这一机会大肆向学生灌输宗教思想，使青年人把教会作为自己的精神寄托。在 20 世纪 80 年代的动乱中，冲锋陷阵的基本是这批在第二次世界大战后成长起来的、长期受教会熏陶的年轻人。显然，在主导空间，针对特定人群，意识形态必须是唯一的，且旗帜鲜明的，不能有任何闪失。一些所谓"精英"大肆宣传西方自由民主思潮，他们中的许多人在国内甚至到国外受过高等教育，受到国家的器重。但由于他们在政治信仰方面的"不坚定"，一旦时机成熟，他们便站出来表明所谓反对意见，持不同政见者立场，实质就是滑向颠覆共产党执政的敌对方。显然，这与意识形态阵地失守有关。

意识形态领域的争夺毕竟不同于战争，战争中的敌我双方很容易分辨，而意识形态阵地则呈现出一种复杂的态势，各种隐蔽斗争形式层出不穷，而且对人们的影响也日益深远且复杂。如何坚守主阵地绝非简单易行之事，主阵地并不是孤立的存在，而是一个立体、多元的空间结构，这就要求建构行之有效的思想政治教育空间策略。

建构思想政治教育的空间策略实质上也是对思想政治教育的变革创新，既要改变过去一成不变的意识形态空间观，也要改变过去教条式意识形态传播观。以往的空间观是一种平面空间观，其前提是计划经济体制下利益关系的简单化、社会生活的高度同质化及社会结构的单一化。而那种教条式的意识形态传播观，一方面是革命战争年代思想政治工作，即动员式传播的简单延续；另一方面，由于人们的思想单纯，没有复杂的社会思想意识从而表现为单一主题式传播。显然，这已不再适合物质利益多元化、社会结构复杂化、社会生活高度开放的当代中国现实。我们要进行思想政治教育空间建构，就必须讲究策略，即在保持意识形态根本原则不变的情况下，学会变换方式与形式，以对应复杂多变的局面与空间格局。因此，思想政治教育空间策略也正是体现在两方面：一方面通过话语转换实施空间整合，改变过去单一、平面的空间状况；另一方面，通过生活化实现空间转换，改变过去一元、封闭的空间状况。

（一）教育空间的整合策略

所谓空间整合，即对各种空间形式进行意识形态控制，消除敌对意识形态的影响，建构教育空间的意识形态统一性，并居于支配地位，其实质就是为在各个空间的认识活动提供方法论、价值论以及实践论的根本指导。空间整合并非要形成铁板一块的同质性空间，而是要消除不同空间的意识形态隔离、对立与紧张，形成有机的空间结构与体系。从思想政治教育学科话语来看，学科本身与学科话语之间是内容与形式、本质与现象的关系。灵活运用各种话语形式承载传递同样的意识形态内容——这是西方资产阶级意识形态的常用策略——正是我们要采取的策略。鉴于长期以来动员式思想政治教育所形成的僵化的话语体系，客观上已经无法适应复杂多样的空间格局，并产生严重的"失语"现象，如果我们的教育不及时改变我们的话语形式，意识形态的空间支配地位便难以保持。因此，教育空间的整合必须采取话语转换策略。

第一，文件话语向学术话语的转化。思想政治理论课教材大量采用政策性话语和文件话语，枯燥、乏味、程式化，有些话语从小学、初中、高中直到大学，多次重复，早已引起学生认知疲劳，使思想政治理论课教学丧失了语言的感染力，从而效果不佳，"言者谆谆，听者藐藐"，受教育者不但无法理解、接受与内化为自我的思想，而且极易引起接受阻滞，产生思想政治教育的负向效应。实际上，从思想政治理论课教学来看，理解和接受才是目的。实践表明，真正有理论深度、有学术味的思想政治话语，是将意识形态通过严谨的逻辑推理和深入的学理思考内化为个体的自我意识，然后逐渐形成理解社会政治、经济及文化等的根本立场和方法论。这样，通过学术话语的转换，思想政治教育才能突破狭隘的课堂空间，产生巨大的空间渗透性，无论接触何种观点思潮，人们就会有独立的判断与正确的意识形态立场，这正是我们的思想政治教育所要达到的效果。

第二，文本话语转换为通俗话语。有些空间，如形势教育课堂、校外教育基地以及阅览室等需要平易近人、通俗易懂的语言形式，这样才有亲切感，令受众理解并接受。应该看到，当代年轻人较之前任何时代的接受者都有着更加开放且多样的接受方式，加之年轻人的文化与个性特征，使得那种单一文本渠道的授受模式已然势弱。因此，将文本话语转向通俗话语是摆在我们面前的重要课题。通俗话语包括绘本、动画及其他通俗文字读物甚至还包括文艺节目等，这些都可以成为思想政治教育载体。转换文本传播形式以契合现实生活，是非常有效的方式。比如，2008年世界金融危机之后，各种绘图本《资本论》畅销欧美。再如，近年来，各个电视台播放的各种有关社会主义核心价值观的动画也值得思想政治教育借鉴。

第三，意识形态话语转换为非意识形态话语。思想政治教育并不是意识形态贴标签行为，而是既坚持原则性也坚持灵活性。不可否认，思想政治教育话语生硬、套话连篇的背后，就是我们不能在课堂上辩证地对待意识形态与非意识形态，结果引起人们反感。社会主义意识形态的终极价值追求是人类的自由和解放，较之资产阶级意识形态而论，具有更加真实的普遍性与普适性。因此，承认并接受具有普遍性与普适性的人类精神是社会主义意识形态的内在要求。在人类历史的长河中，积淀了许多值得我们今天倡导的关于自身发展和美好生活的思想与智慧，如公平、如公德、如美等。在当今，人类也面对许多共同的难题，如生态危机、信仰危机等。显然，这些都并不是某种意识形态话题，而是非意识形态话题，思想政治教育关注这些，恰恰能够体现我们意识形态的真正价值，"意识形态在认识论所要求的客观性面前具有本体论的中立性"①。当然，非意识形态话语应该立足于中国文化，对传统资源进行挖掘利用，比如，中国文化的和谐观念、天人合一及协和万邦等思想资源。因此，唯有在意识形态与非意识形态之间建构一种内在张力，意识形态方可进退、攻守自如，游刃有余。唯其如此，思想政治教育才有其巨大的空间适应性。

（二）生活空间的转换策略

"两张皮"现象实质就是教学与生活、理论与实际的空间隔离现象，致使意识形态日益远离现实生活空间。就意识形态必须转化为实践中的主体精神而言，这种隔离就是意识形态的严重"脱域"。"思想政治教育文本话语日益处于'脱域'状态，给定的理论范畴与社会生活之间存在着的距离越来越大"②。脱域就是意识形态不在场，或现实空间中某种意识形态的缺失；而就空间作为人化的存在而言，必定有其他的意识形态到场。在某种意义上，阵地战就是一种你进我退、此消彼长的态势，意识形态没有中空地带，当我们的意识形态不在场时，资产阶级意识形态便乘虚而入。

---

① 卢卡奇，著，白锡堃，等译：《关于社会存在的本体论·下卷——若干最重要的综合问题》，重庆出版社 1993 年版，第 601 页。
② 许苏明：《论思想政治教育的话语转换》，《东南大学学报（哲学社会科学版）》2014 年第 2 期。

意识形态尽管是体现统治阶级意愿和要求的思想观念体系，但由于"我们的出发点是从事实际活动的人，而且从他们的现实生活过程中还可以描绘出这一生活过程在意识形态上的反射和反响的发展"①。以思想体系形式呈现出来的意识形态，本质上必须是现实社会生活过程的理论抽象，其根基在现实生活世界。

从现实生活角度看，空间是异质性的存在，如日常生活与非日常生活、公共生活与私人生活等诸多空间领域划分，但无论什么空间都涉及思想意识与现实生活的关系，而一旦思想政治教育缺失其现实维度，便造成教学与生活两种空间的不可通约性，"两张皮"的空间隔离正是这种不可通约性的体现。因此，建构二者之间可通约的平台至关重要，这一平台正是生活化，即走向生活世界。思想政治教育对人的生活世界的回归，是实现思想政治教育对生活世界的主体参与。思想政治教育"生活化"就是指思想政治教育要立足人的生活世界，以人为生活主体，以人的生活实践为中心，关心人的生活体验，以教育为导向的思想政治教育模式。总之，思想政治教育生活化实质量就是教育与生活的双向同构：一方面思想政治教育的根本目的在于通过意识形态的内化为生活提供价值应然，进而推动个体的发展与完善；另一方面，一旦教育融入生活，生活就是一种很好的隐性教育，这既赋予思想政治教育以活力，又是最有效的思想政治教育途径。

意识形态只有根植于广袤的社会生活空间，与现实生活紧密相连，才能枝繁叶茂。这样，意识形态的空间属性在思想政治教育实践中得以充分体现，同时，思想政治教育实践扩展着人们的思想政治认知的空间范围。

---

① 《马克思恩格斯选集》第 1 卷，人民出版社 1995 年版，第 73 页。

第三编

大中小学思政一体化建设的理论思考

社会主义核心价值观教育的协同学分析*

冉　杰**

　　社会主义核心价值观教育是一个系统，包括教育目标、教育主体、教育内容、教育方法和教育评价等子系统；同时它符合开放系统的特征，其外部环境、教育主体、教育内容、教育方法都是不断变化的，不断有新的输入和输出，[①] 因而可以对社会主义核心价值观教育进行协同学分析。协同学作为一种交叉科学，研究的是开放系统的自组织结构或自组织过程。[②]

　　协同学被界定为"合作的科学"，研究的是由许多个体部分或因素构成的复杂系统，这些系统能够产生出宏观的结构或功能，而这些功能或结构并不是通过特殊的方式从外部强加给系统的，而是其系统自身组织生成的。因而协同学也可被看成是自组织理论。[③④] 系统的宏观结构或功能通过所谓序参数（order parameters）加以描述。序参数依靠伺服原理（slaving principle）决定了系统各个构成部分的行为[⑤]，是使一切事物有条不紊地组织起来的无形之手。[⑥] 因而，认识和确定系统的序参数对于认识系统的结构、功能及其发展趋势至关重要。但如何才能确定系统的序参数呢？协同学的策略是：研究特定

---

　　* 本文载于《广州大学学报（社会科学版）》2016 年第 6 期。

　** 冉杰，广州大学马克思主义学院教授。

　　① 哈肯，著，凌夏华，译：《协同学》，上海译文出版社 2013 年版，第 207 页。

　　② AMIN FUCHS：*Nonlinear Dynamics in Complex Systems*（Berlin：Springer Berlin Heidelberg，2013），p. 147.

　　③ 李士勇、田新华：《非线性科学与复杂性科学》，哈尔滨工业大学出版社 2006 年版，第 39 页。

　　④ HERMANN HAKEN，*Synergetics-An Overview*（New York：Kluwer Academic/Plenum Publishers，2002），p. 8.

　　⑤ HERMANN HAKEN，*Synergetics-An Overview*（New York：Kluwer Academic/Plenum Publishers，2002），p. 5.

　　⑥ 哈肯：《协同学》，上海译文出版社 2013 年版，第 7 页。

情形下其宏观结构或功能发生质变的系统，即从某个系统的稳定状态出发，然后改变一个或几个控制参数（control parameters）所导致的涨落来研究该系统是如何变得不稳定而发生状态的改变的（协同学称之为相变），当进一步改变控制参数，为序参数所决定的新的集体行为就会出现。① 在这一过程中，序参数是慢变量，在系统的相变过程中不会衰变；而其他参数是快变量，会迅速衰变。②

根据协同学的上述原理对社会主义核心价值观教育进行分析，将有利于深化对社会主义核心价值观教育的认识，并指导相应的教育实践。

一、教育目标的协同学分析

（一）目标是社会主义核心价值观教育系统的序参数

所有的价值观教育系统都包含目标、主体、内容、方法和评价等部分或子系统，在协同学看来，要清楚认识其结构关系和发展规律，需要确定其序参数。按照协同学的策略，这需要改变价值观教育系统的控制参数，在价值观教育系统发生质变或相变的过程中，寻找其中起组织作用的慢变量。价值观教育系统会受到一种外在因素———其发起人的影响，在这里，发起人就是价值观教育系统的控制参数。逻辑和历史经验表明：发起人的改变，会导致价值观教育系统的质变或相变，奴隶主的价值观教育与封建君主和资本主义的价值观教育有着本质的区别；在这些相变过程中，或从一种价值观教育转变为另一种价值观教育的过程中，由于标志着不同价值观教育的本质区别，教育主体、教育内容和教育评价是快变量，在不同的价值观教育形态中有着根本的变化；教育方法在相变的过程中变化较小，属于慢变量，但它为教育目标服务，为教育目标所统摄；最后，教育目标在价值观教育的相变过程中几乎没有变化——立德树人，养成良好的社会风气，因而教育目标是价值观教育系统的序参数，决定了价值观教育的结构关系和发展过程。

---

① HERMANN HAKEN：*Synergetics-An Overview*（New York：Kluwer Academic/Plenum Publishers，2002），p. 5—6.

② 李士勇等：《非线性科学与复杂性科学》，哈尔滨工业大学出版社 2006 年版，第 4 页。

社会主义核心价值观教育是价值观教育中的一种，因而其序参数也是教育目标，具体而言是社会主义核心价值观教育的目标，即培养具有社会主义核心价值观的接班人，形成追求社会主义美德的良好家庭氛围和社会风气。这一目标决定了教育者、教育内容、教育方法和教育评价机制的选择，形成了以其为核心的结构关系，是理解社会主义核心价值观教育系统结构的关键，也是推动社会主义核心价值观教育发展的动力。

（二）集体性目标是社会主义核心价值观教育体系中占主导地位的序参数

社会主义核心价值观教育目标包括两种：一是个体性教育目标，即将社会个体公民教育成为拥有社会主义核心价值观的人。对此，《关于培育和践行社会主义核心价值观的意见》指出："培育和践行社会主义核心价值观要从小抓起、从学校抓起。坚持育人为本、德育为先，围绕立德树人的根本任务，把社会主义核心价值观纳入国民教育总体规划，贯穿于基础教育、高等教育、职业技术教育、成人教育各领域，落实到教育教学和管理服务各环节，覆盖到所有学校和受教育者，形成课堂教学、社会实践、校园文化多位一体的育人平台，不断完善中华优秀传统文化教育，形成爱学习、爱劳动、爱祖国活动的有效形式和长效机制，努力培养德智体美全面发展的社会主义建设者和接班人。"[1] 二是集体性教育目标，即将社会主义核心价值观教育融入社会各个领域，从而形成坚持和秉承社会主义核心价值观的家庭氛围和社会风气。对此，《关于培育和践行社会主义核心价值观的意见》指出要把培育和践行社会主义核心价值观落实到经济发展实践和社会治理中，要加强社会主义核心价值观宣传教育，开展涵养社会主义核心价值观的实践活动，包括以诚信为重点的道德实践活动、学雷锋志愿活动、群众性精神文明创建活动、重要节庆日传播社会主流价值活动等。[2]

无论是个体性教育目标还是集体性教育目标，都是社会主义核心价值观教育系统的序参数，但是二者的地位存在着差异。哈肯认为，系统的序参数

---

[1]　中共中央办公厅：《关于培养和践行社会主义核心价值观的意见》，《人民日报》2013 年 12 月 24 日 1 版。

[2]　中共中央办公厅：《关于培养和践行社会主义核心价值观的意见》，《人民日报》2013 年 12 月 24 日 1 版。

可能有多个，它们相互之间存在着竞争、合作、并存关系。[①] 就社会主义核心价值观教育的两个目标而言，集体性教育目标占据主导地位。因为，在协同学看来，集体行为决定了系统的宏观结构和功能，也决定了个体的行为。以舆论为例，哈肯认为，与个人意见相比，流行的舆论起着主导性序参数的作用，支配着个人意见，强制形成大体一致的意见，以维持其自身的存在。其原因可能是因为作为社会性的人对被孤立的逃避、对社会承认的渴望。[②]

集体性教育目标是占主导地位的序参数对社会主义核心价值观教育的启示在于：要改变现实中以个人社会主义核心价值观培养为重点的教育指向，要更加重视将社会主义核心价值观落实到经济发展实践和社会治理中，要加强社会主义核心价值观宣传教育，开展涵养社会主义核心价值观的实践活动，以培育形成坚守社会主义核心价值观的社会风气。

（三）践行是社会主义核心价值观教育目标构成中的序参数

价值观教育影响和改变的是受教育者的认知、情感和意志，具体而言，是要使受教育者对于某一价值观在认识上理解、情感上认同、实践上遵循。因而，社会主义核心价值观教育的目标，无论是个体性目标还是集体性目标，都具体包括三个方面：理解、认同和践行。

这三者在社会主义核心价值观教育目标构成体系中的地位并不一样。对社会主义核心价值观在认识上的理解和情感上的认同是实践上遵循的基础，但是，社会主义核心价值观教育是指向实践的教育，正是为了实现践行的目标，才需要认识和认同，因而，践行在社会主义核心价值观教育目标构成体系中引导着理解和认同目标，起着组织作用，是社会主义核心价值观教育目标构成体系中的序参数。

这一结论意味着社会主义核心价值观教育要改变现有的教育模式，要以实践教育为主，以认知教育和情感教育为辅。正所谓"道不可坐论，德不能空谈。于实处用力，从知行合一上下功夫，核心价值观才能内化为人们的精神追求，外化为人们的自觉行动"[③]。

---

① HERMANN HAKEN：*Synergetics—An Overview*（New York：Kluwer Academic/Plenum Publishers，2002），p. 6.

② ELISABETHNOELLE NEUMANN，Die Schweigespirale（Munchen：R. Piper&Co，1980），p. 231.

③ 《习近平谈治国理政》，外文出版社 2014 年版，第 173 页。

二、教育主体、内容和方法的协同学分析

（一）党政机关是社会主义核心价值观教育主体系统的序参数

社会主义核心价值观的教育主体包括教育者和受教育者。通常，受教育者指所有公民，而教育者包括学校、家庭和社会中的教育者。对于后者，特别是社会教育的教育者，其外延有些不明确，需要进一步分析。从学校、家庭和社会的三分来看，社会中的教育者是指除学校和家庭中的教育者之外的教育者，所涉范围很广，包括党政机关和社会政治、经济、文化组织，其中，党政机关与社会政治、经济、文化组织在社会主义核心价值观教育中的地位有着质的区别，不应该不加以区分地看成同类主体，而是要看成不同的主体。

就社会主义核心价值观的教育者与受教育者的关系而言，教育者起着组织和结构的作用，在外在因素或控制参数发生变化时，相比受教育者而言，教育者比受教育者更稳定，是慢变量，因而它是二者关系中的序参数，这无须更多的论证。但不同教育者中谁是序参数就需要更多的分析了。

事实上，党政机关是社会主义核心价值观教育者系统中的序参数。理由有两点。其一，党政机关是慢变量。这是说，当外在控制参数发生变化时，党政机关作为社会主义核心价值观教育的教育者地位不变，而其他教育者会发生较大或根本性的变化。因为，由于党政机关的领导地位，无论是改变价值观教育目标、内容，还是方法这些控制参数，党政机关作为社会主义核心价值观教育的组织者、教育者的地位都不会发生变化，而其他教育者如学校教师则可能根据需要发生变化。其二，党政机关是社会主义核心价值观的实际领导者和组织者，在培育和践行社会主义核心价值观上负政治责任和领导责任。①

党政机关的这一特殊地位要求：其一，把社会主义核心价值观要求体现在国家治理的各领域，推动培育和践行社会主义核心价值观同实际工作融为一体、相互促进；其二，建立健全培育和践行社会主义核心价值观的领导体

---

① 中共中央办公厅：《关于培育和践行社会主义核心价值观的意见》，《人民日报》2013 年 12 月 24 日 1 版。

制和工作机制；其三，党的基层组织要在推动社会主义核心价值观培育和践行方面，发挥政治核心作用和战斗堡垒作用；其四，党员、干部要在培育和践行社会主义核心价值观上起示范教育作用。党员、干部特别是领导干部要在培育和践行社会主义核心价值观方面带好头，以身作则、率先垂范，讲党性、重品行、作表率，为民、务实、清廉，以人格力量感召群众、引领风尚。加强理想信念教育，引导党员、干部着力增强走中国特色社会主义道路、为党和人民事业不懈奋斗的自觉性和坚定性，做共产主义远大理想和中国特色社会主义共同理想的坚定信仰者。加强党性教育，引导党员、干部贯彻党的群众路线，弘扬党的优良传统和作风，以优良党风促政风带民风。加强道德建设，引导党员、干部始终保持高洁生活情趣，坚守共产党人精神追求。①

（二）社会主义价值共识是社会主义核心价值观教育内容系统的序参数

社会主义核心价值观在内容上包括三个层面：富强、民主、文明、和谐是国家层面的价值目标，自由、平等、公正、法治是社会层面的价值取向，爱国、敬业、诚信、友善是公民个人层面的价值准则。这三个层面虽然相互联系，但彼此之间没有隶属关系，是各自独立的价值准则，其中每一个层面的各种价值准则也互不隶属，相互独立。因而，这12种价值准则中没有一个能够成为将其他各种价值准则组织起来、形成特定结构的序参数。

但是，这三个层面的价值准则很明显是有严密的组织结构关系的，那么，是什么将它们组织起来的？或它们的序参数是什么？仔细分析不难发现，这三个层面的价值准则有一个共同点：它们是党和社会的价值共识。正是因为这一点，它们被组织起来，因而价值共识是这些价值准则的序参数。具体而言表现在以下三个方面：

其一，社会主义核心价值观是中华优秀传统文化的结晶。富强、文明、和谐、公正、爱国、敬业、诚信、友善是中华民族一直以来持续弘扬的文化传统，而民主、自由、平等、法治则是近代以来中华民族不断追求和实现的目标。

其二，社会主义核心价值观吸收了人类社会发展的优秀成果。人类社会

---

① 中共中央办公厅：《关于培养和践行社会主义核心价值观的意见》，《人民日报》2013年12月24日1版。

发展的历史经验证明，富强、民主、文明、和谐、自由、平等、公正、法治、爱国、敬业、诚信、友善是所有美好社会应该追求的价值取向。

其三，社会主义核心价值观反映了中国特色社会主义的发展要求。中国特色社会主义建设在现阶段有两个重要的发展目标：在中国共产党成立100年时全面建成小康社会；在新中国成立100年时建成富强民主文明和谐美丽的社会主义现代化国家，实现中华民族的伟大复兴。为了实现这些目标，面对世界范围思想文化交流交融交锋形势下价值观较量的新态势，面对改革开放和发展社会主义市场经济条件下思想意识多元多样多变的新特点，必须要有与之相适应的价值观来凝魂聚气、强基固本。①

社会主义核心价值观的共识性特征有两点是显而易见的。其一，社会主义核心价值观教育具有坚实的正当性基础。这使得从事社会主义核心价值观教育的教育者具有强烈的自信心。其二，社会主义核心价值观教育富有成效。社会主义核心价值观，不是一人之见、一党之见、一国之见，而是汇集了中华民族、人类文明和中国特色社会主义建设实践的价值共识，其正确性很容易为任何一个有理性的受教育者所接受，因而，社会主义核心价值观教育富有成效。

（三）隐性教育方法是社会主义核心价值观教育方法系统的主导性序参数

社会主义核心价值观教育方法系统主要包括两大类方法：显性教育方法和隐性教育方法。显性教育方法是指利用公开手段、公共场所，有领导、有组织地对有清楚的受教育意识的受教育者进行教育的方法，包括说理教育方法、情感感化方法、榜样示范方法、实践教育方法等，这一类方法的特点是教育者和受教育者对教育活动都有着清楚的意识。② 隐性教育方法是指引导受教育者在无意识的状态下、通过直接体验、潜移默化地获取教育信息的方法，其特点是教育者有清楚的教育意识，而受教育者处于无意识状态。③

这两种方法都能组织起教育者、受教育者、教育资源服务于教育目的，因而都能起到序参数的作用。但是，二者在社会主义核心价值观教育活动中

---

① 《习近平谈治国理政》，外文出版社2014年版，第63页。
② 王瑞荪：《比较思想政治教育学》，高等教育出版社2001年版，第278页。
③ 吴永军：《课程社会学》，南京师范大学出版社1999年版，第10页。

的地位还是存在着差异，隐性教育方法起着更重要的作用，是占主导地位的序参数，理由有三点：其一，隐性教育方法是慢变量，而显性教育方法是快变量。隐性教育方法依靠教育氛围进行，而一种教育氛围的形成需要依靠某种教育理念、文化、制度、物理环境和行为习惯长期的保持，所以不容易形成，而形成之后也不太容易改变；与此不同，显性教育方法则可能因为某一控制参数如教师的改变而发生变化。其二，隐性教育方法的作用比显性教育方法更大。前面分析的结论指出，在协同学看来，社会主义核心价值观教育的集体性目标是占主导性的序参数，比个体性目标更重要，也就是说一种社会风气的形成更重要，它能使个体改变自身的行为去符合社会风气；社会风气的形成主要依靠党政机关的带头作用，而党政机关作为教育者更多不是对受教育者进行说理教育、情感感化教育、实践教育等直接教育，而是通过国家治理行为、模范行为来进行教育的，也就是说是通过隐性教育方法来进行教育的。因此，可以说隐性教育方法的作用比显性教育方法的作用大。其三，隐性教育方法的效果比显性教育方法的效果要持久。由于隐性教育方法依靠的是长期的理念、文化、制度、环境和行为习惯，因而它对受教育者的影响也是长期的或持久的。

隐性教育方法的这一地位，要求在重视显性教育的基础上做到：其一，党政机关起模范作用，将社会主义核心价值观融入国家治理活动中，党员干部自觉遵循社会主义核心价值观，树立培育和践行社会主义核心价值观的党风、政风。其二，社会政治、经济、文化组织将社会主义核心价值观融入自身的社会活动中，形成遵循社会主义核心价值观的民风。其三，学校要将社会主义核心价值观融入教育理念、文化、制度、环境和师生行为习惯中，形成遵循社会主义核心价值观的学风。其四，要引导家长将社会主义核心价值观融入家庭生活中，形成遵循社会主义核心价值观的家风。

三、教育评价的协同学分析

(一) 评价方法是社会主义核心价值观教育评价系统的序参数

社会主义核心价值观教育的评价涉及评价主体、评价客体（对象）、评价标准和评价方法等因素，其中，评价方法是序参数，理由有两点：其一，评价方法的选择影响其他评价因素的选择，起着系统组织作用。在价值观教育评价活动中，评价方法的不同使得其他评价因素也不同。例如，如果使用结果评价法，其评价的主体可以是任何理性主体，客体是教育最终结果，评价标准是最终结果与目标的符合程度；而如果使用发展性评价方法，其评价主体则限于教育者和受教育者，不包括不参加教育活动的主体，评价客体是教育效果的历史发展状况，评价标准则是教育结果符合目标的历史进步程度。其二，评价方法在社会主义核心价值观教育评价系统中是慢变量。评价方法是中性的，因而从逻辑上讲，当外在控制参数发生变化时，评价方法不变，但是评价主体、评价客体和评价标准由于受教育意志影响，因而变化较大，甚至有根本变化。例如，改变社会主义核心价值观教育目标，从践行目标改变为认知目标，会使评价主体、客体和具体标准发生根本性的变化。

评价方法是社会主义核心价值观教育评价的序参数，因而要做好社会主义核心价值观教育的评价，需要把握不同的评价方法及其要求。其一，结果性评价方法，即根据社会主义核心价值观教育实践的结果来进行评价①。教育是一种实践活动，必然指向特定的效果，因而就社会主义核心价值观教育而言，结果性评价机制是必不可少的评价机制。其二，发展性评价是指依据评价者与被评价者共同制定的社会主义核心价值观教育的发展目标，运用适当的评价技术和方法，对被评价者的发展进行价值判断，使被评价者不断实现预定发展目标的活动。② 这一评价机制能够反映社会主义核心价值观教育效果的历史进步状况，因而也是社会主义核心价值观教育评价的一种必要方法。运用这一评价机制有如下要求：要确定评价的标准即社会主义核心价值观教育的发展目标体系；选择恰当的信息和数据收集方法，系统收集有关社会主义核心价值观教育实践的信息和数据，建立相关的历史变化数据体系；在一次评价完成之后，修改方案，建立新的教育发展目标体系。其三，过程性评价是结合行为动机态度、过程和结果而做出的评价。这一评价机制能充分反映社会主义核心价值观教育过程的价值③。引入过程性评价机制意味着，在对社会主义核心价值观教育进行评价时，在评价内容上，不限于教育的结果，

---

① 陶西平：《教育评价辞典》，北京师范大学出版社 1998 年版，第 55 页。
② 蒋碧艳、梁红京：《学习评价研究：基于新课程背景下的实践》，华东师范大学出版社 2006 年版，第 23 页。
③ 张曙光：《过程性评价的哲学诠释》，《齐鲁学刊》2012 年第 4 期。

而是需要从教育的组织领导、实践内容的选定、实践活动场所的保障、实践运行机制、实践效果等方面来确定社会实践模式的评价指标体系。

（二）可信性是社会主义核心价值观教育评价方法系统的序参数

社会主义核心价值观教育评价方法包括结果评价法、发展性评价法和过程评价法等，从上面的分析可以看到，这些方法各自的侧重点不一样：结果评价法偏重于对教育最终结果的评价，发展性评价法偏重于教育效果的历史发展状况的评价，而过程性评价法则偏重于对教育过程的评价。因而，这些方法相互间没有隶属关系，是相互独立的并存关系，其中任何一种方法都不具有主导地位或起决定性的作用，也就是说，这些方法中没有一种方法是序参数。

其实，可信性是社会主义核心价值观教育评价方法系统的序参数，理由有两点：其一，可信性是社会主义核心价值观教育评价的价值取向。教育评价是一个承上启下的环节，其目标在于分析教育过程和教育效果是否符合教育目标，为总结经验教训、开展下一个教育活动打下基础，因而，其结论必须是可信的。具体来说，可信性包括三方面：客观、全面、合理。客观是指评价所依据的数据必须是事实，有经验材料的支撑；全面是指评价对象指标体系必须包括完整地反映评价对象的各个方面；合理是指评价标准是有充足理由支持的。其二，社会主义核心价值观教育评价方法体系是因可信性而存在的。结果评价方法只限于对教育最终结果的评价，缺少时间的视角，失之偏颇，其可信度不高，于是，人们提出了发展性评价方法，关注教育结果的历史变化并作出评价，弥补了结果评价法的不足；但这两者关注的都是教育结果，而忽视了产生这一结果的教育过程，为了克服这一缺陷，人们又提出了过程评价法。这样，综合使用三种评价方法就能得到可信的评价结论了。

实现社会主义核心价值观教育评价对可信性的追求要做到三点：其一，对社会主义核心价值观教育现状进行社会调查，获取充足的经验材料。只有这样才能满足可信性的客观性要求。其二，结果评价法、发展评价法和过程评价法综合使用，收集社会主义核心价值观教育各个方面的数据并进行评价，以满足可信性的全面性要求。其三，不同方法的评价标准指标体系的建立要经过充分论证，以满足可信性的合理性要求。

新媒体视阈下当代青年社会主义
核心价值观培育问题探论[*]

吴阳松[**]

当今时代，新媒体已经成为信息传播的主渠道，是当代青年信息接受和传播的主要平台。新媒体所传播和呈现的信息对当代青年的思想观念、价值判断和生活方式的选择产生了复杂的影响，对其价值观的形成和嬗变起到特别重要的作用。培养什么人，如何培养人，事关民族兴衰和国家前途。在当前时代背景下，从新媒体视角探讨青年社会主义核心价值观的培育具有重要的现实意义。

一、新媒体与当代青年价值观生成的内在关联

所谓新媒体是相对于传统媒体而言，是报刊、广播、电视等传统媒体以后发展起来的新的媒体形态，主要是指依托现代数字技术、互联网络技术和移动通信技术等新技术向受众提供信息服务的新兴媒体。当代青年接触和使用的新媒体主要有以互联网为技术依托的手机等触屏媒体、BBS、QQ、微博、微信、数字杂志、数字电影等。与传统媒体相比，新媒体以其自身快速的传播方式和海量的传播内容吸引着大批受众，特别是青年这一群体。以互联网为载体的新媒体以其独特的功能和魅力强烈地吸引着最易接受新生事物的青

* 本文载于《理论导刊》2015 年第 5 期。

** 吴阳松，国家高层次"特支计划"青年拔尖人才，广州大学马克思主义学院副院长、教授、博士生导师，广东省习近平新时代中国特色社会主义思想研究中心特约研究员。

年群体，已经成为青年群体获取信息和交流沟通的主要渠道，极大地改变了社会青年原有的交往方式、生活方式、思维方式及观念模式，其价值观的形成与嬗变越来越受到新媒体的影响，这种影响归纳起来主要体现在三个方面：

一是新媒体的"交互"传播模式传递和展现的多元价值观，使得当代青年在价值选择上产生茫然。

以电视、广播、报纸为载体的传统媒体在传递信息的同时，也通过其"舆论导向功能""议程设置功能""把关人功能"等方式向人们传播某种特定的价值观念和行为方式，人们无须选择也不能选择。"在传统媒体面前人们只有看或者不看的选择权，并没有看什么的选择权。"① 以互联网为代表的新媒体颠覆了这一传播格局，较之于传统媒体"一对多"的传播模式，新媒体"交互"传播特征展现的是"人人即媒体，人人即记者"的个人信息时代，人们能够及时地通过手机网络等新兴媒体发表自己对某一事件的看法和评论，也可以在第一时间看到他人对某一事件的观点，这些没有经过过滤的信息可以在第一时间出现，使得各种信息和观点纷繁复杂，对同一件事的看法和评论迥然不同甚至截然相反，更有看法和观点挑战传统的价值底线，这些看法、评论和观点所传递的价值观，使得尚处于价值观形成阶段的当代青年在价值选择上表现为茫然。

二是新媒体信息传播所呈现的即时性、开放性特点，很容易使当代青年在价值取向上产生困惑。

随着互联网的普及，以互联网为技术支撑的各种新兴媒体逐渐取代传统媒体成为青年获取信息的重要渠道，新媒体在信息传播时呈现的即时性、开放性特点，使得新媒体所传递和展现的信息具有多元化特征。各种不同的信息充斥网络，不同思想文化、价值观念在这里汇集交织，各种传统的、现代的，东方的、西方的，主流的、非主流的价值观念和生活方式扑面而来，其中不乏西方腐朽的价值观念和社会思潮以及各种消极、反动和非健康的价值观念和生活方式甚嚣尘上，这些良莠不齐的价值观念和社会思潮对青年价值标准的选择形成了强大的冲击，很容易使他们在价值取向上产生困惑和紊乱。

三是新媒体在一定程度上引导或左右青年的价值判断，使社会青年在价值选择和价值判断上容易颠覆自我，造成自我价值混乱。

---

① 秦露：《互联网时代如何执政与为官》，党建读物出版社 2012 年版，第 7 页。

青年是一个人成长过程的重要阶段，在这一阶段青年的主体意识不断得到增强，社会参与与社会责任感也随之上升，但他们的世界观、人生观、价值观并未定型，其社会政治态度和认知社会的思维方式很容易受到外界的冲击和左右。一些社会青年是非判断能力不强，辨别信息能力有限，很容易受到新奇、怪异东西的吸引和不良信息的影响，难以对价值客体有一个全面的认识，缺乏判断能力反而很容易出现颠覆自己的价值判断，衍生出"从众"的社会心理。由于网络信息的广泛性，青年在互联网上可能会接触许多主流媒体报道里没有的东西。面对网上眼花缭乱、纷繁复杂的各类信息，很多社会青年晕头转向，不知所措，从而认识和判断事物越来越不是根据自身的实践经验和内在逻辑，而是更多地依赖传媒和大众的描述和呈现，把媒体提倡什么、反对什么，作为自己价值判断的一个重要标准。这就形成了一个怪圈。媒体不仅给青年提供海量的信息和知识，而且在传递信息和知识的进程中引导他们做出价值选择和价值判断，潜移默化中影响他们的价值观生成或在重构人们的价值版图，从而表现为他们颠覆自己的价值观或价值判断从而造成自我价值混乱。

二、新媒体视阈下当代青年社会主义核心价值观培育的困境分析

新媒体的发展带来了一场新的传播革命。传统媒体环境下主流价值观的引导和培育多是自上而下单向度的，不易受到外界的干扰和破坏，而新媒体所开创的信息传播模式从根本上改变了传统的信息传播格局，使主流价值观的传播、引导和践行变得较为复杂。

首先，核心价值观的培育环境变得比较复杂。

与传统媒体传播信息不同，新媒体传播信息有着更为强烈的综合性，"应有尽有"是新媒体信息传播的一个显性特点。相关统计表明，目前通过新媒体等传播的不良信息主要集中在四个方面：一是暴力色情类，如各种淫秽、色情、暴力等低俗信息，各种缺乏监管的成人信息，各种赌博、犯罪、毒品等教唆信息；二是挑战道德底线的各类信息，如散布谣言破坏社会稳定等各色各类不负责的信息，违背中华民族的优良文化传统、公序良俗的各种封建迷信、邪教信息等；三是各种颓废腐败类的精神污染信息，如宣传拜金主义、

享乐主义、个人主义等不健康的信息以及各类不健康的游戏娱乐信息；四是部分西方敌对势力有目的、针对性强的意识形态的宣传信息等。这些信息杂糅在一起，兼之新媒体信息传播本身的隐蔽性、广泛性、盈利性和监管不易等特点，为不良信息的滋生传播带来了生存空间，使社会主义核心价值观的传播和培育环境变得更为复杂。

其次，核心价值观的引导变得比较困难。

微博、微信等新媒体以其快捷、互动和高效率的沟通在当代青年群体中产生了强烈的共振，成为青年群体获取信息和认知世界的主要方式和手段。一方面青年群体正处于世界观、价值观、人生观塑造的重要阶段，易于接受新事物，追求新潮、新奇、新颖的思想观点和独特的生活方式，对"政治宣传"和"政治说教"普遍不感兴趣甚至有较强的逆反心理，而网络上充斥着的各类新奇观点和信息正迎合了其心理特点。与这类信息相比，社会主义核心价值观显得更为"普通"令很多青年"不屑"，给社会主义核心价值观的引导、宣传和教育工作带来了一定的难度。另一方面传统的主流价值观总是通过自上而下的一系列宣传、教育等手段展开，具有较强的可操作性和可控性。这种自上而下的宣传和教育方式在新媒体环境下很容易遭遇到互联网的截击，"台上讲的"与"网上说的"不一致，给青年群体的思想和价值选择造成疑惑和混乱，从而使社会主义核心价值观的引导培育变得比较困难。

最后，核心价值观培育目标的实现面临更多挑战。

以互联网为代表的新媒体本质上是人类基于信息化技术特别是数字化技术所构建出来的"虚拟社会"，与现实社会相比较有本质区别，但正是这种"虚拟社会"使青年群体能够暂时逃离现实，抛开世俗世界的各种偏见和限制，在没有任何约束的前提下可以挑战一切进而达到自我满足。在这种"虚拟社会"中，多数人是以虚假或匿名的身份在网络等新媒体中扮演着各种不同的角色，这种多重角色的相互冲突、虚拟身份与真实身份的相互矛盾，使他们无法将网络中的"虚像"同现实中的"真我"统一起来。在现实的人际交往中，其自身真诚性的缺乏和对他人真诚性的怀疑，减小了交流的可信度，直接影响青年诚信度的提升。同时借助新媒体的各种载体，很多青年人在网上可以与网友甚至陌生人侃侃而谈，能够充分发挥其内在的智慧和幽默的交际才能，但在线下交际中却不善言辞，导致其现实中人际交往的勇气与能力没有得到应有的锻炼与培养，性格更趋内向，严重影响个体社会化进程。这种过分依赖网络的间接交往而疏于现实的直接交往的人际交往方式，直接导致他们在现实社会生活中的自我封闭，严重者甚至出现人格分裂，很容易使其出现道德意识弱化、责任感降低等，严重弱化了青年社会主义核心价值观培育目标的实现。

三、新媒体视阈下当代青年社会主义核心价值观培育的路径选择

中共中央办公厅《关于培育和践行社会主义核心价值观的意见》明确指出：新闻媒体要发挥传播社会主流价值的主渠道作用，要适应互联网快速发展的形势，善于运用网络传播规律，把社会主义核心价值观体现到网络宣传、网络文化、网络服务中，用正面声音和先进文化占领网络阵地。新媒体是一把"双刃剑"，青年社会主义核心价值观的培育要善于利用积极因素，化被动为主动，化不利为有利，多渠道多途径推进。

首先，要积极完善新媒体法律法规体系建设和相关制度建设，努力净化现代媒体的社会环境。

要进一步完善相关体制机制建设。一是建立健全相关领导机制。当前各级政府和相关组织、高校相关部门要通过建立健全相关制度，明确职责，培养一批既懂新媒体传播技术又懂教育宣传工作的新型领导队伍，使他们成为新媒体环境下社会主义核心价值观的有效引导者。二是要建立完善的相应的系统培育机制。社会主义核心价值观的培育和践行不是一朝一夕的事，需要有长期、系统的规划，各级相关部门要强化制度保障，特别是物质保障和技术保障。同时，要切实净化新媒体环境下青年社会主义核心价值观培育的社会环境。青年社会主义核心价值观的培育，必须从实际意义上改善其成长环境，相关政府部门应积极完善现代媒体政策法规建设，加大网络环境治理力度。中共中央办公厅《关于培育和践行社会主义核心价值观的意见》明确指出，法律法规是推广社会主流价值的重要保证，要用法律的权威来增强人们培育和践行社会主义核心价值观的自觉性。这就要求我们要通过立法规范，建立完善的监控体系，大力消除媒体的不良信息和不健康的信息，净化网络信息环境，引导青年自觉遵守网络道德，营造文明健康的网上环境，改善青年价值取向选择的外部环境。要进一步加大网络法制和网络道德观教育，充

分发挥法治和道德的规范约束作用，及时了解网上信息和青年的兴趣爱好，通过加强网络管理来加强网上宣传和引导的针对性，同时加强网络信息的监控，通过建立各类防火墙，安装网络信息净化器等措施，突出信息检查和过滤，对网络环境和传播渠道进行切实净化和有效监管，为青年树立正确的价值取向提供一个健康的网络环境。

其次，要强化当代青年的网络观教育，增强青年的媒介素养和媒介辨识能力。

学界比较公认的"媒介素养"概念是 1992 年美国媒体素养研究中心提出，是指在人们面对媒体中各种信息时所表现出的信息选择能力、质疑能力、理解能力、评估能力、创造能力和思辨批判能力的总称。随着现代社会的发展，媒介素养的重要性越来越凸显，特别是对信息的识别能力和批判能力尤为重要，是衡量一个人的媒介素养的重要指标。当代青年只有具备一定的媒介素养，才能正确有效地认知新媒体，才能具备辨别网络信息是非的能力，才能对不良价值观具有抵抗能力，但当前社会青年的媒介素养现状却不容乐观。大量调查和研究显示当前我国青年群体的媒介素养普遍较弱，绝大多数还处于自发状态，网络媒介知识和运用能力不足，对信息的深度解读能力、批判质疑能力和独立思考能力等媒介信息处理能力处于较弱水平，轻信、偏信甚至盲从网络信息呈现较为普遍现象。[①] 提高当代青年的网络媒介素养，强化网络观教育，已经成为培育和践行当代青年社会主义核心价值观的重点内容和必要条件。这就要求我们要把提高和培养青年媒介素养作为一项重要的教育内容，在全社会范围内加强青年媒介素养教育和提升。各相关部门和单位要充分配备师资力量，定期开设宣讲相关媒介素养报告以及各种相关知识讲座，普及新媒体相关知识，学习创造和传播信息的知识和技巧，提高媒介辨别、批判能力，强化媒体道德意识和法律法规观念。

再次，要把青年群体经常登录的主流网站打造成为社会主义核心价值观的宣传和培育阵地。

青年群体中一个重要组成部分是在校学生或已毕业的各类学生，要切实把主要登录的网站打造成为社会主义核心价值观重要的宣传和培育基地。"在

---

① 高晓欣、邓亮：《网络新媒体环境下青年媒介素养现状及其教育构建》，《教育与教学研究》2013 年 12 期。马艺：《新媒体环境下我国大学生的媒介素养教育研究》，《今传媒》2014 年第 3 期。

传递通知等信息方面，校园网做得比较成功，但是在进行社会主义核心价值观的宣传方面效果不理想，需要进一步调整和加强"①。调查显示，多数青年学生就其校园网在宣传社会主义核心价值观方面持有"冷漠"甚至"反感"态度，当被问及"当出现宣传社会主义核心价值观网页时的反应"时，只有3.6%的人会仔细阅读，58.6%的人都会"草草浏览"或者"关闭网页"，有37.8%的学生会"选择性浏览"。青年学生对网络宣传社会主义核心价值观表现的冷漠态度值得反思，而受访青年学生之所以对网络宣传社会主义核心价值观持有冷漠态度，因为"说教色彩太浓"占调查人数的51.3%。②把校园网等网站打造成为培育和宣传社会主义核心价值观的平台，需要我们结合当代青年的特点，调整宣传内容和革新宣传的方式方法。一方面，努力降低网络宣传的"说教色彩"，将显性宣传与隐性宣传有机结合起来，将社会主义核心价值观融入时政新闻的相关剖析和影视舆论资讯的相关解读中，激发和引导青年的思考，在潜移默化中感受核心价值观的魅力。另一方面避免单向度传播，建立其在校园网上互动交流机制和相关交流平台，特别是对青年在校园网、高校论坛、BBS等媒体平台上显露的思想困惑及时予以回应，表现的价值观错位要及时予以引导，不断提升互动交流的频次和深度，在潜移默化中使社会主义核心价值观入脑入心，内化为当代青年的一种自觉行为。

最后，要创新新媒体环境下培育和宣传社会主义核心价值观的手段方式，对青年群体感兴趣的社会热点问题给予及时回应，有效引导。

这就要求一方面在青年群体中有意识的、有目的地培育一批媒介素养高、政治素质较强的网络舆论宣传队伍，培育一批在社会青年群体中知名度高有影响力网络评论员。另一方面要培养一批网络舆情收集员，建立健全网络舆情收集机制，更好地洞悉当代青年群体的思想变化特点，更好地把握当代青年群体的兴趣话题和出现的各类思想困惑。宣传教育工作者要通过相关平台及时解答、及时回应，切实提高青年群体社会主义核心价值观建设的针对性和有效性。

---

① 邓若伊、蒋忠波：《网络传播与青年社会主义核心价值观的建构》，《西南民族大学学报》2011年第9期。
② 邓若伊、蒋忠波：《网络传播与青年社会主义核心价值观的建构》，《西南民族大学学报》2011年第9期。

以主题教学推进大中小学思政课一体化建设*

游运珍　刘　莉**

党的二十大报告强调，要"推进大中小学思想政治教育一体化建设"，提出了大中小学协同培养担当民族复兴大任时代新人的要求。思想政治理论课（以下简称思政课）是思想政治教育的主渠道和主阵地，在思想政治理论课一体化建设中，以某一主题为核心，依托主题统领教学目标、教学内容、教学方法等各要素，实现教与学的有效对接，凸显主题教学的价值和作用，有助于提升思政课一体化建设的实效。主题教学是连接、整合大中小学思政课的重要方式和抓手，探析以主题教学为抓手推进大中小学思政课一体化建设的价值定位、根本遵循和实践进路，能有效促进思政课一体化内涵式高质量发展，推动新时代思想政治教育的创新发展。

一、主题教学明确大中小学思政课一体化建设的价值定位

2019年3月18日，习近平总书记在学校思想政治理论课教师座谈会上指出（以下简称习近平总书记"3·18"重要讲话）："要把统筹推进大中小学思政课一体化建设作为一项重要工程，坚持问题导向和目标导向相结合，坚持守正和创新相统一，推动思政课建设内涵式发展。"推进大中小学思政课一体化建设是新时代思政课改革创新的必然要求。主题教学内容丰富、形式多样、意蕴深远。以主题教学为依托，紧扣主题设定思政课教学内容的脉络，

---

　*　本文载于《思想政治课教学》2024年第1期。
　**　刘莉，广州大学马克思主义学院教授，硕士生导师。

优化教学的重点难点，开展形式多样的教学活动，发挥主题教学的价值，有助于推进大中小学思政课一体化建设，深化思政课内涵式高质量发展。

（一）以主题的进阶性设计推动思政课一体化教学目标的衔接

思政课主题教学是指围绕主题和主线，通过教与学和谐共舞、师与生深度互动，在活用知识、解决问题中培育学生思想政治学科核心素养的教学模式。以主题教学为内容载体，在教学过程中生成可讨论、可探究、可演示、可参观的教学方式，凸显思政课育人的针对性、导向性和引领性等鲜明特征。思政课是落实立德树人根本任务的关键课程，应从青少年特点出发，遵循不同学段学生的成长规律，循序渐进、螺旋式上升开展思政课教学。螺旋式意味着各阶段教学目标的进阶性和上升性，因此，各学段思政课教师既要"守好一段渠，种好责任田"，也要相互协同合作实现共同的教学目标。落实立德树人根本任务，牢牢把握课程定位，根据学段课程标准、教材内容、学生成长特点，制定、设计、优化各学段的学习目标，这样才能凸显思政课全过程育人、全方位育人的实效。

主题教学中主题可以被分解、设计成螺旋式上升的系列主题，如在"伟大的起点"教学主题下，大中小学进阶性教学目标可设计如下：小学阶段以"没有共产党就没有新中国"为主题，教学目标为聆听、辨析《唱支山歌给党听》歌曲的旋律，师生共同感受歌曲表现的情感内涵；师生共同演唱《没有共产党就没有新中国》，表达对中国共产党的热爱。初中阶段以"中国共产党诞生"为主题，教学目标为了解中国共产党第一次全国代表大会、中国共产党诞生等历史背景，尝试从时代背景、组织发展等角度理解中国共产党的诞生。高中阶段以"伟大的起点"为主题，教学目标为认识中国共产党诞生的意义；认同中国共产党诞生是中国历史上开天辟地的大事，学习共产党人矢志不渝的信念与担当。大学阶段以"伟大的起点，不变的初心"为主题，教学目标为理解中国共产党由小到大、由弱变强的原因，掌握中国共产党精神谱系的特质。围绕党的诞生这一主题，各阶段主题的进阶设计能有效推动思政课一体化教学目标的衔接，能更好地发挥思政课的价值引领和育人作用，有利于提高思政课的实效性，进一步提升大中小学思政课立德树人的成效。

（二）以主题的展开方式推动思政课一体化教学内容的深入

推进大中小学思政课一体化建设是一项系统复杂的工程，须要立足系统思维，厘清各学段思政课教材的进阶提升，打通各学段思政课教学内容的内在联动，形成纵向与横向相互衔接、相互贯通的运行体系，实现教学内容的连贯性和深刻性，呈现教学方法的灵活性，立体地挖掘主题教学推动思政课一体化教学内容的价值。思政课的价值在于培根铸魂，关键要发挥思政课教师的积极性、主动性、创造性。习近平总书记强调："我们办中国特色社会主义教育，就是要理直气壮开好思政课，用新时代中国特色社会主义思想铸魂育人。"

因此，思政课教师要成为培养时代新人的"大先生"，把丰富的道德意蕴、深厚的文化底蕴、高尚的审美趣味等元素贯穿于大中小学各学段思政课主题教学中，根据各学段学生的成长规律、认知规律、身心特点采用形式多样的教学方式如翻转课堂、情景模拟、实地调查等将知识学习、情感体验和价值引导融为一体，构建各学段层层递进的教材体系、相互衔接的内容体系，讲活、讲懂、讲透思政课。在小学阶段，重点开展以讲"人物""故事"为主题内容的情景化或体验式教学，讲活思政课；在中学阶段，主要开展以讲"历史""精神品质"为主题内容的感悟式教学或议题式教学，讲懂思政课；在大学阶段，重点开展以讲"责任担当"为主通道的研讨式教学，讲透思政课，以增强思政课教学的系统性、进阶性和科学性。可见，主题的展开方式有助于推进教学内容的学段进阶，有助于形成有机贯通的思政课育人体系，有助于把握不同学段学生的成长成才需求，促进不同学段学生的全面发展，储备、凝聚起培养担当民族复兴大任时代新人的力量。

（三）主题的协同教学是推动思政课一体化建设的重要依托

习近平总书记"3·18"重要讲话明确指出："思政课建设中的一些问题亟待解决。……各类课程同思政课建设的协同效应还有待增强，教师的教书育人意识和能力还有待提高，学校、家庭、社会协同推动思政课建设的合力没有完全形成，全党全社会关心支持思政课建设的氛围不够浓厚。"① 习近平

---

① 习近平：《思政课是落实立德树人根本任务的关键课程》，《求是》2020 年第 17 期。

总书记的这一重要论断从总体上明晰了思政课建设协同性的内涵要义、症结所在、内在理据及建构进路，为深入探究、践行主题协同教学指明了方向。教育主管部门、学校组织大中小学思政课的主题协同教学，是进行思政课一体化建设的抓手和依托。当前主题协同教学育人存在诸多困境，如主题协同教学认知不足、主题协同教学目标比较模糊、主题协同教学内容衔接不畅、主题协同教学方法创新不够、主题协同教学评价方式较片面等问题。要化解主题协同教学过程中出现的困境，就要汇聚强大合力，发挥教育主管部门、学校主管领导、马克思主义学院的指导引领作用，成立思政课主题协同教学的组织机构，出台主题协同教学的政策保障体制，凝聚各学段思政课教师融合协同育人力量来保证协同教学的顺利开展。各学段思政课教师围绕育人总目标、学段目标协调运作，确保主题教学的教学目标、教学内容、教学方法、教学评价等方面的协同，以便更好地推进大中小学思政课一体化建设，促进学校思政课内涵式高质量发展。

二、主题教学巩固大中小学思政课一体化建设的根本遵循

习近平总书记"3.18"重要讲话指出："要把统筹推进大中小学思政课一体化建设作为一项重要工程，推动思政课建设内涵式发展。"如何精准把握主题教学，如何在不同学段以主题教学为切入点实施高质量的思政课教学，把握和回应这些问题是主题教学融入大中小学思政课教学的前提和基础，是加强主题教育的重要方式，是推进大中小学思政课一体化建设的应然要求。

（一）强化主动精神，全面认识主题教学

确定教学主题是实现思政课育人目的的有效举措。以主题教学为载体融入思政课教学过程，要充分认识、深刻领会、准确把握思政课主题教学的目标要求、内容安排、方式方法，若把握不到位，教学过程就会走过场，流于形式；必须深刻认识思政课主题教学的生成性、阶段性和全面性，否则就会弱化思政课的教学质量、育人水平，从而影响思政课的育人实效。因此，大中小学思政课教师应紧扣主题创设思政课教学。第一，要强化主动精神，全面认识主题教学，重视思政课主题教学的生成性、动态性和持久性问题，聚

焦主题，深耕教学，牢牢把握思政课主题教学的重要性和意义。第二，认识到主题教学的连续性和上升性，认识主题教学与课程教学目标、总主题与分层次主题之间的关系，认识主题设计的原则和方式。第三，围绕教学主题，合理设计教学内容，使教学内容贴近学生生活和成长困惑，用活性的理论知识去理解分析真实问题，使思政课既有关怀个人的温度，又有解释理论的深度。

（二）增强攻坚意识，精准设计主题教学

推进一体化建设，"深刻认识和精准把握不同学段、不同层级思政课在同一教学主题下教学内容的共性和差异，根据不同阶段学生育人目标的要求，寻求不同阶段开展思政课一体化教学契合点，积极开展教学探索与实践"[①]。主题教学具有主题的整体性、设计的灵活性、时空的开放性和评价的全面性特征，可以丰富思政课教学，使教学方式直观、生动、灵活、有趣。因此，思政课教师要遵循不同学段的教育教学规律、学生的成长发展规律，把握思政课课程内容由"小学—初中—高中—大学"螺旋式上升的逻辑结构，精准把握思政课不同学段的教学内容，厘清不同学段思政课的目标导向和重点差异，抓住不同学段学生的接受特点和认知规律，开展由易到难、由浅入深的主题教学内容、活动、方法等方面的教学设计，合理选取、设计主题，彰显主题教学设计为课程资源服务、为课堂教学服务、为学生发展服务的价值引领作用。

例如，以"爱国主义"为主题开展教学，教学内容、教学活动、教学方式要体现以爱国主义为着力点，坚持以学生为中心的理念，体现因段施教、因生定学、因材施教，把爱国主义的内涵要义、行为表现、精神品质等特性巧妙地融入不同学段的课堂教学中去，提高学生学习的积极性，增强学生学习思想政治理论课的获得感。既体现理论的深度，又有生活的温度。习近平总书记在中国人民大学考察时指出："青少年思想政治教育是一个接续的过程，要针对青少年成长的不同阶段，有针对性地开展思想政治教育。"根据学生身心发展特点、认知规律、接受能力等方面的学情，按照各学段教学目标

---

① 王恒富：《思政课一体化教学的价值定位与应然选择——以江苏省中小学经济教育一体化主题展示为例》，《中学政治教学参考》2022年第33期。

逻辑要求，在内容和价值引领主线一致的基础上，精准开展各自的教学设计，设计出科学合理的教学主题，使之与各学段课程内容相互照应，真正发挥主题教学价值引领的教学效果，提高思政课铸魂育人的成效。

（三）增强自觉精神，及时实施主题教学

思想政治理论课是常学常新才能入脑、常思常悟才能入心的重要课程。统筹推进大中小学思政课一体化建设，思政课教师要坚持守正创新、增强自觉精神，将党的创新理论、国家的重大战略等细化为一个个主题融进课堂，及时回应学生关切，牢牢把握思政课铸魂育人的"主心骨"，激发、教导学生勤学、善思、笃行，引导青少年学生自觉树立对马克思主义的信仰、对中国特色社会主义的信念，增强青年学生的爱党、爱国和爱社会主义意识。

在新时代，统筹推进大中小学思政课一体化建设，一是思政课教学内容要紧跟时事，精准把握"事、时、势"的发展，思政课教师要做好全面推进习近平新时代中国特色社会主义思想进教材、进课堂、进学生头脑的育人工作。现阶段，就是要紧扣党的二十大精神，及时、有效、系统地将党的二十大精神融入各学段的思政课堂中，精准阐释党的二十大精神的丰富内涵。二是实现思政课教学目标与中国特色社会主义发展最新成果同轴运转。通盘筹划思政课一体化建设的目标体系，在不同学段的思政课教材中有机融入党的最新理论成果，解答中国之问、世界之问、人民之问、时代之问。例如，在大中小学思政课教学中，以党的精神谱系、以国家经济发展趋势、以国内外发展大变革等为主题进行教学，教育、引导、感化不同学段的学生，为培养担当民族复兴大任的时代新人提供精神滋养。因此，大中小学思政课教师应增强主动精神，善于把握最新的时代发展成果，及时将党的创新理论转化为思政课主题教学资源，抓住主题教学的最佳时机，主动、积极、灵活地运用鲜活的素材将思政课讲活讲透，精心组织形式多样的主题教学活动，提升思政课立德树人工作取得的实效，以主题教学为着力点推进大中小学思政课一体化建设内涵式高质量发展。

三、主题教学落实大中小学思政课一体化的实践进路

习近平总书记"3.18"重要讲话指出："在大中小学循序渐进、螺旋式上升地开设思想政治理论课非常必要，是培养一代又一代社会主义建设者和接班人的重要保障。"以主题教学为着力点统筹推进大中小学思想课一体化建设，关键在于找到科学有效的实践进路。新时代办好思政课要统筹好各个环节，把握好时、效、度，联通好"横向"与"纵向"，打破过去"扁平"的育人模式，加强顶层设计，完善课程建设机制；重视教研一体化，打造教学和科研的共同体；优化协同机制，调动一体化育人力量，有利于科学化、系统化、整体化地推进大中小学思想政治教育一体化建设。

（一）加强顶层设计，完善课程建设机制

在国家层面强化教育管理部门和其他各部门之间的协同、联动和配合，强化系统内部各要素之间的合理布局、有序分工，为推进大中小学思政课一体化建设作出系统化部署。在国家教材委员会的统一部署下，教材体系、课程体系和目标体系等方面体现顶层设计的整体性效应。在国家教材委员会的指导下，健全教材编审的组织机构，各学段教材编写组建立联络机制，强化教材编审力度，统审、统用各学段教材，推进教学体系的整体性建设。厘清教材体系建设的本质内涵、主要范围、特点规律、体系结构等基本范畴，有目标、有方向、有效率地推进教材体系建设。紧紧围绕立德树人根本任务，以更高的站位和更广阔的视野，整体谋划和统筹布局各学段思政课课程建设，不断增强各学段课程之间的衔接性和协调性。在进行思政课一体化主题教学的过程中，各学段在教学目标的确立上应保持总体的一致性，并根据不同学段的学生特点有针对性地制定行之有效的教学目标，有助于落实立德树人的根本任务。

（二）重视教研一体化，打造教学和科研共同体

思政课教研一体化对思政课教育教学改革、发展和创新发挥着驱动和引领的作用。统筹推进大中小学思政课一体化建设，需要教育管理部门、高校

马克思主义学院、中小学德育管理部门共同发力，一同探索规律、破解疑点和共享共进。遴选学科带头人牵头，定期进行集体备课、听课、评课，打通不同学段间的思政课壁垒，多学段教师融合互动，共享优质教学资源，有效落实学段间的教学目标和任务，深化对主题教学的认识。积极构建不同学段思政课教师交流互动平台，小学思政课教师树立"向前看"的意识，中学思政课教师树立"前后看"的意识，大学思政课教师树立"向后看"的意识，创新教师交流互动的方式，打破相互隔离的圈层化主题教学状态，让各学段教师在意见互通、经验共享中寻找提高主题教学耦合度的路径。加强思政课师资力量的培训和培养，各省市、县及学校都应设立相应层级的教师培训班，形成有层次、有特色的专业培养平台，启动全员、长期的职后培训培养。推动建立"共学—共研—共享"的教育共同体，为一体化建设破题、论证、决策，促进思政课教学与科研相辅相成，使小学思政课在"讲活"的同时增强理性，中学思政课在"讲懂"的同时增强悟性，大学思政课在"讲透"的同时增强灵性。

（三）优化协同机制，调动一体化育人力量

所谓大中小学思政教育协同机制，是指大中小学思政教育运行过程中各要素之间的有机关联及协同运行方式。[1] 构建合理、有效的协同机制是推动思想政治工作创新发展的有力举措。通过优化、提升学段育人效果机制、队伍育人力量机制、平台育人机制来共同发力为健全大中小学思政教育协同机制服务，大中小学协同推进主题教学序列化层级式发展。一是在主题教学活动中的层级化发展。大中小学教师密切协同，根据各个学段学情和教情的特殊性，遵循学生心理发展特点和认知发展水平来设计主题教学。教师围绕各个学段思政课学科的基本知识，通过设计两个或两个以上逻辑上相互贯通的活动，层次上逐级递进，在循序渐进中促进学生从情感启蒙、知识传授到价值辨析、理论探究逐级进阶的发展。二是围绕主题进行实践教学，协同推进主题教学实践模式。大中小学共同开展实践主题教学，如参观爱国主义教育基地、法治教育基地及社会专题调研等形式，推动不同学段学生之间的相互影

---

① 刘嘉圣、刘晞平：《论统筹推进大中小学思政课一体化建设》，《中学政治教学参考》2020 年第 40 期。

响和自我教育，推动思政课小课堂和生活大课堂的深度融合。办好思政课关键在教师，师资队伍是落实立德树人的关键要素。鉴于此，思政课教师要树立"大思政"理念，着力破除不同学段思政课的实践藩篱。根据"全员育人"要求，积极探索和构建各级学校、教务部门、学生工作部门、思政课教师等协同育人机制，加强师资力量高效协同育人，打造共建共创共享的协同育人格局。推进主题教学资源整合与共享，大中小学各级学校依托现代信息化技术收集、整合、管理思政课一体化建设教学资源，围绕"主题教学"建立多层次的教学资源体系。

总之，大中小学思政课一体化建设是提高思政课教学质量的重要举措，是落实立德树人根本任务的关键环节。以主题教学的视角来理解其价值定位、根本遵循和实践进路，实质是对思想政治理论课教学方式的有益拓展。以主题教学来连接、整合大中小学思政课，有利于创新思政课教学的灵活性和趣味性，有利于系统性地推进大小学思想政治教育一体化建设，有利于提升思政课的整体育人目标。新征程上，抓好思政课教学，落实立德树人根本任务，要从教育的整体发展出发，以不同的教育阶段为坐标，形成循序渐进、螺旋上升又系统完整的学校思政课教学体系，紧密把握时代主题，围绕相关主题拓宽教学视野，打开思政课建设思路，不断提升思政课教师的育人能力，为培养新时代社会主义建设者和接班人发挥关键性作用。

走向感悟课程：智能时代
大中小学"大思政课"一体化的课程范式

王　游*

随着信息技术、人工智能（AI）与教育相融合不断加深，教育正在发生系统性变革。思想政治理论课（以下简称"思政课"），作为落实立德树人根本任务的关键课程，要顺应智能时代的机遇和挑战，提高课程实效，全面深化课程改革，重塑课程范式。

一、智能时代给思政课改革带来的机遇

（一）人工智能赋能思政课现代化建设

1. 教的现代化：AI 技术为师生提供交互式、沉浸式的教学体验

AI 技术打破了人类诞生以来一直习以为常的三维物理空间局限，开拓了一个全新的数字空间。数字空间技术在思政课中的广泛应用，改变了整体教学运作的流程，从原来课程设计先听课、后学习的秩序，改变成先通过慕课或直播课的人机交互在线教学，然后再到线下翻转课堂。在翻转课堂上师生间、生生间通过对话交流、集思广益，更好地发挥学生主体的主观能动性，加深学生对课程知识的理解。随着 5G 应用的推广，通过构建具有可视、可听、可触等多种感知的 AI+VR（虚拟现实）虚拟仿真、增强现实的实践教学，利用边缘计算技术降低延时，减少能耗，打造一批国家级虚拟仿真思政课体验教学中心，让学生做到 360 度无死角进行"可重复"的沉浸式操作实践，

＊　王游，广州大学马克思主义学院副教授。

对抽象的课程知识得到具象化的实践体验，有利于提升学生的动手能力，从而不断降低教学成本和实操风险，提高思政课教学质量。

2. 学的现代化：AI 技术助力网络学习空间广覆盖，给学习者赋能，使便捷的泛在学习、持续的终身学习成为新常态

数智技术在思政课学习中的深度应用，基于网络环境的交互式学习模式兴起，学习已经不再受到时间和空间的限制。我们可以通过创建移动有声 3D 的数字化图书馆和资讯情报平台，让学习者通过线上或线下随时随地都可以博览群书，便捷地查阅文献和获取最新信息和资讯，以及利用大数据、云计算技术给学习者推送投递最感兴趣和最需要补充的学习内容；利用嵌入式 AI 技术从机器学习和深度学习进化到自主学习，为学习者沉浸式实践学习赋能。我们还可以通过搭建云端学习平台，跨校、跨学段、跨界、跨境挖掘和利用全球优质的教育资源，如慕课、全息直播课、丰富多彩的微课等思政课程资源和稀缺的优秀师资。

3. 管的现代化：AI 技术促进协同化、合作化课程组织管理系统的构建

随着 ChatGPT、Sora、脑机接口等技术快速更新迭代，AI 正在经历从计算智能和感知智能等弱智能，走向认知智能，乃至创造智能的进程，以数据为基础的智能教育生态系统持续生成和发展，数字世界与现实世界深度融合，必将促使传统的思政课程组织模式向协同化和合作化的管理系统转型升级。数字管理的高可靠性能，能最大程度克服行政自由度量权容易带来管理的模糊性和不稳定性，以及有可能产生的不公平、不公正和不科学等问题。通用 AI 大模型加持下的多维智能化、全息性智慧化的教学质量评价，不仅能大幅度降低管理成本，以其强大的数据算力提高课程评价的效能和效度，还可以利用 AI 超级多模态交互数据处理的全面感知力和个性化、动态化诊断力，让学生和教师、教育决策者在教学过程的每一环节都能得到实时的迭代式反馈，为教与学的改进策略提供数据支撑和针对性的指导建议，推动自上而下行政权威的指令性"课程管理"走向权力共享、协商决策民主化、集权与分权均衡化的指导性"课程领导"，从而提高思政课程的组织效率。

（二）人工智能有助于解决思政课因材施教和教育公平的难题

AI 技术的应用使在线课程开发的边际成本接近为零，它能帮助我们高效、快速地处理大量的教务事宜，给学生自由选择思政课程创造条件。高宽带、

超低时延的 5G 落地应用，能改变教育时空的场景，不仅可以精准落实好规范化的思政学科课程知识教学，而且还可以通过及时的网上标准化考核，自动强化学习效果的反馈，让教师从重复而机械的繁重工作中解放出来，用更多的时间、精力和热忱投身于创生性的混合式教学和个性化思政辅导以及科学研究工作中。通过大规模连接的移动互联网，让稀缺的优质思政教师资源惠及每一位学生，最大限度地使个性化和多元化的因材施教成为可能。同时，还可以让稀缺的优质教育资源实现跨校、跨地区共享，不仅可以发挥好线上精品课程的示范效应，提升课程建设的整体水平，而且还可以在一定程度上促进教育公平问题的解决。

二、智能时代给思政课改革带来的挑战

1. 大数据个性化偏好的推送机制极易造成思想行为的极化

以大数据和机器智能为核心技术的智能时代，机器之所以智能，是数据驱动的结果。大数据捕捉每一位泛在学习者选择性理解和过滤性记忆的习性，予之投送相应性质的信息，势必产生，比如，"信息蚕房效应""回音室效应""傻子共振现象""杀熟潜规则"……诸多算法黑箱效应、数字权利分化、伦理价值对齐失范等异化风险，导致学习者视野变得狭窄、认知出现片面，使其封闭的思维，僵化的思想得到强化，形成内耗的心理、刻板的印象、偏激的观念，甚至造成群体极化行为泛滥，这些无疑都会给思想政治教育带来严峻的挑战。

2. "去情境"的数字化思政课堂难以实现真正有效的实时反馈交流

随着嵌入式 AI、生成式 AI 等技术在思政数字课程中的应用和创新，学科知识教学走向数据化、虚拟化、去情境化，学生与老师、同学在数字化教学中相隔离，学习者处于一个封闭的学习环境里。即使网上课堂设计了一些关于现实问题的讨论与相互点评等互动环节，但由于"去情境"带来的隔离感，师生间、生生间没有了肢体语言所能传导的情感和态度的加持，对话缺乏了激情，很难产生具象化的思想沟通动力，实时反馈交流变得残缺，势必影响思政课堂的教学效果。

3. 思政课数字化课程缺乏有温度的人文关怀和实时的心理疏导

有人说，机器人深度学习的到来将会取代教师这个职业。事实上，教师职业面临的严峻挑战，不是这种职业的消失，而是这种职业工作重心要从"教书"向"育人"转变。目前机器人可以处理自然语言，能模拟人的一些行为，甚至可以模拟人的语音，像人一样回答问题，呈现视频图像。AI的学习技术是在给定的初始值和一些参数基础上，通过数万次的训练，逐步迭代进化，生成出强大的"扩散"数据样本，甚至能像人一样做一些模式创新（即在规则学习中创造新组合和新套路的创新）。但是我们之所以还是会碰到AI"一本正经胡说八道"的尴尬，那是因为AI作为一种离身计算范式的信息处理算法，无法像人类模仿学习能力那样通过短时间观察就能学会新知，也无法从真实的、生物的神经元演化和发育的尺度充分再现像人一样的认知发展，它更不可能做到像人一样具备直觉来准确应对变动不居、纷繁复杂的具体情境。机器人不能对自己的存在有自我认识，不拥有自我情绪、自我情趣、自我情感和自我情志的意识，所以机器人不可能具有人的非认知能力。所以，AI可以赋能人的智力，但不能完全取代人的智慧。数字化思政课程没有与真人的接触，缺乏与老师、与同学实时交流与互动，得不到有温度的人文关怀和心理疏导，就难以培育学生的非认知能力。如果思政课被程序主义机器人所垄断，那么我们的思想政治教育就有丧失立德树人功效的危险。

4. 思政课程序化课程管理难以从根本上提升课程的质量

智能时代传统课程改革俨然带来了许多新气象，对话式的翻转课堂、项目式的实践课、合作式的专题活动等高影响力教学实践课程的诞生，它们都具有开放性、不确定性、非线性、灵活性、内隐性等特点，需要一支德才兼备的创新型的一线教师队伍来建设。但程序主义的机械化网络课程管理以量化、统一性、外控性和封闭性为特征，自上而下，使管理缺乏柔性，难以适应高影响力思政课教学的管理需要。这样的程序化课程管理必然是单向的，重结果轻过程，评价标准简单划一，追求的目标主要是量而不是质，缺乏客观社会价值和专业实际应用绩效的质性评价，形成行政权威至上、教学主体性消弭的结果，势必导致所谓对话式、项目式、合作式的思政课程改革滑向急功近利、浅尝即止的盲目中，难以提升思政课程的质量。

三、走向感悟课程范式：思政课改革的新方向

（一）树立"大思政课"理念

思政课是落实立德树人的关键性课程，思政课改革创新要坚持政治性和学理性、价值性和知识性、建设性和批判性、理论性和实践性、统一性和多样性、灌输性和启发性、显性教育和隐性教育相统一，把统筹推进大中小学思政课一体化建设作为一项重要工程，坚持问题导向和目标导向相结合，推动思政课建设内涵式发展。"大思政课"我们要善用之，一定要跟现实结合起来。思政课不仅应该在课堂上讲，也应该在社会生活中来讲。思政课的本质是讲道理，要注重方式方法，把道理讲深、讲透、讲活，老师要用心教，学生要用心悟，达到沟通心灵、启智润心、激扬斗志的目的。青少年思想政治教育是一个接续的过程，要针对青少年成长的不同阶段，有针对性地开展思想政治教育。2022 年 8 月教育部等十部门印发《全面推进"大思政课"建设的工作方案》，要求学校"开门办思政课，强化问题意识、突出实践导向，充分调动全社会力量和资源，建设'大课堂'、搭建'大平台'、建好'大师资'，建设全国高校思政课教研系统，设立一批实践教学基地，推出一批优质教学资源，做优一批品牌示范活动，支持建设综合改革试验区，推进思政小课堂与社会大课堂相结合，推动各类课程与思政课同向同行"。①

"大思政课"不是概念的泛化，也不只是为了"讲好"思政课。"大思政课"是为落实教育立德树人的根本任务而倡导的一种新的课程新理念，是针对传统思政课存在的学生学习被动、学习迁移乏力，教师教学主导性缺乏感染力，教学方法简单粗放，理论教学"去情境化"，实践活动影响力不高，大中小学持续衔接的全员、全程、全方位教育教学合力不充分，课程实效性不强等问题借助现代化手段，全面改进思政课程所作的创新布局。

（二）"大思政课"走向感悟课程范式的理论基础

大中小学思政课课程资源相互交织是一个复杂的生态系统，"大思政课"

---

① 《全面推进"大思政课"建设的工作方案》，http：//www. moe. gov. cn/srcsite/A13/moe_772/202208/t20220818_ 653672. html.

的课程观要以"感知"与"领悟"辩证统一的"双重知识论"① 为旨趣,我们称之为"感悟课程范式",它以三大理论为基础。

1. 复杂性科学融贯论

20 世纪 80 年代复杂性科学兴起,在这场"学科互涉"的方法论、思维方式新变革当中,线性、确定性、简单化、他组织、可逆性、还原主义的思维图景受到了来自复杂性科学非线性、不确定性、涌现性、自组织、整体主义的思维方式的批判。然而,整体主义虽然反对还原主义机械论僵化的绝对因果律,可是它轻视偶然性、随机性在复杂系统发展中可能发生的敏感性作用。面对整体主义对整体认知存在模糊不清的缺陷,而拆分局部还原认知可操作性强的优势犹存,当代复杂性科学在超越还原论和整体论的基础上已形成了局部与整体、分解与综合有机统一的融贯方法论,这无疑给我们探索"大思政课"感悟课程观建立了新的思维范式。

2. 马克思主义认识论

回溯认识论发展史,关于获得知识最可靠来源的问题,"经验主义"与"理性主义"相互对峙经历了旷日持久的论战。经验主义认为人的心灵来到世间就像一张白纸,人习得知识最可靠来源是个体后天观察和体认的"感知"。后天生成的知识是因人而异的,它是相对主义知识论,而理性主义则认为人具有与生俱来的先验理性,人获得知识最可靠来源是思辨和逻辑推理的"领悟",先天给定的知识是永恒不变,它是绝对主义知识论。

马克思主义认识论既反对只讲知识的相对性不讲绝对性的经验主义,也反对只讲知识的绝对性不讲相对性的理性主义。作为认识对象的物质世界具有不以人的意志为转移的客观存在性,如果没有实践,就没有人的主观意识与客观世界的相互作用,就不会有人的主观能动性发生,就形成不了人的认识回归性。所以,人的认识来源于实践,实践是人对客观世界的感知和领悟,即人的主观能动性的充分体现,人的认识发生和发展是从感性认识到理性认识,再由理性认识到主观能动地认识客观世界、改造客观世界、适应客观世界的辩证实践过程。这为思政课感悟课程范式把实践课视为课程建设驱动力的这一核心观点,提供了重要的理论支撑。

---

① 库伯:《体验学习》,华东师范大学出版社 2008 年版,第 86 页。

3. 具身认知科学

20世纪以来功能性磁共振成像、脑电图、磁刺激和神经成像等技术手段在脑科学研究的广泛应用，使认知科学取得了一系列重大突破。科学家在裂脑人研究中发现，人认知和理解世界是通过胼胝体——把负责空间图像记忆、情绪、情感、身体协调、视觉感应等"感知"功能的右脑，与负责语言、概念、分析、逻辑推断等"领悟"功能的左脑，连接在一起共同完成。人脑镜像神经元的发现，进一步验证了人的认知是心、身、世合为一个整体在动态交互中生成的结果。这些重大发现彻底颠覆了"身心二元"认知观，一场具身认知科学运动兴起，它从生物学意义上印证了人是透过"身体与环境"交互的感知—行动，来看事物的本质，领悟事物的规律性，才能真正认识到客观事物的真实面貌。这为全脑化、涉身化、情境化、交互化的思政课感悟课程范式构建，提供了有力的实证支持。

（三）"大思政课"感悟课程范式的主要特征

第一，以学习为中心。教育必须为社会主义现代化建设服务，必须与生产劳动相结合，培养德智体美劳等全面发展的社会主义事业建设者和接班人。思政课重视国家意识形态、社会道德和法规的认知教育，但不能忽视学生学习体验和需求的满足。传统思政课不是教师教得太少，而是太多，反而导致学生学得太少，其主要原因是没有根据学的需要而展开教学。思政课感悟课程范式以学习为中心就是"教"要立足于"学"的需要随时调整"教"。教师要密切关注学生的学习"情绪信号"，了解其背后的内在心理需求。使学生的情绪变得有价值，就要在课堂民主化环境的创造、课程体验性资源的提供、学习过程的激励性指导和学习质量的实时反馈等方方面面，着力于提高学生在课程中自主学习的热情，把"教"化作学生的"学"，从"教师、课堂、教材、讲授、答疑"向"学生、体验、发现、反思、习得"递进，从"他人教育"向"自我教育"递进。一个人格健全的人对他人、对集体、对社会、对国家的认同往往需要经历自我意识、自我接纳和自我认同的过程。所以说没有学生自我认知、自我调节、自我体会和自我感悟的自我教育，思政课的他人教育就会难见成效。

第二，主体间性。认识论的主体是指与认识的对象或客体相对应、相关联的，在认识过程中处于主动地位的承担者。不管是主知主义的"教师主体论"还是进步主义和建构主义的"学生主体论",这两种单一课程主体性思想在现实教学中都会导致师生双方的互不尊重,削弱对方的主动性、积极性和创造性发挥。事实上,没有学生"学"的投入,教师再好的课程设计、教材编写、教法运用都形同虚设;同理,没有教师"教"的指导,学生的"学"就会变得盲目,甚至带来不可逆的灾难性恶果。2006 年美国掀起轰动全球的那场"建构主义教学究竟是成功还是失败"的大讨论,[①] 就说明了单一主体性课程教学的泛滥已经带来弊大于利的不良后果。因此,思政课的感悟课程范式要发挥好教师和学生的主体间性,教师不再只是机械传递知识的权威,教师教学的主导性作用除了体现在知识的传授和答疑解惑外,还体现在通过对话交流给予学生实时的人文关怀和悉心的心理疏导上。学生也不再是被教师牵着鼻子走的"羔羊",学生有更多选择权和话语权。在对话式教学中,不单是学生倾听老师讲、向老师学,老师也要倾听学生说、在某些方面甚至还要向学生学。当学生学习的主动性得到最大程度释放时,教师在最近发展区的主导性作用才能更有效发挥,才能教学相长,构筑师生间主动沟通、互相尊重、平等交往、双向互动、相互理解、相互信任、相互促进、共同合作的教学共同体。

第三,知行合一性。明末清初思想家王夫之曰:"行可兼知,而知不可兼行。君子之学,未尝离行以为知也必矣。"他从朴素唯物主义的世界观道出了知行合一的重要性:行动可以得到直接知识,但间接知识则不能得到行的效果,一个人学问的高低,取决于行,离开实践的感知就不能真正领悟知识的真谛。建立在身心二元论之上的"离身"教学,"去情境化",把预设的间接知识填鸭式地强行灌输给学生,剔除学生身体与环境互动的情感体验和感知体会,势必导致学生沦为间接知识的"储蓄罐"。学生失去学习的自主权同时也失去了自信心和自我效能感,无法完成生命存在感和意义感的自我价值建构。思政课感悟课程范式的知行合一性,反对重理论灌输轻实践反思的偏见,努力实现思政理论课与实践课相整合;改变课程"价值无涉"的立场,促进思政课与各类课程相融通;扭转思想政治工作的"隐形教育"与思政课教学的"显性教育"两层皮的现状。

---

① 何克抗:《对美国"建构主义教学:成功还是失败"大辩论的述评》,《电化教育研究》2010年第 10 期。

第四，开放性。在资讯瞬息万变和多元价值并存的信息时代，不应该也不可能只听到一种声音，一个健康可持续发展的社会是一个开放、包容的社会。从自然人转变为社会人的社会化过程，教育是社会化的一种重要手段。政治认同内在于社会生活中，学生政治认同的形成来源于他们对真实社会生活的感悟。社会认同是政治认同的基础，往往是从情感认同开始，到思想认同，再到理论认同，这是一个动态中生成"螺旋式"上升的过程。"大思政课"感悟范式要突破传统思政课"去情境化"封闭式教学的藩篱，就要打开校门、拆除部门间壁垒、敞开人的心扉，在真实情境的社会大课堂上、在全员、全程、全方位的育人格局中、在大中小学的学段间的接力运行下、在思想碰撞的交流里，提高思想政治教育的实效性。

四、建设思政课感悟课程范式的策略

（一）把思政课育人的情感教育作为课程建设的切入点，从情感认同到道德认同、思想认同、理论认同，再到政治认同，从浅入深，循序渐进，循环往复，推进大中小学思政课一体化建设

小学开设的道德与法治课，初中开设的"思想品德"课，高中开设的"思想政治"课，大学开设的"思想政治理论"课，其目的都是为建设中国特色社会主义，最终实现共产主义，不断提高学生的思想道德素质，提高学生认识世界和改造世界的能力，促进学生的全面发展。这是一个长期的、由浅入深的、反复的、不断提升的教育过程。学生对思政课的认同，对思政课教学内容产生政治认同，是思政课教育教学获得成效的重要体现。

政治认同是指认同主体承认自我身份与一定政治体系的思想观念、道德规范、政治立场相一致，而产生的一种情感和意识上的归属感，并把这一社会政治的要求内化为自我的需求和自觉的行为。政治认同行为具有强烈的情感属性，在现实社会政治生活中，人们越发注意到，政治行为的产生并非完全依赖理性判断，个体的心理动机和情感认知的体验，都有可能成为政治行为的重要动因，单纯依靠理性判断只能解析人们政治行为的20%。影响一个人政治认同行为的因素是多方面的，而建立在情感认同之上的思想认同或理

论认同对政治认同行为的影响，应该大于单纯的思想认同或理论认同所带来的影响。

因此，思政课感悟课程范式要求充分重视学生的学习情绪，提升学生的情绪价值，就要从提高学生的社会情感能力着手，把情感教育作为思政课建设的切入点。思政课课程设置，小学学段倾向于根植学生鲜活的生活感悟，回应学生实际需求，按照"情感认同—道德认同—政治认同"的逻辑，把重点放在学生对文化认同、社会认同等素养的培养上；中学学段引导学生走进历史，在穿越前人沧海桑田的体验中反省历史，按照"情感认同—思想认同—政治认同"的逻辑，把重点放在学生对民族认同、国家认同等素养的培养上；大学学段鼓励学生主动拓宽自己的视野，关心天下大事，走出校门，积极投身社会服务学习的实践中，感悟生命的意义，按照"情感认同—理论认同—政治认同"的逻辑，把重点放在学生对政党认同、价值认同等素养的培养上，从而推动大中小学思政课一体化，循序渐进，循环往复，实现知情意行的辩证统一。

（二）在真实世界里，把解决真实性任务的实践课程作为思政课学习的驱动力，创建思政课社会实践学习基地，创生与项目化实践学习相配套的课程模块，采用表现性评价方法，促进学生高阶能力的提升

由于传统的正规教育所教的知识和现实生活的需要之间往往存在着差距，"去真实情境"的学习，意味着学生可能并不真正理解他们所学知识的相关性和重要性。我们现实生活中需要的不仅仅是掌握知识，而且还需要在真实情景中应用所学知识，解决结构不良好问题的能力。在真实世界里，解决真实性任务的学习，有助于学习者与社会建立联系，并建立自我同一性，赋予学习活的生命价值，使后续的学习更具有可持续的驱动力和实际意义。

思政课的感悟课程范式反对重理论轻实践，主张除理论课外把另一半的学习置于相关的真实情境中，理论课与实践课以 1∶1 的比例，增加实践类课程的学时。学生自组织项目组，选择自己感兴趣的方向，策划项目执行路径；教师指导学生在最近发展区制定项目计划书，坚持目标导向与问题导向相统一，引导学生投身于创新与实践的浪潮中，体会人生的价值；政府统筹社会资源创建科技创新创业园、社会服务学习社区等大中小学思政课一体化的社会实践学习基地；学校结合本校特色创生跨学科具有思政元素的实践学习课

程模块，采取表现性质量评价方法，促进学生"以高阶思维（问题求解、决策制定、批判性思维和创造性思维）为核心，解决劣构问题或复杂任务"[①]等高阶能力的提高。

（三）推行线上灌输式慕课与线下小班对话式翻转课堂相融合的混合型教学，彻底改变学生被动学习的局面

1. 将灌输式教学放在慕课里进行

互联网时代泛在学习虽给人们的学习带来了很多的方便，但也带来了知识碎片化，导致知识建构根基不稳，不仅弱化了学习者深度思考的能力，也使学习者失去学习深造的自信心。纵观人类文明发展史，"文化传承"是教育重要的文化功能。马克思主义理论学科知识的基本结构是学生习得该学科系统性知识的基础，它不会自发地内生于学生的头脑里，需要通过外来的输入，灌输式教学是最经济的教学手段。然而灌输式教学不适合线下进行，因为线下灌输式教学整体进度是由教师把持着，学生难以获得其主动权。相反，把灌输式教学放在线上，学生就可以掌控教学的进程，通过多模态人机交互的应用程序加强对学生的督导，更好地发挥学生自主学习的能动性。

2. 线下翻转课堂要采取小班对话式教学

线下翻转课堂进行面对面问题导入的民主性对话教学能弥补线上数字课程潜在的缺点，具有五大好处：第一，它让教师和学生都能实时反馈学习的质量，能最真实反映学生学习效果；第二，它能拉近对话主体间的距离，增进彼此的友情，产生思想的共鸣，建立相互间的信任；第三，它能让教师及时发现问题，实时给予学生答疑解惑，使学生得到正能量满满的人文关怀和心理疏导，促进学生身心健康的成长；第四，它减少了教师的说教，增加了学生的探究，师生间、生生间的思想碰撞有利于培养学生的怀疑主义精神，有利于启发学生的问题意识，也有利于提高学生的创新思维能力；第五，它不仅能培养学生口头表达能力，而且能锻炼学生的社交能力，并使学生养成善于倾听的习惯。

美国社会心理学家凯尔曼认为，每个人品德的形成是从他律到自律的过程，这个过程经历"依从—认同—内化"从外向内转化的三个阶段。没有预

[①] 钟志贤：《大学教学模式改革的十大走向》，《中国高教研究》2007 年第 1 期。

设目标的课程是没有方向的课程，没有动态中生成目标的课程是没有活力的课程，在预设中有生成，在生成中有预设。"双重知识论"取向的感悟范式思政课，在 AI 技术加持下，实行线上线下混合型教学，彻底改变学生被动学习的局面。

新形势下高校思想政治
理论课实践教学模式整合分析[*]

吴阳松[**]

　　实践教学是高校思想政治理论课教学体系的重要环节和有机组成部分，是对学生的思想政治素养进行综合培养和提升的有效教学形式。新形势下有效提升高校思想政治理论课实践教学的实效性，要突出解决当前实践教学呈现的碎片化、单一化问题，需要在现有基础上进一步整合创新实践教学模式，提升实践教学的针对性和有效性。结合自身的教学实践，以高校全日制本科阶段的毛泽东思想和中国特色社会主义理论体系概论课（以下简称概论课）实践教学为考察对象，探析新形势下高校思想政治理论课实践教学的整合创新，这对高校思想政治理论课实践教学的进一步革新与改进，增强思想政治理论实践教学的针对性、实效性具有重要的理论意义和现实价值。

一、高校思想政治理论课实践教学的重要性与现状分析

　　高校思想政治课是大学生学习掌握马克思主义立场，观点，方法的重要渠道，是帮助学生树立正确的世界观、人生观和价值观的核心课程。在四门思想政治理论课程中，概论课十分重要，其旨在对学生进行系统的马克思主义中国化理论教育，使学生更加坚定在党的领导下走中国特色社会主义道路

---

　　[*]　本文载于《理论建设》2017 年第 1 期。

　　[**]　吴阳松，国家高层次“特支计划”青年拔尖人才，广州大学马克思主义学院副院长、教授、博士生导师，广东省习近平新时代中国特色社会主义思想研究中心特约研究员。

的理想信念。与思想道德修养与法律基础、中国近现代史纲要、马克思主义基本原理课程相比较，概论课课时高达 96 学时，其中理论教学 64 学时，实践教学 32 学时，计算学生成绩为 6 学分，其要求的课时和学分均是其他课程的 2 倍或 3 倍，是面向高校各专业学生开设的必修课，但要指出的是作为高校思想政治理论课重要组成部分的实践教学，仍没有受到应有重视，亟待改进。

实践教学通常是指在传统的理论教学、知识灌输之外，强调理论与实践结合，突出教学内容和教学形式的实践性和现实性的一种教学形式。高校思想政治理论课实践教学是整体教学的有机组成部分，是为配合课堂理论教学，提升学生运用理论分析和解决问题的能力，促进学生综合素质和实践能力提升而设置的以实践形式为手段的重要教学环节。中共中央宣传部、教育部发布的《关于进一步加强和改进高等学校思想政治理论课的意见》（以下简称意见）明确指出高等学校思想政治理论课所有课程都要加强实践环节，要 "加强组织和管理，把实践教学与社会调查、志愿服务、公益活动、专业课实习等结合起来，引导大学生走出校门，到基层去，到工农群众中去。要通过形式多样的实践教学活动，提高学生思想政治素质和观察分析社会现象的能力，深化教育教学的效果"。① 根据该意见和概论课教学大纲的相关要求，实践教学课时为 32 学时，并要求要确保实践教学落到实处而不能流于形式，强调了概论课实践教学环节的重要性。

高校在探索和创新思想政治理论课实践教学过程中，采取多种措施不断强化实践教学环节。根据相关调查研究，当前各高校实践教学采取的主要形式有：组织学生参与社会调查撰写调查报告、参观访问、演讲比赛、有奖征文、主题讨论辩论、案例分析、观看纪录片、模拟教学、聆听专题报告、讲座交流、撰写学习心得等。这些教学形式取得了一定的教学效果，但同时普遍存在以下几方面的问题。一是从对实践教学的认识来看，思想政治理论课教学得到了应有的重视，但思想政治理论课的实践教学并没有得到足够的重视，高校对思想政治理论课的理论教学与实践教学的关系认识存在偏颇，普遍存在重视理论教学而忽视、应付实践教学的倾向。二是从实践教学的开展

---

① 中共中央、宣传部教育部：《关于进一步加强和改进高等学校思想政治理论课的意见》，http://www.moe.gov.cn/s78/A13/sks_left/s6387/moe_772/tnull_9310.html.

过程来看，思想政治理论课实践教学在内容和形式上均普遍呈现碎片化特点，还处于教师的"自发"阶段，在内容与形式的选择上呈现"随心所欲"状态而缺乏整体性和针对性，尚未形成一套合理有效且相对固定的教学内容和形式，实效性亟待提升，对实践教学的监管、检查尚处于空白，对实践教学的研究则才刚刚起步。三是实践教学环节得不到有效保障，实践教学呈现不稳定性特点。如何根据地方和高校实际特点，制定一套学生热爱、易于操作、效用较大的实践教学模式成为当前高校思想政治理论课实践教学的现实问题。

二、高校思想政治理论课实践教学的整合创新分析

实践教学是一项实践性很强的教学活动，必须结合高校特点和区域特点。对于每一所高校而言，要努力探索适合自身特点的实践教学模式，但同时要切实改变当前实践教学普遍存在的"自发状态"和碎片化特点，"传统教学模式的局限性使实践教学模式的构建成为必要"[1]。高校要立足概论课实践教学的教学现状，有效整合创新当前实践教学的内容与形式，切实提升实践教学的针对性和效应性，探索建构一套符合当代大学生实际特点且学生热爱、受用、稳定可行的实践教学模式。

首先，要从整体性上明确思想政治理论课实践教学的内容与形式。概论课程实践教学要求 32 学时（表 2），要把课内教学实践与课外教学实践有机结合起来，根据概论课程的内容特点与目标要求，有效确定实践教学的形式、主题与内容。结合当前实践教学的开展现状，教师在课堂教学实践可以主要采取以下几种形式：每周或每月一次时事热点新闻播报，重点是教师点评引导；每学期观看一部以上红色影片，强化学生的感官认知进而引发理性思考；每学期组织学生一次以上热点问题的深度讨论；组织相关专家就相关热点问题做一次讲座，采用远程直播形式同步使全体学生受益；遴选一次学生参与热情较高的主题实践活动。课外社会实践教学主要采取开展深度社会调查和撰写调查报告，核心是进一步完善调查报告的评价体系，鼓励学生调查的积

---

① 陈化水：《构建高校思想政治理论课实践教学模式的几点思考》，《思想教育研究》2016 年第 6 期。

极性和实效性。课内实践与课外实践的内容、形式与主题要突出整体性安排,切实做到有序和有效。

表2 概论课社会实践教学整体安排(1~18周)

教学周	课内实践安排	课外实践安排	学时(时间)安排
第1~3周	电教《走进毛泽东》		2学时
第4~5周		确定课外实践主题	课后与学生沟通
第6~7周	现实热点问题讨论		1学时
第8~9周		解惑答疑、提交方案	课后多渠道交流
第10~11周	组织学生参观相关教育基地或邀请相关专家做专题讲座		2学时或课外
第12~13周	电教《中国道路》(相关)纪实片		1学时
第14~16周	课外实践作业课堂展示与教学点评		1学时
第17~18周		收交作业、评阅	课后

其次,要明确课外社会实践教学的内容与范围,强化过程监管与结果评价。一般来说概论课程的课外社会实践较为普遍的形式是开展社会实践调查、撰写调查报告。实践证明这一形式能够取得较好的效果,但同时存在几个突出的现实问题亟待解决。一要明确社会实践调查的内容与范围,特别是要紧扣概论课的理论教学内容,不能使其流于成为无边界的一般社会调查。在教学实践中我们发现部分学生的社会调查,偏离概论课内容成为一种泛义上的社会调查,有的学生则完全表现为某一类专业调查。一般来说概论课社会实践调研内容可围绕几个中心内容分为几类,如高校思想政治理论课学习现状调研,重点是围绕当前高校思想政治理论课的学习现状、教学现状、兴趣现状、效果现状等展开思考;如当代中国经济社会发展调研,重点是要围绕某一地区的某一专题如乡村经济、民主政治、文化习俗、社会风气、环境风貌等展开调研思考;如当代大学生业余生活调研,重点是要围绕当代大学生的生活方式的变迁、消费结构、兴趣爱好等展开思考。二要明确社会实践调查的形式与手段。社会实践调查是一个泛义概念,一些理工科学生一听到社会调查,就误认为是发放调查问卷、撰写调查报告,其实不然。要与学生讲清

楚，社会实践调查包括问卷调查、座谈、访谈等多种形式，要找到与调查主题切合的调研形式，不能千篇一律都搞问卷调查。如调研当代中国经济社会发展的相关主题，通过访谈形式、田野调查、一线参看感知等形式较为合适，同时要明确社会调查不是对社会现状的描写，要善于对调查的问题进行理论分析和升华，并能提出自己的对策建议，从而培养学生运用理论分析、解决实际问题的能力，提高学生进行调查访问、数据分析、人际交往表达、调查报告写作等方面的能力。三要重视过程监管与结果评价，多途径多形式激发学生社会调查的积极性。在教学实践中我们发现，部分教师在布置完成社会实践调查的任务之后，就很少过问、从未答疑，导致学生在"自我认识"的范围内进行调研，在结果上表现为学期末教师收交作业，判定课程成绩作为结束，这并不能够很好地解决学生在调研过程中发现的问题，不利于学生的社会实践能力的提升。有效提升课外实践教学的实效要坚持教师的全过程指导，其中一个重要环节就是要求学生按时提交社会实践调查的实施方案，对学生的选题、调研方法、调研内容和调研思路进行有效修正和及时纠正，要对学生较好的社会实践调查报告提供相应的时间和空间，在全班进行有效展示和评述。

最后，要把课堂社会实践与课外社会实践有机结合起来，进一步创新社会实践的内容与形式。要结合概论课的课程内容和当代大学生的思想行为特点，进一步创新实践教学的形式。一是要强化社会热点事件的梳理、认知和引导。概论课程与社会现实联系较为紧密，社会热点事件是大学生关注度较高的话题，要结合课程内容，及时有效的引导同学们对社会热点问题的正确认知，澄清模糊认识，纠正错误认识，从而提高对社会问题的辨别力和鉴别力。鉴于此可以每周或每月定期在课堂教学中设置 5-10 分钟的"社会热点讲解"环节，重点是教师的点评引导。二是每学期可以采取演讲比赛、辩论赛、座谈会等形式精心组织学生对现实问题的深度讨论，如设置论题"资本主义与社会主义的本质区别""人民代表大会制与三权分立制比较""中国梦与美国梦的比较分析""中国文化与西方文化的特点比较""如何认识我国的改革开放"等论题，帮助学生正确认识中国特色社会主义，激发学生的爱国热情，从而增强对中国特色社会主义的信念。三是有条件的地方和高校可组织学生举办相关主题的摄影展、美术展和体会展，如结合年度国家经济社会发展中的大事件，从多视角呈现大事件背后的小故事、成长点滴和自我感知，从而增强对中国特色社会主义的认知度和认同感。

三、高校思想政治理论课实践教学有效运行的保障思考

高校思想政治理论课实践教学能否有序运行，收到实效，相关保障是关键。当前高校思想政治理论课实践教学呈现碎片化、自发式倾向，一方面是对实践教学重视程度不够，没有现成的统一规范的实践教学模式，另一方面更为深刻的原因是实践教学缺乏相关的制度保障和物质保障。新形势下提升高校思想政治理论课实践教学的实效，从保障上要切实解决三个突出问题。

首先，高校思想政治理论课实践教学的教师绩效与学生成绩评定要规范化、制度化。当前部分高校对教师的思想政治理论课实践教学课时认定不规范，甚至不予承认。以概论课为例，根据中宣部教育部的相关要求实践教学部分为 32 课时，但在一些高校并未在教师的教学工作量上完全兑现，这严重挫伤教师实践教学的热情，从而使实践教学流于形式，甚至沦为一般的平时作业。另一个突出问题是如何评定学生社会实践的成绩。当前高校针对学生社会实践的成绩评定并未规范化、制度化，根据相关要求以概论课 6 学分为例，明确要求学生社会实践部分是 2 学分，但相关高校在具体操作过程中并未有效区分，较为普遍的做法是把学生的社会实践作业（活动）作为学生平时成绩的一部分来衡量，未能具体量化，从而使学生对社会实践的重视程度不够。鉴于此，提升高校思想政治理论课实践教学的实效性首先就是要明确教师实践教学部分的课时量，充分体现到教师的工作量计算上，提升教师教学的积极性和热情。此外要单独划分学生社会实践成绩在总成绩中的比例，一般来说应为 30%，这部分成绩要单独评定，单独给分，其中学生社会实践成绩的评定原则要具体、统一，合理区分课内社会实践与课外社会实践，以课外社会实践为主，比例应不低于 70%。课内社会实践以参与和投入程度作为评定成绩的主要标准，课外社会实践以研究报告作为成绩评定的依据，研究报告的成绩评定要突出时效性、实效性和创新性，统一标准给定分数。

其次，高校思想政治理论课实践教学要努力发掘好、建设好相关的实践教育基地。高校思想政治理论课实践教学的一个重要环节就是要走出去，其中关键就是要依赖于相关社会实践基地的建设。"实践教学基地，是思想政治理论课实践教学的载体和平台，也是思想政治理论课实践教学活动的一项基

本建设，是实践教学规范化的前提。建立相对稳定的实践教学基地，是实践教学活动得以长期、正常开展的基本条件。"① 高校相关部门要根据自身环境、地方特色，努力发掘、建设一批能提供思想政治理论课开展社会实践教学的相关基地。一要发掘建设一批爱国主义教育基地。爱国主义教育基地是大学生学习历史知识、了解革命传统的重要课堂，要努力联系建设一批如烈士陵园、博物馆、纪念馆、领袖故居、历史遗址、革命旧址等红色基地，充分发挥其实践教学的教育作用。二要努力发掘、建设一批法治教育基地，如法院、监狱、戒毒所等，充分利用其环境带领学生参观法制图片展、毒品危害图片展，观看相关警示教育片、禁毒教育片，也可以参看罪犯、戒毒者的生活、学习现场，观看犯罪服刑人员改造的实时监控场景和戒毒人员的戒毒场景。三要努力发掘建设一批现代企业基地、社会主义新农村基地、城市社区基地，让大学生深入一线观察了解中国特色社会主义建设取得的伟大成就，从而切实增强学生的"四个自信"。此外要善于将思想政治理论课实践教学与学生的专业实训基地有机结合起来，把成人教育与成才教育统一起来，激发学生实践热情和学习兴趣。

最后，高校思想政治理论课实践教学要建立健全稳定通畅的经费保障制度。高校思想政治理论课实践教学需要走出去，经费是保障。《中共中央宣传部 教育部关于进一步加强和改进高等学校思想政治理论课的意见》及相关实施意见明确要求，要提供必要的实践教学经费，确保用于诸如社会实践基地建设、学生进行社会调查、参观考察、实践项目的调查报告以及教学教研、教师培训、队伍建设以及教学资料购买等社会实践教学环节方面的支出，进一步建立和完善实践教学的经费保障机制。"校外实践，需要吃、住、行、参观门票等花费，在校内搞活动，也同样离不开资金支持。由于财力的限制，为教师实践教学、出外考察提供的资金保障有限，难以为全体大学生的实践活动提供资金支持。这是实践教学活动难以有效、持续开展下去的制约因素。"② 要指出的是，根据相关部门要求按照人均标准划拨的实践教学经费，部分高校未能到位，经费成为制约实践教学活动顺利开展的瓶颈。如何确保

① 陈静、阎占定：《高校思想政治理论课实践教学基地建设探析》，《思想政治教育》2011 年 23 期。
② 张国富、孙金华：《高校思想政治理论课实践教学保障机制探析》，《思想理论教育导刊》2010 年第 7 期。

高校思想政治理论课实践教学经费能够有序落实到位，是高校必须要解决的现实问题。这就要求高校相关部门提高思想政治理论课实践教学的认识，并从制度规范上建立健全高校思想政治理论课实践教学经费的保障机制，确保经费保障制度科学规范、执行有序。

论高校思想政治理论课程实践教学一体化*

孟凤英**　王婉军

　　高校思政课实践教学与传统理论教学相比，其特点、教学内容、构成要素和条件都要复杂得多，其实践教学的形式也是多种多样的。本研究将高校思政课实践教学的各种形式归纳为课堂实践教学、校园实践教学和社会实践教学，这三种形式也可分别称为认知性实践教学、理解性实践教学和拓展性实践教学，它们是实践教学的"第一课堂""第二课堂"和"第三课堂"。高校思政课实践教学一体化就是把实践教学内容贯穿于"三课堂"之中，形成"三课堂"联动的实践教学体系。

一、认知性实践教学

　　认知性实践教学即课堂实践教学，是高校思政课实践教学一体化的"第一课堂"。它是起点，更是实践教学一体化的认知性环节。所谓课堂实践教学，是指在固定课堂为教学平台开展的以学生主体实践活动为主要形式的教学模式。一直以来，课堂实践教学都是容易被忽视的对象，其实这一实践教学形式在时空选择的灵活性上，与课程的紧密结合上，以及教师的跟踪指导上都优于其他实践教学形式。根据教学目的和要求，高校思政课教学内容不仅包括民族精神教育、理想信念教育、道德品质和文明行为教育、遵纪守法教育、心理健康教育等内容，还包括立足岗位的职业理想教育，以诚信、敬

---

　　*　本文载于《现代教育科学》2013 年第 9 期。
　　**　孟凤英，广州大学马克思主义学院教授。

业为重点的职业道德教育，礼仪教育，纪律和岗位规范教育等。

高校思政课课堂实践教学形式多样，根据操作难易程度、参与度大小、实效性强弱等多重因素的综合权衡，概括起来主要有课堂讨论、辩论、演讲、播放影视片等方式。教师创造条件将授课内容和社会实践结合起来，及时抓住社会出现的热点、难点和焦点问题开展讨论，让学生参与教育和教学过程，可以提高学生的学习积极性和认识问题、分析问题、解决问题的能力，达到自我教育的目的。

目前高校思政课课堂教学中存在着内容抽象、教学方式单一等现象，提高思政课实践教学一体化效果，需要优化高校思政课教学，使其充分发挥育人功能。

第一，整合高校思政课内容，让高校思政课课堂更真实。高校思政课课堂应当按照马克思主义理论与实践相结合的原则，将理想教育、道德教育、礼仪教育、纪律和岗位规范教育与职业生涯紧密结合起来。在组织教学过程中，要整合教学内容，活化教学内容，让高校思政课内容更加贴近学生、贴近生活、贴近实际，努力实现理论联系实际，让学生参与其中，使课堂"真"起来，才能收到"入耳、入脑、入心"，"真听、真懂、真信、真用"的实效。

第二，创新教学形式和方法，提升学生参与实践的力度。实践证明，开展思政课课堂教学实践活动，学生不仅喜欢而且参与度高。实践活动课使学生具有真实的体验，能学以致用，提高交流表达能力和合作能力，提高理解知识和运用知识解决问题的能力。为此，我们要改变思政课的教学方式，从封闭式向开放式转变，增加课堂讨论、录像播映、课堂辩论和分析案例等形式，使教学贴近学生实际，符合教育教学规律和学生学习特点。

高校思政课课堂实践教学指向性比较清晰。一方面，可以直接用理论指导问题分析，充分调动学生的积极性和主动性，活跃课堂气氛，培养学生的协作精神，锻炼学生分析问题和解决问题的能力；另一方面可以让学生在参与实践教学的过程中活跃思维、培养思辨能力，澄清对一些复杂理论问题的认识，这有利于弥补课堂理论教学的不足，极大地调动学生的学习热情，提高教学效果。

二、理解性实践教学

理解性实践教学即以校园文化建设为中心的校园实践，是高校思政课实践教学一体化的"第二课堂"，是实践中理解与体验性环节。它是课堂教学的延伸与补充，是引导学生参加实践的有效形式。校园生活占据学生的大部分时间和空间，它对学生的思想、态度、品德、价值观的形成会产生极大的影响。校园实践教学的形式是多样的，如校内的文学、艺术以及体育活动等，这些活动对学生的道德建设有着特殊的渗透力和影响力。如在校园实践中，我们可以通过组织学生开展"道德评判庭"、模拟法庭、现身说法等活动，引导学生参与校园公益活动和社团组织，将高校思政课程中的思想道德教育和法治教育在更为广泛的空间和层面上展开，使学生在切身体验和感受中强化教学效果。

开展与高校思政课教学直接相关的校园实践活动，是高校思政课理论课实践教学改革的重要尝试。学校可以将校园实践活动延伸到学生社团组织中去，指导学生社团针对社会热点开展一些主题活动，以及与高校思政课相关的研讨会活动等，提高学生的理论素质和修养；也可以指导学生成立"青年志愿者"和"勤工助学"等社团组织，让他们根据自己的兴趣参与社团的活动，从而培养他们的服务意识和奉献精神。又如，可在校园内实行"服务周"制度，其目的是强化学生的职业意识。"服务周"制度，就是有计划地组织学生在校内分期分批参加学校的行政服务管理、校园管理和学生服务管理等活动，提高学生的职业意识、服务意识及实践能力。服务周可以实行每周轮换制度，学生被分配到各部门顶岗工作，一人一职，各履其责。在老师的指导下，学生分别担任部门办公室秘书、文员等，学习接听电话、使用办公设备、整理材料、迎来送往等。服务周结束后，学生写出个人总结，提交自评报告，各处室负责人对每个学生的工作态度、责任心、合作性等做出评估。在校园实行服务周是一种加强实践的有效形式，是高校思政课的重要载体。在校园内实行服务周制度，努力营造"上学如上班，上课如上岗"的职业氛围，可促进学生内在心理的形成和外部形象的树立。

三、拓展性实践教学

拓展性实践教学是在校外进行的社会实践教学。它是高校思政课实践教学一体化的"第三课堂",是实践中深化与运用性环节。社会实践教学是相对于课堂理论教学而言的,是按照理论联系实际的原则,有组织、有计划、有目的地引导学生走进社会、参与到实践活动中,直接体验、思考,深化认识,寻求答案的一种实践教学方式。社会实践教学,从内容上讲,必须和所讲授的理论有内在联系,是理论教学的深化或拓展;从目标上讲,是培养全体学生提高综合素质、做一个全面发展的人;从形式上讲,是在教师指导下,培养学生动口、动手、动脑的社会实践能力。

社会实践教学要在高校思政课课堂教学和校园文化活动的基础上,依照高校思政课教学目标,遵循教育教学规律,带领学生走出校园,以社会为大课堂,深入扎实地开展社会实践活动。著名教育家陶行知指出:"生活即教育,社会即学校。"有计划、有组织地建立高校思政课教学实践基地,积极开展社会实践活动,对提高思政课教学的实效性具有重要的影响。

社会实践教学有多种形式,可以配合学校学生处和团委,开展参观访问、志愿者服务等活动,利用课余时间和寒暑假组织学生开展社会调查、社会服务、志愿者服务等活动,引导他们将书本知识与社会实践相结合,外部教育和自身体验相结合,培养学生品德践行的能力,做到知行统一。如可以根据专业实习的特点,打破校园壁垒,把高校思政课的社会实践教学与外出专业实习进行捆绑教育,做到高校思政课与专业实习教育相结合,从而解决课时紧张、经费少和实习、实践基地难找等问题。这也成为高校思政课实践教学一体化中社会实践的主要方式。

四、高校思想政治理论课程实践教学一体化

高校思政课实践教学一体化,是把认知性实践教学、理解性实践教学和拓展性实践教学统一起来,以课堂理论教学为基础,以校园实践活动为补充,

以校外社会实践教学为延伸、内化、检验、运用的"三位一体"教学形式。三者既分工又协调，内在关系如图 1 所示。

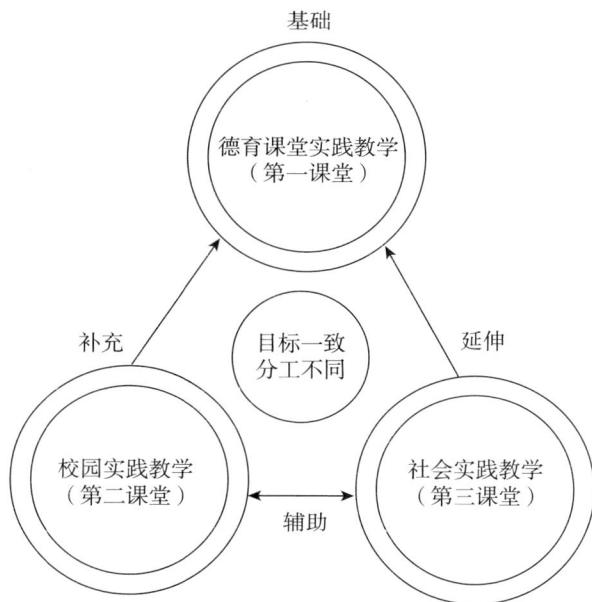

图1　德育课堂实践教学、校园实践教学、社会实践教学三者的关系

　　高校思政课实践教学、校园实践教学和社会实践教学三者的根本目标是一致的，都是加强和改进高校思政课教学的有效途径，是同一问题间相互联系的三个方面。课堂实践教学便于学生参与，是基础，起主导作用；校园实践教学贴近学生现实生活，是高校思政课实践教学在学校内的补充；社会实践教学能够拓展高校思政课空间，是实践教学的延伸、内化、检验和运用。同时，在高校思政课一体化实践教学中，校园实践教学和社会实践教学起辅助作用，是课堂实践教学的必要补充。它们相互补充、相辅相成、相互促进，共同构成了实践教学一体化的三大子系统。

　　高校思政课课堂实践教学、校园实践教学和社会实践教学三者分工不同，相互区别。高校思政课课堂实践教学为校园实践教学和社会实践教学的健全和完善提供了理论基础和保证，是高校思政课的重要渠道。它在理论灌输的同时注重实践教学，能使学生将外在灌输与内在接受达到统一。其实，只有通过在课堂上的教育，学生才能接受系统的道德基础理论学习，道德素质才能得到提高，为他们步入社会奠定基础。高校思政课课堂实践教学要注重的是"从理论到实践",即运用高校思政课理论知识解决具体的实际问题。而校园实践教学和社会实践教学注重"从实践到理论",即在具体的实践活动中提炼、总结出理性知识,验证和发展高校思政课。丰富多样的课堂实践教学为校园实践和社会实践的开展提供更多符合时代发展的主题思想和内容支持,其理论教学贯穿整个高校思政课实践教学一体化中。

校园实践教学是高校思政课课堂实践教学的重要途径。校园实践教学和课堂实践教学二者各有自己的特点,但两者之间具有很强的一致性,有着密切的联系。它们的教学场所都在校内,在学校内部是一个有机统一体。校园实践教学对学生不是直接的理论输入,而是通过创设各种校园生活、人际关系和文化活动,潜移默化地进行。校园文化展示学生的精神风貌,是了解和掌握学生思想动向的重要窗口。校园实践教学通过各种校园文化活动形式,促进学生的智能发展,培养学生的健全人格,丰富学生的文化生活,为高校思政课实践教学提供了可供利用的资源环境,深化了高校思政课实践教学的效果。例如,举行职业生涯规划比赛、开展主题座谈会、组织校园大型活动展等,都可以为高校思政课实践教学提供很好的素材。同时,相对于校外的社会实践教学,校园实践教学在资金、场地、安全、组织等方面具有十分明显的优势。

社会实践教学是对课堂实践教学、校园实践教学的继续和延伸。实践教学只有在层次上从课堂、校园延伸到社会,才能使社会实践搭架好知行统一的桥梁。社会实践教学与课堂实践教学、校园实践教学密切联系,但又有严格区分。

第一,社会实践教学相对于课堂理论教学,具有突出的实践性。课堂理论教学一般以老师讲授为主,重在传授思政课的内容知识. 而社会实践教学以校外实践活动为教学载体与形式,让学生置身于社会中,把在课堂上和校园活动内学到的知识应用到社会实际中去消化和升华,然后再把社会实践中发现的问题带回课堂上研讨,有利于把课堂所学知识和实际结合起来。在社会实践教学中,教师的角色会发生转换,他们不再是讲授理论,而是组织和指导学生实践;学生不再被动接受理论灌输,而是在现实环境的熏陶和职业的锤炼中培养良好的职业道德习惯,通过亲身体验和反复实践,形成不需要外力监督和调控机制就能自然表现出来的健康思想素质、道德品质和行为习惯。

第二,社会实践教学区别于校园实践教学,具有明显的课程性。校园实践教学所包括的校园活动可以是那些由学生自主参加的课外活动，可以不具有课程性。而社会实践教学是一种课程意义上的实践教学过程，它具有一定的课程结构，具有相应的实施规范和考核办法，并被纳入学校的课程教学计划中，具有明确的课程性。社会实践教学克服了课堂教学和校园活动的局限性，从而丰富和补充了课堂教学内容，学生在实践中检验理论知识，将道德教育内容真正内化成自己的知识。这是学生道德教育的重要环节，是课堂教学的重要组成部分和巩固理论教学成果的重要环节，是对课堂实践教学、校园实践教学的继续和延伸，也是高校思政课实践教学一体化的一个突出特点。

综上所述，学生在课堂实践阶段，对思政课教学有了感性认识；在校园实践阶段，对思政课教学认识得到了扩充；在社会实践阶段，对思政课教学的认识得到了升华，处于深化和固化的层次，达到了理性认识阶段。高校思政课实践教学一体化让课堂实践教学、校园实践教学和社会实践教学三个课堂相互结合，形成了三大层次循环发展的整体推进状态，使学生的思想认识水平在实践教学的三个领域和结合的过程中呈现出从感性认识到理性认识的发展趋势。

广东地区高校"青马工程"实施
现状调查及对策研究[*]

蒋义丹[**]　龚利鑫　黄世毅

2007 年以来,"青年马克思主义者培养工程"(简称"青马工程")的系统性培养体系在全国各高校陆续建立并不断完善,取得了许多建设性成果[①]。但是,在实施"青马工程"过程中,也存在一些不足和有待提高之处。为此,本课题组对广东地区高校"青马工程"实施现状进行调查,深入探讨实施中存在的问题,提出加强实施效果的对策,旨在推动广东地区高校更好地开展"青马工程"。

一、广东地区高校"青马工程"实施现状调查的概况

(一)"青马工程"实施现状调查的基本情况

本课题组为了解广东地区高校实施"青马工程"的情况,从选拔机制、培养模式、课程设置、师资力量、宣传方式、保障体系、组织管理、考核评估、实施成效等方面设计调查问卷,并于 2018—2020 年,以匿名随机抽样线下发放纸质问卷、线上发放问卷及线下个别访谈等形式,对广州大学、暨南大学、中山大学、广州大学华软软件学院、仲恺农业工程学院、嘉应学院等高校的"青马工程"学员(简称青马学员)进行调查。共发问卷 478 份,收

---

　*　本文载于《西部学刊》2020 年第 22 期。
　**　蒋义丹,广州大学马克思主义学院副教授。
　①　沈洁:《高校"青年马克思主义者培养工程"教育培训体系的系统优化》,《东华大学学报(社会科学版)》2015 年第 1 期。

回有效答卷 478 份，问卷回收率和有效率均为 100%。其中，男青马学员 168 人，女青马学员 310 人；文科生 296 人，理科生 182 人；大一学生 130 人，大二学生 148 人，大三学生 174 人，大四学生 26 人。省、市、校、院（系）级青马学员分别为 18 人、10 人、295 人、206 人。

（二）"青马工程"实施总体呈良好发展之势

近年来，"青马工程"培育体系格局发展为"全国—省—市—高校—学院（系）"的五级完善培育格局。从此次调研总体情况来看，"青马工程"分级培养格局已经在广东地区高校全面铺开，并不断结合各高校的实际特色逐步发展完善，一些高校还摸索开创出"一体多级"式的协调培养模式。此外，"青马工程"培训的内容也更加多元丰富，从马克思主义理论、毛泽东思想与中国特色社会主义理论体系等理论知识学习和共产主义理想、中国特色社会主义信念教育，到践行社会主义核心价值观、社会实践、志愿服务、素质拓展、对外交流、朋辈教育等方面科学设计培训课程和培养路径，不断丰富完善培训内容。凡此种种，显示广东地区高校"青马工程"实施在总体上呈现良好的发展态势。

二、广东地区高校"青马工程"实施存在问题的分析

（一）实施时"选人"视域偏向狭窄

"青马工程"的重点培养对象是大学生骨干、共青团干部和青年知识分子[①]。然而据本次调查，青马学员中的学生干部占 94.98%，非学生干部仅占 5.02%。不少高校大多将选拔对象锁定为省、市、校、院等各级共青团、学生会组织中的本科生干部及本科生班级中的班团干部，较少将目光投向在学术科研、学生社团、社会实践等方面表现突出且思想上进的非学生干部，未见将硕士、博士研究生纳入选拔范围。调查发现，青马学员选拔通常由学工队伍中的教师推荐参加考试，选拔以笔试答卷为主，试题较简单且通过率较

---

① 佟宇、唐栋：《高校实施青年马克思主义者培养工程的路径》，《西部素质教育》2018 年第 19 期。

高；针对"您参加过的青马学员选拔方式是否合理"的回答，38.08%的青马学员觉得不合理或不清楚；对加入"青马工程"的态度，25.52%的青马学员表示无所谓或不希望加入，竟有超过四分之一的青马学员是被动或被迫加入的；被问及有否必要实施"青马工程"时，38.91%的青马学员觉得没必要或说不清楚。可见，选拔范围和方式均待拓宽完善，唯有如此，才能尽可能选拔出真正有心和有才的有为青年加入"青马工程"。

（二）实施时"树人"定位略为泛化

调查中，面对"您认为'青马工程'的培养目标是什么"多选排序时，"帮助青年树立马克思主义信仰"被列在倒数第二位；在"您认为青年马克思主义者应该具备的特质有哪些"的多选排序中，青马学员将道德特质、政治特质、能力特质排在前三位，坚定的马克思主义信仰和远大的共产主义理想等政治特质未被青马学员排在首位；对单选题"您所在的校、院（系）选拔青马学员时注重思想政治品德的考察吗"的回答，2.93%、9.21%、21.34%的青马学员回答完全没有、不太注重或不清楚；被问及"您认为有必要学习马克思主义理论吗"22.80%的青马学员认为没必要或说不清楚，显示部分青马学员对学习马克思主义理论表现出否定或模棱两可的态度。还有一些高校的青马班开设公文写作、礼仪培训等讲座比开设马克思主义理论讲座的次数多，团队建设、素质拓展等活动更是你方唱罢我登场。据此看来，一些高校在组织实施"青马工程"过程中，部分青马学员在参加"青马工程"培训学习时，淡化了"青马工程"培养青年马克思主义者的首要定位，泛化了青马工程"的培养目标。

（三）实施时"育人"力量显得单薄

调查发现，青马学员在回答"高校实施'青马工程'最待改进之处是什么"时，将"培训内容和形式吸引力不够、师资力量相对不足、青马学员积极性和自觉性不高"列在前三位，这些都与师资力量有关，说明"青马工程"的师资力量有待加强。对单选题"您认为'青马工程'对哪方面的培训最欠缺"的回答，排前两位的是实践能力、创新能力，分别占比31.80%、31.59%；57.74%的青马学员没参加过"青马工程"组织的课题调查研究，27.83%的青马学员没去过"青马工程"实践和培养基地学习实践，44.56%

的青马学员没深入农村、社区、企业等基层参加过实践锻炼活动。可见，组织青马学员进行实践的力量不足。有55.44%的青马学员反映较少线上授课、学习互动和分享交流，缺少立体化、多样化、网络化的教学，没有充分利用网络力量。对自己所在的青马班班级文化建设的评价，感到一般、没感觉的青马学员各占47.70%、8.37%，还有4.39%的青马学员认为没有班级文化，超过六成的青马学员对班级文化建设不满意，青马班级没有发挥应有力量。因此，需要很好地整合师资、实践、网络、班级等力量，形成教育合力。

（四）实施时"成人"考核过于宽松

调查显示，对程度题"您认为'青马工程'组织者在课后有否追源跟进青马学员各方面的表现"的回答，21.55%的青马学员说"没有"，10.25%的青马学员说"不清楚"，显示指导教师平时对青马学员们的关心和考核不够重视。对"您有否向青马班主任或指导教师主动汇报过自己的思想、学习和工作等情况？"回答"经常、有时、说不清、偶尔、从未"的比率分别为5.23%、23.43%、15.06%、24.48%、31.80%，表明71.34%的青马学员向指导教师主动汇报自己受训情况及寻求指导明显缺失。关于结业考核，大多高校的青马学员只要参加了规定次数的培训活动、写了期末总结即可结业。这会令一些青马学员产生"入门容易、过程不难、出门轻松"的想法，觉得"青马工程"没有很强的吸引力，激发不出很大的奋斗力，得不到很高的认同度，难怪认为青马学员在师生中享有很高和较高认同度的比率不到半数（44.56%）。近四成的青马学员感到除了听几次讲座、参加几次活动、写一篇学习总结、增长一些见识、拿到一张结业证书之外，没什么其他收获了。因此，"青马工程"要做到严进、严教、严考、严出，保质完成"青马工程"培养任务，增强青马学员的含金量，促进青马学员更好地成长成才。

三、加强广东地区高校"青马工程"实施效果的对策

（一）打开选拔维度，拓宽培养范围

高校要注意打开选拔维度，使每一名学生都有报名参加"青马工程"青马学员选拔的机会。与时俱进拓宽"青马工程"培养范围，深化发展原有

"精英式"培养格局①，除了吸收大学生干部，还要多吸收马列读书小组、知行读书社、党建研讨会、思想政治理论研习社等学术型社团的主要负责人和骨干积极分子加入，将热衷研究马克思主义思想的、各专业研究领域中表现优异的、各种活动中贡献突出的大学生纳入选拔范围，让各个专业领域、各个方面表现优秀的各个学历层次的学生都参与进来，将他们培养成用马克思主义思想武装的各行各业的高精尖人才。为此，选拔青马学员时，不能只选本科"单层次"，不能按成绩"一刀切"，不能搞选拔"内定化"，也不能将考试"走过场"，要从理想信念、思想品德、学业成绩、工作能力、志愿服务等多项指标综合考量，制定公开、透明、多元的选拔标准并形成规章制度，做到有章可循、有规可依。

（二）坚持引导向度，明确培养目标

"青马工程"着力培养造就用马克思主义中国化时代化最新成果武装起来的青年马克思主义者，但调查显示，25.10%的青马学员为了思想政治理论课考试拿高分才学习马克思主义理论，26.99%的青马学员没有加入中国共产党的愿望和想法。因此，必须更旗帜鲜明地坚持"青马工程"着力培养造就一批用马克思主义中国化时代化最新成果武装起来的青年马克思主义者的目标，坚持引导青年成长为中国特色社会主义事业合格建设者和可靠接班人的方向②。为此，导师要通过讲授、课题调研和实践锻炼等方式，将马克思主义中国化时代化最新成果讲清、讲深、讲透，积极组织社会实践活动，帮助青马学员真正学懂弄通、悟透、做实，真心信仰马克思主义。不断加深青马学员对中国共产党是中国特色社会主义事业领导力量的认识，引导青马学员积极向中国共产党靠拢，大力发展青马学员入党，如一些高校专门成立了"青马学员党支部"，更好地引领青马学员成长和成才，这些做法值得推广。

（三）聚集多方力度，创新培养模式

据调查，28.24%的青马学员觉得学校对"青马工程"不够重视，培养模

①　庞玉清：《高校开展"青马工程"中存在的问题及解决对策》，《长春师范大学学报（人文社会科学版）》2014年第6期。
②　肖晓哲：《广东高校"青年马克思主义者培养工程"的深化和创新》，《林区教学》2017年第2期。

式单一。应聚集多方力度，将师资队伍、实践基地、网络平台、班级文化等优势资源很好地聚集起来，形成强大合力。一要集结过硬的师资力量，聘任马克思主义理论研究造诣深厚且授课深受学生欢迎、带班经验丰富且通晓新媒体运营的教师为导师，采用辩论研究式、课题导向研究等教学方式，融合线上线下教学，定期考核导师，厚实育人力量。二要搭建优质实践基地，设立专门的培训基地、联系固定的实践场所、进驻著名的红色展馆，让青马学员在实践的熔炉中升华理想信念。三要利用网络平台力量，创新"互联网+青马工程"，开发"青马工程"官微、专用 App、小程序等，联动线下培训体系，打造多元线上学习平台，善用"微课堂"教学，融合碎片化和整体化教学，拓宽培训的时空维度。四要发挥班级文化力量，营造有"青马"特色的班级文化，青马学员一起创立班规和班报，创作班歌和班级口号，设计班旗、班徽和班服，开展有特色的班级活动，如有高校成立"青马跑团"等，促进青马学员更好发展。不断创新培养模式，摒弃流水线式统一模式，充分考虑每期青马学员的特点，打造"一方案培养一届青马学员"的模式。

（四）加大考评效度，增强培养实效

调查数据显示，有 38.91% 的青马学员认为参加"青马工程"培训对自身成长所起的作用不大。因此，"青马工程"必须严进严教严出、全程保质完成培训任务，加大对青马学员的考评效度，才能真正提高培养实效。一是思想要重视。要让青马学员意识到参加"青马工程"是难得的学习提高机会，培训考核更是认真严肃的，要从严要求自己，不要把培训当成是学生干部联谊活动或是免费集体旅游。二是考评要严格。"青马工程"的培训期为一年，期间可设置每月小测、每季中考、每学期大考、培训结束全面统考，通过科学、严谨的各环节考核评价，严把培养质量关，确实保证青马学员学有所获。三是形式要创新。可通过理论知识检测、调查报告写作、小组成长记录、课题研究成果等考核方式，多方面、多维度、多环节地考评青马学员的学习成效和成长进程。四是反馈要及时。导师要及时分析青马学员每次考评情况，从青马学员实际情况出发，因时制宜、因人制宜地调整培养方案，有的放矢开展下一阶段的培养工作，环环相扣、步步提高，以切实达到导师真正实现导学、青马学员真正掌握所学的效果。

四、结语

　　综上所述，"青年马克思主义者培养工程"是一项具有重要意义的培养工程，是新时代高校共青团工作的重要组成部分①。高校可以说是青年聚集率最高之地，因此，加大实施"青马工程"的力度毋庸置疑且刻不容缓，不断提升"青马工程"的育人实效责无旁贷且时不我待。

---

　　① 韩大伟、马紫微：《高校实施"青马工程"存在的问题及应对策略》，《商业经济》2013年第15期。

少先队工作专业化建设研究[*]

——基于广州少先队工作的思考

黄禧祯　黎抒屏^{**}　雷　霞

近年来，少先队学科建设启动，这标志着当前我国少先队工作专业化建设已迈进高等专业人才培养新阶段，进一步推动我国少年儿童素质教育的发展。然而，少先队工作的专业化建设在发展中仍然存在不少问题，有必要深入探索和思考。

一、少先队工作专业化建设的必要性

专业化是现代社会分工精细化、科学技术专门化及职业标准化的产物。在专业社会学视域，专业化指某一社会职业向专业性职业的转化，可分为宏观上的职业专业化和微观上的人员专业化[1]，而后者专指某一普通的职业群体在一定时期内，逐渐符合专业标准、成为专门职业并获得相应的专业地位的过程[2]。

少先队工作专业化即少先队职业专业化，是指以少先队辅导员专业化为核心，促使少先队工作成为一种专业性职业的过程。当前，加强与推进少先队工作专业化建设，有重要的现实意义。

---

* 本文载于《广东技术师范大学学报》2023 年第 2 期。

** 黄禧祯，广州大学马克思主义学院教授。黎抒屏，广州大学马克思主义学院副教授。

① 柯长城、田霞：《职业化还是专业化——专业化理论研究在我国的兴起及其规范》，《法制与社会》2010 年第 5 期。

② 教育部师范教育司：《教师专业化的理论和实践》，人民教育出版社 2003 年版，第 35-36 页。

（一）我国全面深化改革的时代要求

中国特色社会主义进入新时代，对少先队工作提出了一系列新要求：一要把培育与践行社会主义核心价值观融入少先队工作中，把"中国梦"共同理想的建构落实到少年儿童中；二要应对少先队工作出现的新情况、新问题，全面推进素质教育；三要顺应政府对包括少年儿童在内的社会事务管理服务化的改革趋势，明确少先队工作的专业内涵，探讨少先队工作与少年儿童社会工作各自的专业界域与协同发展机制，促进少先队工作社会化。

（二）少年儿童生存发展的迫切需要

当代社会具有全球化、信息化、市场化、城市化与开放性、移动互联性、多元性、差异性等时代特征，不断变构少年儿童生存发展的社会环境。一是我国少年儿童的群体分化与差异化日益扩大，出现了不同语境中众多的"一代"现象，如"独生"一代、"苹果"一代、"白皮青椒"一代，还有"富二代""穷二代""官二代""农二代""工二代"及留守儿童现象等；二是社会变化快速，政策调整频繁，家长"不输在起跑线上"的诉求，学校应试教育的弊端等，导致竞争压力少儿化；三是社会不良因素对少年儿童侵蚀加大，未成年人的问题不断增多，如受到急功近利、拜金主义、游戏人生等不良风气影响，儿童生命安全、网瘾、吸毒、校园暴力等问题突显。

以往对少年儿童的教化，多以成年社会的规范为标准，容易忽略他们在复杂的社会环境中的现实需要。如今，随着少年儿童自主意识的增强，其在成长过程中产生了多样化需求，包括权利保护、福利保障、社会参与、媒介使用、投资理财及休闲娱乐等。这就对少先队工作提出了更高、更专业的要求。

（三）提高少先队工作实效性的现实诉求

少先队工作是党群工作的一部分，既从属于党的思想政治教育工作，又与国民基础教育相结合，在实现党和国家对少年儿童的思想引导、价值导向及教育服务中取得很大成效。然而，社会生活的急速变化使得少先队工作难免不适应，出现实效性不足的问题，如思想政治教育的思想性弱化、内容理论化、目标虚化。与现代社会生活脱节，以及教育方法单一和传统、流于形式、评价标准片面性等①。因此，迫切需要提高少先队工作的专业性，提高工作质量。

调查显示，广州少先队辅导员对其职业素养和业务能力的需求，按平均综合得分顺序排列分别为：少先队专业理论与技能（7.64分）、品行道德修养（6.56分）、人文素养（4.01分）和组织管理能力（5.70分）、活动协调能力（4.03分）、创新设计能力（2.39分）②。

二、少先队工作专业化建设的成效

（一）少先队学科建设获得重大发展

近年来，少先队学科建设的启动标志着少先队工作专业化建设已迈进高等专业教育的新阶段。2010年，共青团中央、教育部、人力资源和社会保障部、全国少年工作委员四部委联合下发了《关于进一步加强少先队辅导员队伍建设的若干意见》，明确提出要"探索在国家一级学科教育学下设与少先队组织根本任务紧密相关的二级学科"。2012年以来，全国有40多所高校在教育学一级学科下设置"少年儿童组织与思想意识教育"二级学科，至2014年底，有32所高校向全国招收该专业学术型研究生165名、博士生2名，还有部分专业硕士③。与此同时，部分共青团组织、院校及社科机构联合成立少先队科研机构，与各级少先队工作学会及专业委员会一起，开展少先队学科建设与学术研究；基层少先队辅导员在实际工作中也进行各种"边实践、边研究"式的理论探索，得到上级主管部门的鼓励和扶持，科研气氛活跃。

---

① 李芹：《少先队思想政治教育低效化的对策研究》，《淮海工学院学报（社会科学版）》2010年第11期。

② 注释：课题组于2013年9月18日至30日，通过网上"问卷星"平台，对广州市11个区的少先队辅导员进行抽样调查，共发放问卷8156份，回收有效问卷7579份，回收率92.80%。2013年11月20日至30日，又在全市各行政区域内随机选取了部分中小学校与少年宫，现场抽样调查，其中，对少先队员发放问卷900份，回收有效问卷861份，回收率为97.50%；面向少先队辅导员发放问卷270份，回收有效问卷186份，回收率为94.90%。文中引用的数据均来自以上调查。

③ 全国少工委办公室：《罗梅同志在少先队学科和少先队活动课程建设研讨交流会暨中国少年先锋队工作学会第五次会员代表大会上的讲话》，http://61.gqt.org.cn/zyjh/201412/t20141226_725693.htm.

（二）少先队辅导员队伍建设取得较大成效

根据共青团中央对少先队辅导员配备的相关规定，目前，我国已形成一个数量大、总体素质好的少先队辅导员群体。如广州少先队辅导员近 2 万人，分布在全市中小学教育工作系统。这支队伍以兼职为主，年轻活泼，文化素质基础好，有教育职业背景与工作经验。

近年来，少先队辅导员专业化建设除了高校的研究生教育外，主要集中在专业培训与人员管理上。一方面，20 世纪 80 年代起，共青团各级组织就通过团校的学历教育与业务培训、《辅导员》杂志社的刊授等形式，对少先队辅导员进行专业（业务）培训，并走向制度化与常规化。近年来，又通过"国培计划""省培计划"、面对面培训、网络远程培训及"送训上门"等方式，对少先队辅导员实施分级全员培训，并将之纳入中小学教师培训体系。

另一方面，加强少先队辅导员的管理。早在 2007 年，共青团中央、教育部、人事部等颁发《少先队辅导员管理办法（试行）》，明确了少先队辅导员任职的一系列规范要求。此后，各级下属部门结合实际，相应制定政策性文件，确立辅导员职业规范细则，并在实践中探索与构建少先队辅导员参评中小学教师职称"双线晋升"机制，不断健全少先队辅导员管理制度。

（三）少先队活动纳入素质教育的发展轨道

2010 年，中国少先队第六次全国代表大会强调，要把新时期的少先队工作纳入素质教育发展轨道；同年，共青团中央、教育部等部门联合颁发了相关政策文件，把"少先队活动"科目纳入少先队辅导员参评中小学教师职称工作之中，实行少先队辅导员参评兼教科目职称的工作内容和工作量的"成果折算"。

目前，在教育部门的支持推动下，每周 1 课时的少先队活动逐步成为义务教育阶段的必修课，全国 15 万多所中小学开展了少先队活动课的教育实践。各级共青团、少工委及中小学都开始按少先队活动课指导纲要开展少先队活动课试点，研发活动课教材，举办活动课观摩交流和说课展示，区域化推进少先队活动课程体系建设。据调查，广州少先队"雏鹰争章"活动受少年儿童"喜观"率高达 90.00%；近几年开发与推行的"生命素养""公民素养"及"媒介素养"等系列素养教育活动课，深受学生欢迎、家长赞誉，获得了社会的充分肯定。

三、少先队工作专业化建设存在的问题与成因

(一) 少年队工作专业化建设存在的问题

1. 少先队工作的专业内涵欠清晰

从学科建设角度看，当前少先队工作有三个视角：思想政治教育、社会学与儿童社会工作①。学科化是专业化的前提与支撑。上述学科视角实际上反映了传统的少先队工作与少年儿童社会工作各自不同的学科专业背景。我国传统的少先队工作隶属于思想政治教育范畴，突出政治性，强调思想引导与价值导向，社会环境变化与素质教育改革趋向，要求少先队工作在"少年儿童"与"社会"关系视角中，以少年儿童主体论范式来拓展工作内容与优化工作模式。因而，社会学与社会工作的理论与方法及我国迅速发展的少年儿童社会工作开始被借鉴到少先队工作体系。一方面，这有利于拓展少年队工作的专业内涵，提高其社会适应性；但另一方面，又难以避免在少先队工作与少年儿童社会工作之间出现定位不明、界域不清的状况。如何廓清两者的专业内涵，在传统少先队工作与社会发展需要中开辟少先队工作的专业路径，形成少先队工作与少年儿童社会工作协同发展机制，有待进一步探索。

2. 少先队组织的先进性与自主性不足

少先队是一个政治性明确的少年儿童群众性组织，其区别于一般少年儿童团体的根本之处在于先进性，但目前少先队的先进性存在模糊化或淡化的隐忧。突出表现为少年儿童入队标准下降，出现"人人可以加入"甚至"全班齐齐入队"的现象。据了解，广州有些小学一年级新生，几乎都加入了少先队，即使未入队，稍后也能进入这一行列。这无疑会使少先队流为一个"全员性"的少年儿童群众组织，导致少先队作为一个"先进集体"的形象在少年儿童心目中的地位下降，也容易使社会公众对这一组织的性质产生模糊甚至错误的认知。

少先队是少年儿童的组织，少年儿童是活动的主体，这决定了少先队活

---

① 陆士桢：《准确定位突出特色强化研究：陆士桢教授在"少先队理论和实践研讨会"上的发言》，《北京青年政治学院学报》2008 年第 2 期。

动要坚持自主性原则，让少年儿童自主决定与自由参与活动，而不是按规定被动参与。调查发现，有25.40%的少年儿童喜欢与小伙伴们一起想出来的活动；一些辅导员也表示有征求儿童的意见，或有与儿童共同商量后决定。但也有辅导员坦言，少先队活动的行政指令任务繁多，不断压迫少年儿童自主活动的空间。

3. 少先队辅导员专业化发展受兼职制约

当前制约少先队辅导员专业化发展首要因素来自辅导员的"兼职"身份。按规定，中队辅导员主要由中小学的教师兼任，在广州少先队辅导员队伍中，72.00%以上为兼职教师。兼职辅导员主业繁重，辅业繁多，受精力与时间等因素限制，不利于少先队辅导员的专业成长。多数兼职辅导员都有某种学科知识的教育背景，但少先队工作的专业知识与实际经验十分薄弱，将少先队辅导员作为未来职业的专业发展意愿不强。调查显示，广州少先队辅导员的专业背景大约有38个；任职前缺乏少先队工作经验者占调查总数的41.18%；在未来的职业发展上，大约只有四分之一的兼职辅导员愿意成为专业辅导员。在"您希望今后向哪些方面发展"的问题中，选择成为"学科骨干教师"的教师占32.92%，"少年儿童教育专家"的教师占19.81%，"学校管理者"占10.89%，而选择要成为"专业辅导员"只占22.33%，还有14.05%选择其他职业者。

4. 少先队工作的社会化程度偏低

少先队工作拓宽专业面，增强适应性，提高其社会化程度，是专业化建设一个重要的途径。近年来，少先队工作走出学校、面向社会的各种"共建"活动十分活跃；少先队工作开始进入社区，学校与社区共建少先队活动平台，依托社区开展少先队活动。但总体而言，这种做法尚未普及。调查显示，广州市学校与社区共建少先队的比例为54.80%，而30.10%表示没有"共建"，没有选择说明的占15.10%。目前，少先队工作经费投入主要还是来自主管行政部门。调研发现，广州市少先队工作经费57.50%来自财政拨款（学校），团组织拨款占4.80%，其余部分为自筹集和捐助，其中自主筹集经费的占9.70%，政府购买服务占3.20%，热心人士捐助占3.80%，其他的占10.20%，以及没有说明具体来源的占10.80%。

（二）少先队工作专业化建设问题的主要成因

1. 少先队学科建设初始阶段的制约

我国少先队在高等教育中的学科建设处于起步阶段，具有不成熟性，成为少先队工作专业化发展的制约因素。

第一，少先队专业的学科基础与专业背景不一致。虽然高校已设立"少年儿童组织与思想意识教育"二级学科，但除了大多数高校把它置于教育学一级学科之外，还有将其置于社会学、法学及马克思主义理论等不同学科之下，不同学科的研究范式与视域差异，难免会影响学界对少先队工作专业内涵与工作体系的理解。

第二，少先队专业的教育教学与学术研究力量相对薄弱，未能为少先队工作提供完善、成熟的专业理论与职业训练支持。这在一定程度上会对少先队辅导员的专业意识确立、专业素养提升产生不利影响，制约少先队辅导员的专业化进程。

第三，少先队专业研究生招生困难。不同地区与高校对少先队专业的高层次人才培养宣传力度不一，政策支持不同。有学者戏言，该专业（少年儿童组织与思想意识教育）在重点高校不过是"小儿科"[1]。目前，这一专业的本科教育尚未开始，硕士研究生学位对应届本科生的吸引力不大，具有本科学历的在职辅导员在该专业的考研上往往又心有余而力不足，致使目前除一些重点院校外，其他高校该专业的学术型硕士培养出现招生困难的现象。

2. 少先队辅导员职业化建设缓慢的制约

职业化与专业化互为前提，相互制约。从广义上说，专业化作为专业性职业简称，是职业化完成的标志；而狭义来讲，职业化意味着一般职业规范的完善与相应社会地位的获得，它又是专业化的前提。我国加强对少先队管理体制的建设，是少先队辅导员职业化建设的重要内容，这表明少先队职业化建设已经启动并获得了应有的重视。但上述的少先队辅导员"兼职"身份对其专业化发展制约的问题折射出目前对少先队工作的职业定位不明。少先队工作有少年儿童社会服务的属性，与国外的"社会工作"有相似之处，但又从属于党团组织，归属于思想政治教育，辅导员的"兼职"身份使其被纳

---

[1] 姜金栋：《推进少先队辅导员专业化建设略论》，《成都师范学院学报》2015年第1期。

入中小学校专业教师的职业发展之中，其职称、待遇、晋升由教育行政部门管理。这就使少先队工作难以获得一种相对独立的职业定位，使辅导员难以获得高度的职业认同，社会地位与实际待遇得不到应有保障。由此可见，少先队工作的职业定位（职业化基本要求）与专业内涵界定（专业化基本要求），是相互影响与相互制约的。

3. 少先队工作管理体制行政化的制约

少先队辅导员职业定位不明、专业化发展缓慢，有着传统管理体制的制约因素。从辅导员"兼职"看，他们是教育者、管理者，又是少先队辅导员，既担任学科教学，又承担班级管理工作任务，还进行思想品德教育；再从辅导员管理体制及工作机制看，他们既接受共青团的领导，又由教育部门管辖，既要承担和完成某一学科教学任务，又要承担少先队工作，使处于成长教育、班级管理、学科教学"三位一体"角色下的少先队辅导员压力倍增、时间短缺、精力分散。这对于少先队辅导员的专职工作与专业化发展无疑会产生不利影响。

四、推进少先队专业化建设的主要策略

（一）加快少先队学科建设，为少先队专业化建设提供扎实的基础

以高校"少年儿童与思想意识教育"二级学科的学科建设为契机，推进少先队的学科建设。第一，加强少先队学科的人才建设，尽快建立一支高素质的学科专业教育教学与学术研究的人才队伍。第二，加强少先队工作专业化的学术研究。一方面，借助高校与科研机构的研究实力，通过科研立项、学术研讨等方式，展开少先队的学理研究、应用研究与对策研究；另一方面，建立团组织系统、高校各级少先队工作学会及中小学的协同研究平台，构建少先队工作的"智库"。第三，加强少先队专业人才培养。大力宣传，逐步扩大高校"少年儿童与思想意识教育"学术型研究生招生，探索与试行该专业的专业型硕士研究生教育，尽快启动该专业的本科教育。第四，在本科院校开设少先队学科门类的通识教育课程，与共青团组织、团校合作构建少先队学科专业理论与技能培训的移动互联网课程体系。

（二）以少先队辅导员专业化建设为中心，探索辅导员培养机制与管理体制

在实践中构建少先队辅导员专业化发展的培养机制与管理体制，使这一队伍的专业化建设走向制度化、常态化与长效化。第一，总结、完善与推广当前少先队辅导员专业化发展培养机制构建与实施的成功经验，完善对辅导员专业化发展相关的组织运作、奖惩方式、活动展示及评估考核等配套的培养措施，探索具有地方特色的少先队辅导员专业化发展模式。第二，落实好少先队辅导员专业化发展相关的政策规定，形成激励辅导员专业素养提升的文化心理环境。第三，探索与推行少先队辅导员学历教育提升与专业培训常规化、全员化的方式，提高少先队辅导员队伍的专业素养。第四，整合社会资源，建设少先队活动的学习与实践基地。第五，构建少先队辅导员基于移动互联网的学习与交流的新媒介信息整合平台。

（三）以全面推进素质教育为导向，在实践中开发少先队活动学科化、专业化的课程体系

开发少先队学科化、专业化课程体系，既是少先队学科建设的一部分，也是少先队工作专业化建设的内容。第一，少先队活动课程体系的开发。该内容重点在于形成有地方特色的少先队活动课程，克服以往曾出现缺陷，突出时代性、生活性、校本性、活动性、自主性、参与性及养成性的特征。第二，少先队辅导员专业培训课程体系的开发。这一工作应满足少先队辅导员在综合素质、专业素养及普适能力提升等方面的需求，尤其是不同于科任教师的素质能力要求。第三，以课程开发的学科研究为契机，带动少先队工作专业化的学术研究。

（四）深化少先队工作管理体制改革，探索少先队工作社会化新途径

围绕少先队工作专业化建设的目标，认真落实党中央关于加强和改进党的群团工作的意见，各省级党委下发的加强少年儿童和少先队工作及其管理的政策文件，结合实际，深化少先队管理体制改革。第一，进一步做好宣传工作。面向社会公众、中小学领导及少先队辅导员，大力宣传党中央关于加强和改进未成年人思想道德建设的要求，以及《少先队辅导员管理办法（试

行）》等政策法规。第二，探索与创建少先队辅导员职业化的路径与模式。这包括建构少先队辅导员的职业发展体系，协调相关职能部门落实与推进具体的政策措施，如职位设置、薪酬待遇设计、职称评定、准入资格、专业认证、奖惩及其进出机制等，完善少先队的管理体制与机制。第三，研究与确定少先队工作的专业内涵。开展少先队工作与国内外少年儿童社会工作的比较研究，探讨两者各自的专业界域与协同发展机制，促进少先队工作社会化。第四，拓展社区和校外少先队工作。进一步建设好少先队志愿辅导员队伍，拓展社区少先队工作站，大力发挥青少年协会、各地青少年宫、少年儿童活动基地的作用。第五，在少先队工作中探索与承担少年儿童社会事务的政府购买服务。

五、结语

思想政治教育工作影响国家的发展前景，少先队事业作为党的事业的重要组成部分，必须得到更多重视。少先队工作专业化建设要求在高校少先队专业、少先队辅导员及少先队工作人员管理制度上提供更科学的政策扶持。尤其在少先队辅导员培训上，政府应为其创造广阔的平台并提供足够的学习资源。同时，少先队开展活动要结合素质教育和学生自身的特点，师生互动，联系生活，在爱国主义精神的指引下达到师生共同成长的目的。

共青团承接青少年事务的实践与探索[*]

王　雄[**]

　　在政府职能转变和公共服务均等化的背景下，越来越多的地方政府通过购买公共服务来实现政府职能优化。由此，这种现象也逐渐成为学术界的重要议题[①]。然而，这些研究的对象大多为地方政府，而鲜有关注作为地方治理主体重要组成部分的工青妇等群团组织。虽然工青妇等群团组织并非传统政府的组成部分，但是由于中国社会组织中存在的法团主义国家与社会关系[②]，这些与政府有着密切联系的群团组织在事实上承担着提供公共服务的职能。在此背景下，工青妇等群团组织在参与提供公共服务的过程中表现出某些独特之处，但同时也面临着特殊的现实问题与困境。为此，本文尝试归纳出共青团承接政府转移青少年事务的三种典型模式，并以广州共青团的经验为切入点，探讨共青团承接青少年公共服务的政治实践、存在问题和解决对策。

一、公共服务供给的三大理论模式

　　关于由谁来提供公共服务，学术界存在政府供给、市场供给和社会供给等三种理论观点，并由此衍生出公共服务供给的政府模式、市场模式和群团

---

　　[*]　本文载于《青年探索》2017 年第 6 期。

　　[**]　王雄，广州大学马克思主义学院副教授，硕士生导师。

　　[①]　唐钧：《政府购买服务：购买的究竟是什么》，《中国社会保障》2012 年第 3 期。徐家良、赵挺：《政府购买公共服务的现实困境与路径创新：上海的实践》，《中国行政管理》2013 年第 8 期。管兵：《竞争性与向反嵌入性：政府购买服务与社会组织发展》，《公共管理学报》2015 年第 3 期。

　　[②]　顾昕、王旭：《从国家主义到法团主义——中国市场转型过程中国家与专业团体关系的演变》，《社会学研究》2005 年第 2 期。

模式等三种模式。政府模式主要基于社会公平的目的，主张政府在公共物品的供给中扮演主导角色。市场模式主要遵循供给效率的标准，认为市场组织应该在其中扮演关键角色。群团模式则试图超越上述供给模式，在兼顾公平与效率的情况下，实现以"多中心治理"为主导的第三方供给。

政府模式认为，政府应作为公共物品的最大供给方，主导和参与公共物品的分配和供给。由于公共物品的供给具有非排他性等特征，公共物品的供给需要以"社会公平"为导向，因此它们无法像普通商品那样交由市场配置。在此情况下，以实现"社会公平"为主要目的的政府组织被认为是提高公共物品配置公平性的最佳主体。不过，由政府作为唯一的公共物品供给主体也存在着显而易见的问题：一方面政府提供的公共物品在种类、规模等方面有所限制①，另一方面由于政府垄断了公共物品的供给渠道，这种供给模式也存在着效率低下问题。在这种情况下，作为解决政府供给模式弊端的市场供给模式成为新的公共服务供给模式。

市场模式主张由公司、企业等市场组织作为公共物品的主要供给主体向大众提供公共物品，政府部门只是作为公共物品的发包方和购买方而存在。市场供给模式的优势在于，一方面它能够根据大众需要有针对性地提供公共物品，从而使得公共物品的种类、数量和品质能够更好地满足不同受众的需求，另一方面在市场的竞争性激励下，其供给效率也要显著高于政府模式。尽管如此，这种模式也存在着明显的问题。由于公共物品的非排他性和非竞争性等特征，市场供给模式面临着"公地悲剧"等市场失灵问题。

在这种背景下，群团模式成为超越政府供给和市场供给两难困境的第三方供给模式。美国学者奥斯特罗姆提出的"多中心治理理论"是这种供给模式的理论基石。多中心治理理论认为，国家的利维坦和市场的私有化都无法提供完备的公共物品，我们应当在政府与市场之外寻找新的治理之道。进而，它认为独立于国家力量和市场力量之外的社会组织能够扮演这种角色，由这些社会组织自发形成的多中心治理结构，能够在保持市场效率并兼顾社会公平的基础上，最大限度地实现公共利益的持续发展②。

---

① 金红磊：《政府职能的让渡与拓展——基于公共物品的提供》，《经济体制改革》2005年第4期。
② 奥斯特罗姆，著，余逊达、陈旭东，译：《公共事物的治理之道：集体行动制度的演进》，上海译文出版社2012年版，第68页。

在群团模式下，政府的主要角色不再是公共服务的提供者，而是公共物品的购买者、资金提供者以及项目组织者和监管者。政府一方面通过制定政府职能转移目录，并按照目录以公开招标的形式向社会组织直接购买服务，另一方面社会组织也可以根据社会需求、自身能力向政府竞争公共服务项目，政府则根据其自身需求，在评估社会组织承接能力的基础上，选择合适的社会组织作为公共服务项目的承接方。通过这种方式，社会组织在竞争公共服务项目的过程中形成了类似于"准市场机制"①。

这种以效率为导向的"准市场机制"在一定程度上兼顾了社会公平。这是因为它与传统市场存在显著的差别。在"准市场机制下"，社会组织在竞争公共服务项目的过程中并非以追求利润最大化作为唯一的组织目标。这些社会组织大多并非市场化的私人企业，而是具有各自服务受众和联系对象的社会公益组织。其组织运作经费也并非主要依靠其获得的项目利润，而是依靠具有慈善性质的公募或私募基金的募捐。由此，群团模式能够超然于市场供给"唯利是图"的价值取向，向社会提供市场无法提供的公共服务。

在公共物品供给的市场模式和群团模式的影响下，各国政府开始摒弃"大政府"观念，逐渐以"小政府"理念推动社会治理。进而，这些国家通过精简官僚机构、企业私有化和鼓励社会组织发展来推动政府角色转型。在中国，随着政府体制改革的推进，以政府购买公共服务为内涵的新公共管理运动的理念和实践也随之引入②。以此为导向，中国政府体制改革尝试通过精简政府部门、减少行政审批和购买公共服务等方式建立服务型政府，以便向社会大众提供更多、更好和更便捷的公共物品。

二、共青团承接青少年事务的中国实践

在建立服务型政府的过程中，共青团组织开始大量承接政府转移的青少年事务。不过，由于各个地方市场经济发展程度和青少年社会组织成熟度不

---

① 宁靓、茅杰：《准市场机制下政府购买公共服务的实证研究——以上海市闵行区的实践与探索为例》，《中国海洋大学学报（社会科学版）》2015 年第 4 期。
② 王浦劬、萨拉蒙：《政府向社会组织购买公共服务研究：中国与全球经验分析》，北京大学出版社 2010 年版，第 4 页。

同，各地共青团承接青少年公共服务的模式也不尽相同。归结起来，它们形成了以下三种典型模式：以上海为代表的政府模式、以苏州、佛山和嘉兴为代表的市场模式，以及以深圳、北京和重庆为代表的群团模式。

（一）政府模式

政府模式是指共青团组织通过增设青少年服务部门等行政机构来强化其青少年事务管理职能。这种模式沿袭传统的政府供给公共物品的模式，即通过增加基层行政机构及其人员、编制、资金等方式，让公共服务部门下沉社会基层，以便增加公共物品供给的灵敏度和实效性。上海共青团设立的浦东新区青少年管理署、闸北区青年事务局和市社区青少年办公室是这种模式的典型代表。浦东新区青少年管理署是全国最早成立的青少年事务管理专门机构。该机构现名青少年事务部，隶属于浦东新区共青团。闸北区青年事务局是全国第一个地级市青年事务机构。它直接隶属于闸北区政府，与闸北区团委共用一套班子。成立于 2003 年的市社区青少年办公室是上海团市委成立的专门负责青少年社区事务管理的组织机构。

（二）市场模式

市场模式是指共青团组织通过公开招标的方式动员市场力量和社会力量参与青少年公共服务供给。这种模式有助于通过市场组织和社会组织提供的个性化和多样化的公共服务来满足青少年群体的不同需求。其典型案例为苏州青享惠项目、嘉兴团市委学雷锋公益成长计划以及佛山志愿服务招投标项目。苏州团市委以五四青年节为契机，动员全市 70 余个商家向 3 万余名青年提供形式多样的购物优惠和福利[1]。嘉兴团市委以该市志愿服务基金为依托，面向嘉兴市社会组织开展学雷锋公益成长计划。该计划通过项目发包的方式向该市已经完全市场化运作的社会组织进行公开招标，由中标的社会组织向相关的青少年服务对象提供公共服务[2]。佛山市区两级政府共同设立专项资金用于委托佛山团市委进行志愿服务委托招标。佛山团市委随即组织各区县团

---

[1] 苏州团市委：《以青年为本，为青年服务——苏州共青团充分运用市场化、社会化手段运作 "青享惠" 服务品牌》，http：//www. szrencaigov. com/2010szyouth/news_ show. asp？id＝84000.

[2] 嘉兴团市委：《嘉兴市青少年事务社会工作发展状况调研报告》，http：//www. jiaxing. gov. cn/tsw/qtxx_ 7577/hxhb_ 36645/znfh_ 36646/201412/t20141230_ 459111. html.

委、志愿者协会、市直单位团组织和志愿者组织以工程招投标的形式参与志愿服务项目的竞标，并确定多个项目作为专项资金资助的项目。

（三）群团模式

群团模式是指共青团组织通过培育和发展民间社会组织的方式进行青少年事务管理。在这种模式下，青少年服务项目由社会组织提供，共青团的角色只是民间社会组织的孵化者和监管者。其典型案例为深圳"社工+义工"项目、北京社区青年汇项目和重庆市民学校项目。深圳团市委在原有的义工服务体系上，建立了"社工+义工"服务体系，并通过该体系来丰富青少年的公共服务供给[1]。北京团市委依托街道社区服务中心、社区居委会活动空间、公共文化活动设施等资源，由"总干事+专职青年+社工+志愿者"组成工作团队，在城市社区建立了社区青年汇，为城市青年提供交流平台。重庆团市委通过设立街居型、小区型、乡村型和公租房型等不同类型的市民学校，采用"党员干部+社工+志愿者"的服务方式，向青少年提供丰富多彩的志愿服务项目[2]。

三、共青团承接青少年事务的广州经验

其实，政府、市场和群团三种模式在广州共青团的实践与探索中都有所体现。一方面，广州共青团试图通过团组织建设，形成深入基层的共青团动员与供给组织网络，并以此强化政府主导下的青少年公共服务供给。另一方面，它在提供公共服务的过程中更多地采取了政府模式之外的市场模式和群团模式。由此，广州共青团在承接政府转移的青少年公共服务中，逐渐形成了富有地方治理特色的实践。其突出特点在于，它充分整合和发挥了政府、市场和社会提供青少年公共服务的各自优势，向青少年群体提供了更加便捷、高效和优质的公共物品。

---

① 深圳团市委：《深圳团市委创新"社工+义工"模式构建社区青年服务体系》，http：//www. gdcyl. org/Article/Show Article. asp？Article ID＝18224.

② 重庆市志愿服务工作指导中心：《重庆城乡社区市民学校词条》，http：//www. zycq. cn/index/article/article？ar_ id＝67479.

（一）广州式政府模式

1. 推行青年工作区域联席会议制度

2013 年以来，广州天河区为了整合辖区内的共青团组织和青少年社会组织资源，建立了青年工作区域联席会议制度。该制度以区、片区及街道三级管理机制为基础。区级联席会议由团区委任主席单位，团区委书记担任联席会议主席。片区联席会议由辖内所在街道片区构成，每个片区由街道团工委、直属机关团委、青联小组和辖区内青年组织多方联合开展青少年工作。片区实行片区主席单位负责制，由街道团工委书记轮流担任轮值主席，并由其负责片区当月活动的组织和管理。街道联席会议由各街道团工委负责人任主席，根据本辖区的情况确定联席会议成员单位①。

2. 推进街镇"大团委"实体化制度建设

街镇"大团委"的实体化建设是指在街镇辖区内建立有专门领导班子和办公场所的下级直属团组织。这些依托于商业街区、工业园区、集贸市场和居住社区的基层团组织直属于街镇团委，从而形成层级化的基层团组织架构。广州共青团已在全市 35 个街镇推进"大团委"实体化制度建设。2013 年，全市建成"两新"团组织 5317 家、街镇实体化"大团委" 868 个，维系驻穗团工委 35 家，在志愿驿站新建 150 个团组织，在各级志愿者队伍新建 787 个团组织②。2014 年，街镇"大团委"实体化制度建设进一步强化。全市共建成街镇直属团组织 9352 个，新建非公企业团组织 514 个，农业专业合作团组织 83 个。广州团市委还成立了"两新"组织团工委，直接联系 120 家较大规模的非公企业团组织③。2015 年，为了深化与街镇团组织的联系，团市委安排了 110 名机关系统团干部对口联系 170 个街镇团工委，走访 600 余个基层团组织，建立 526 个团青微信群④。

3. 建立广州青少年社会组织孵化基地

为提高社会组织承接政府转移青少年事务的效能，广州团市委在广州青

---

① 共青团中央办公厅：《广州市天河区团组织坚持"三三三"原则推行青年工作区域联席会议制度》，http：//www. gqt. org. cn/bulletin/bgt_ qtyx/201312/t20131216_ 671802. htm.

② 共青团广州市委员会：《关于印发〈广州市乡镇实体化"大团委"建设工作要点〉的通知》，http：//www. 54cn. net/tzgg/article. jsp? article Id＝36222596.

③ 陈建华：《广州年鉴》，广州年鉴出版社 2015 年版，第 110-111 页。

④ 温国辉：《广州年鉴》，广州年鉴出版社 2016 年版，第 147 页。

年文化宫专门设立了广州青年社会组织孵化基地。该基地一方面为青年社会组织提供项目信息、项目策划和交流的平台，以及无偿或低价的办公场所，另一方面也为社会组织提供专业指导和业务培训，以提高它们承接政府项目的能力。自成立以来，青年社会组织孵化基地在孵化青年社会组织，培育其承接青少年社会事务方面取得了长足进步。数据显示，2013 年，56 家社会组织入驻该基地，其中 18 家在民政部正式注册。2014 年，入驻基地的社会组织达到了 115 家，其中 53 家正式注册。2015 年，入驻基地的社会组织达到 127 家，其中正式注册组织为 67 个。2016 年，152 家社会组织入驻基地，其中 97 家是注册机构。

（二）广州式市场模式

1. 举办志愿服务广州交流会

从 2011 年开始，广州共青团连续举办了六届志愿服务交流会（简称"志交会"）。它试图通过这种项目形式来破解志愿者、项目和资源不对称的难题。"志交会"通过以下流程来为社会组织争取资金：社会组织首先作为项目申报方以"线上＋线下"两种方式展示其项目。在线上推介中，它们通过"志交会"网站进行项目申报，由组委会审核确定获得参会资格的项目。在线下推介中，团市委通过推介会、招商会等方式，动员社会机构、企业、基金会和爱心人士到场观摩，与项目方进行洽谈合作。通过组委会审核并获得参展资格的志愿项目将在"志交会"上获得集中展示机会，有意向的项目购买方将与项目方进行签约合作。最后，组委会将获奖项目编制成册，并进行成果转化、管理评估和跟踪培育。

2. 举办青少年服务项目创意大赛

自 2013 年起，广州共青团已经举办了四届青少年服务项目创意大赛。社会组织报名参赛项目须满足以下若干条件：在广州市内正在实施或即将实施青少年服务项目；社会组织具有健全的组织体系和管理制度；参与项目运作的人数不少于 10 人；申报项目每月开展服务不少于 1 次，一年内总服务时数不少于 200 小时，服务覆盖人群不少于 1 万人次；项目面向全市青少年，或是特定青少年群体；项目申报组织曾获得市级以上表彰，或市级以上媒体正面报道等①。青少年服务项目创意大赛将评选出若干获奖项目。获奖项目将得到广州共青团的重点推介，与广州市的爱心企业家进行项目对接，并获得共青团购买青少年服务的专项经费支持。

（三）广州式群团模式

1. 设立青年地带

青年地带是广州共青团承接青少年公共服务的品牌项目。它由市区两级政府共同出资，区团委进行项目监管，以政府委托购买公共服务的方式，由专业社会组织机构承接青少年事务。青年地带项目在资金筹集、站点设置、人员配置等方面都进行了一系列探索。在项目资金方面，青年地带采取政府专项资金购买和社会组织自筹两种方式获得经费。政府投入资金分为服务购买费用、基础建站费和评估督导费三个部分，由市区两级财政按比例配套投入。为分担市区政府财政压力，承接该项目的社会组织也通过其他公益组织、社会基金以及广州爱心企业等机构筹集项目资金。在站点设置方面，它在海珠区原有社区站和学校站的基础上，扩充为覆盖全市的社区站和学校站。在人员配置方面，每个社区工作站至少配置 5 名以上专职人员，每个学校工作站至少配置 2 名以上专职人员，并且专职社工和助理社工分别不少于 60%和50%。自 2016 年以来，在共青团中央建设"青年之家"项目的推动下，广州青年地带项目已经逐步纳入了"青年之家"项目，成为广州青少年全新的改良版综合性线下服务项目。

2. 建立"志愿驿站"

志愿驿站是广州团市委在"西关小屋"基础上改造成的青少年志愿服务项目。按照地理位置的不同，分为商业类、休闲广场公园类、社区类、交通中心类、场馆类、专业市场类、景点类和校园类等八大类别。按照开放时间的不同，又分为日间站、夜间站和时令站三种类别②。其功能定位为青年志愿活动基地、城市文明窗口、政府公共信息传播平台和社会组织孵化平台。在管理模式上，它采用理事会、监事会和执委会"三会合一"的法人治理模式，

---

① 广州市民政局：《广州市具备承接政府职能转移和购买服务资质的社会组织目录管理试行办法》，http://gznpo.gzmz.gov.cn/ywbl/Info Content/10975/67816.html.
② 赖少芬、黄国保：《广州开放"志愿驿站"，倡导全民志愿服务》，http://www.gd.xinhuanet.com/newscenter/2012-03/06/content_24832473.htm.

实现了从松散型管理逐步走向规范化管理的运作模式。

3. 构筑"从线上到线下"的服务体系

新媒体时代的青少年思维逻辑、行为方式和服务需求日趋多元。共青团管理青少年事务的科层制已难以满足青少年的服务需要。为此，广州共青团通过创新青少年服务供给体系，以扁平化管理、个性化服务和零距离联系的"智慧团建"方式，来构建青少年"从线上到线下"服务体系。例如，在广州亚运会之后，许多志愿组织面临着志愿服务项目找不到运作经费、志愿者找不到服务项目、项目服务找不到志愿者等信息不对称的困难。为了解决这个问题，共青团广州市委建立了"志愿时"网站。借助该平台，志愿组织可以发布它们的项目服务需求，项目资金提供方也可找到适合其理念和需求的项目①。资料显示，截止到 2015 年，使用"从线上到线下"服务体系的广州地区个人用户已达 155 万、组织用户约 2.37 万，网站总点击访问量 1170 万人次，日均点击访问量达 3 万多人次②。2016 年，为了共享全省青年服务网络资源，"志愿时"平台数据整合进广东省共青团青少年服务数据系统，这为推进建设全省共享的大数据"智慧团建"工程提供了相关数据支持。

综上所述，广州共青团组织在承接青少年事务过程中进行了卓有成效的实践与探索。在政府模式中，它通过推行青少年工作区域联席会议制度、街镇"大团委"的实体化制度建设和建立青少年社会组织孵化基地来强化承接青少年事务的科层化治理能力。在市场模式中，它通过举办志愿服务交流会和青少年服务项目创意大赛等活动，为青少年服务项目提供交流和申报的平台，广泛吸引市场资本进入青少年服务供给领域。在群团模式中，它通过设立青年地带、建设志愿驿站和构筑青少年线上线下服务系统，吸引社会资本参与青少年服务，创造性地探索群团组织参与承接青少年事务的新模式。

---

① 林洁：《广州"智慧团建"将服务青年进行到底》，中国青年报 2014 年 5 月 4 日 3 版。
② 广东共青团：《广州依托智慧团建构筑青少年 O2O 服务体系》，http：//www. gdcyl. org/Article/Show Article. asp？ Article ID=200407.

四、共青团承接青少年事务存在的问题

（一）主体地位不明确

共青团在承接青少年事务的过程中实际扮演着三种角色。其一，政府组织的纵向延伸。即共青团强化其科层制建设，将团组织深入到社会基层，以"类政府"的方式向青少年提供公共服务。其二，政府项目的购买主体。即共青团组织通过政府提供的专项资金或者自身的财政资金，向其他社会组织购买青少年服务。其三，政府项目的承接主体。即基层共青团组织以社会组织的身份申请承接政府公开招标的青少年服务项目。

虽然上述组织性质的模糊性可能在某些方面有利于青少年服务的供给，如共青团"类政府"的科层化组织特征和与政府组织的"亲密"关系能够帮助它们争取到更多的体制内资源，提高服务青少年的效率，然而这种多重角色也可能带来某些弊端。共青团的"类政府"化容易导致它们在与青少年的互动交流中不仅难以以差异化的形式向青少年提供所需服务，而且也容易造成青年群众与共青团的疏远。共青团既作为项目的发包方向社会公开招标，又以社会组织身份作为承接方进行项目申请。这种"双重身份"容易导致青少年项目招标过程中出现不公平竞争现象。此外，共青团并非提供青少年服务的唯一主体，民政局、妇联、工会、民间组织管理局等政府部门或党群机关同样具有提供青少年服务的资质。这种"政出多头"的现象既容易导致各个机构权责不明，也易于造成公共资源的浪费。因此有必要进一步通过制定相关政策来明确共青团在其中的主体地位，由它来整合青少年公共服务的相关资源和机构。

（二）资金来源不稳定

资金来源不稳定是共青团承接青少年事务面临的第二个问题。共青团开展青少年服务的资金来自两个方面：政府财政拨付和社会团体募集。政府财政拨付主要来自政府用于购买青少年公共服务的专项资金，以某团市委年度预算为例，其 2015 年一般预算占本年度预算总额的 66%，主要用于共青团组织的日常运作。专项资金预算占本年度预算总额的 34%，它包括经常性经费

和一次性经费，主要用于支持社会组织承接青少年事务。其中，专项资金中的经常性经费主要用于青少年工作机构活动、青年志愿者活动、各级团组织学习交流活动，以及青年地带服务站建设和维护等类别。一次性专项经费则主要用于团市委信息化建设和青少年活动网建设等项目。由于专项经费在整体预算中所占比例较小，而共青团承担的青少年服务项目却日益增多，并且这些预算项目只能专款专用，这使得一些富有创意的项目因资金限制而无法运作，一些资金薄弱但运作良好的社会组织也因资金限制而无法获得充分发展。另一方面，由于社会团体劝募制度尚未形成成熟的机制，它们募集青少年服务资金的运作会面临较多的财税、法律和政治问题。在这种情况下，通过社会团体募集青少年服务资金的筹资模式表现出资金供给不稳定的问题。

（三）承接机会不均衡

机会不均衡是不同类型的社会组织承接青少年事务面临的第三个问题。以往的研究发现，承接政府购买服务的社会组织存在三个方面的差异。其一，不同的社会组织与政府的关系不同。一些社会组织依附于政府部门，由政府部门组织成立。还有一些社会组织则是纯粹的民间社会组织，它们通过自筹资金、自谋出路等方式获得生存和发展。其二，业务主管部门对培育有政府背景的社会组织和纯粹的民间社会组织有显著的倾向性。其三，有着国家背景的社会组织要比纯粹的民间社会组织更容易获得政府项目[①]。简言之，社会组织与政府的协同程度将在很大程度上影响其获得政府项目的概率。广州社会组织承接政府转移的青少年服务项目也存在这种问题。一方面，由工青妇等组织扶植的社会组织更容易获得政策支持。如在广州市社工委 2013 年《关于征求〈广州市枢纽型社会组织评选试行办法（征求意见稿）〉修改意见的通知》中规定："对工青妇等人民团体指导成立的市级社会组织设立 3 年的过渡期。在过渡期内可以适当放宽评选条件"。另一方面，这些社会组织也更容易获得政府购买服务项目。《广州市具备承接政府职能转移和购买服务资质的社会组织目录管理试行办法》规定，具有优先承接政府职能转移和购买服务的社会组织，应该具备"在国内或本地区内具有较大影响力，在行业内具有

---

① 管兵：《竞争性与反向嵌入性：政府购买服务与社会组织发展》，《公共管理学报》2015 年第 3 期。

较高的公信度和声誉，曾获得部、省、市级荣誉"，并且具备"登记管理机关认定的枢纽（联合）型社会组织"的资质①。在这种遴选机制下，无政府背景的中小型社会组织获得承接政府转移的青少年服务项目的机会将减少，进而可能导致不同类型的社会组织承接青少年事务的机会不均衡。

（四）承接能力不足

承接能力不足具体表现在两个方面。其一，共青团的承接能力不足。由于以市场模式或社会模式向青少年提供服务尚处于探索阶段，共青团组织本身也尚处于从"类政府"的科层制党群机关向扁平化的准社会组织转型，某些共青团组织对于这种青少年服务供给模式的运作可能存在着经验不足的问题。例如，部分团干部对于运用市场机制和社会机制提供青少年服务的知识了解较少，对于如何策划、运作公益项目没有经验，从而导致难以有效地引导社会组织参与到这类青少年服务项目的市场化和社会化运作中。其二，社会组织承接能力不足。社会组织目前的发展仍然处于起步阶段。青少年社会组织普遍存在着发育水平较低，专业化程度欠缺，组织架构待完善，制度规范待加强，生存能力较弱，难以整合优质资源等问题。这导致能够开展专业化青少年服务的社会组织较少，进而难以有效地承接专业性较强的政府项目。

五、完善共青团承接青少年事务的对策建议

（一）强化主体地位

共青团应该在承接青少年事务的过程中进一步强化其主体地位。通过团组织建设，扩大团组织工作的覆盖面和影响力，并以此强化团组织自身承接青少年事务的能力；同时，推动政府出台相关政策，进一步明确共青团组织在承接青少年事务过程中的主体地位。为此，共青团一方面需要通过制度创新，积极探索建立共青团主导下的青少年事务承接制度和体系，以此整合民政、妇联、工会等部门资源，进而形成承接青少年事务的机制，避免"政出

---

① 广州市民政局：《广州市具备承接政府职能转移和购买服务资质的社会组织目录管理试行办法》，http：//gznpo. gzmz. gov. cn/ywbl/Info Content/10975/67816. html.

多头"带来的资源浪费和权责不明等问题。例如，以"青年工作区域联席会议制度"为载体，在其他地区进行政策嫁接和移植，以此探索建立共青团主导下的青少年服务供给体系。共青团也可以多种方式，推动地方政府出台相关政策来明确由共青团统一设计青少年服务项目和发挥组织实施青少年服务购买的主导作用。例如，通过撰写人大代表议案或者政协委员提案等方式，来提高共青团组织在青少年事务管理方面话语权，彰显它们在这些事务上的影响力。

（二）多方筹措资金

在财政比较紧张的情况下，共青团需要通过多种渠道筹措用于青少年事务的资金。首先，向地方政府争取更多的财政支持，并争取将用于购买青少年服务的专项经费纳入一般财政预算。具体说来，共青团可以尝试通过以下方式争取财政资金支持：通过地方党团联席会议争取党委主要负责同志的支持；建立与政府财政部门定期沟通协商的会议机制；借助共青团系统提名的人大代表和政协委员的议案和提案，向地方政府争取更多财政分配。其次，积极探索借助市场运作机制，以"企业赞助"等方式募集青少年项目资金。对于以青少年为主要目标人群的企业而言，可以通过赞助青少年活动对青少年进行定向的广告宣传。对于共青团而言，则可以借助这些企业的赞助来解决青少年活动的部分经费。例如，各级团委可以借鉴苏州共青团组织的"青享惠"项目和志愿服务广州交流会等形式，推动企业在青少年事务中发挥作用。最后，共青团还可以探索借助社会资本来募集青少年项目资金。例如，以"广州青少年发展基金"为工作重点，继续深入探索由社会组织独立运作、共青团全程监管的青少年发展基金运作模式，以便更高效地募集青少年服务所需经费。

（三）扶植社会组织

青少年社会组织的发展面临着场地、资金和人员等方面的问题。共青团可以从三个方面对青少年社会组织进行扶植：其一，建立和完善青少年社会组织孵化基地。共青团组织可以通过孵化基地为青少年社会组织解决办公场所、业务指导和人员培训等方面的问题。在孵化基地的运作中，应降低青年社会组织入驻孵化基地的资质门槛，免费为其提供办公场地、政策咨询、人员培训和项目指导。其二，探索建立青少年社会组织孵化基金。例如，在各地青少年发展基金中单独设立用于支持青少年社会组织发展的基金项目，简化青少年社会组织申请基金项目的手续和流程，放宽青少年社会组织申请基金项目的资格条件。其三，探索完善青少年社会组织扶植政策。如前所述，政府对青少年社会组织的扶植表现出某种选择性政策偏好。与政府协同密切或者枢纽型的青少年社会组织更容易得到扶植，而民间或者初创期的青少年社会组织较难得到照顾。这实际上有违青少年社会组织扶植政策的初衷。因此，相关政策应该进行调整，以便更加有利于民间中小型青少年社团和初创社团的发展，形成各类社会组织百花齐放的良性发展局面。

（四）建立专业团队

共青团组织建设依然面临着专业团队力量不足的问题。其专业化建设可以从两个方面着力推进：其一，建立专门的人才储备体系，形成由"团干部+专业社工+志愿者"组成的专业化服务团队。共青团通过团干部的专业培训，使其掌握青少年社会组织市场化和社会化运作的知识和技能。青少年社会组织通过招聘专业社工，并为其提供良好的职业培训、晋升机会和福利待遇，逐步建立起专业社工服务队伍。同时，共青团通过各级学校的团组织动员体系，引导青年团员积极地参与社会志愿服务，建立青少年志愿服务的人才梯队，并将表现活跃的骨干志愿者纳入重点培养的志愿服务人才储备库中。其二，完善专业团队发展政策支持体系。一方面，完善团干部组织培训的相关章程，为团干部的职业发展提供制度保障；另一方面推动政府加大对社会工作人才的政策扶持力度，就其职业规划、专业培训、工资待遇、岗位晋升、职称评聘、薪酬指导等方面出台相关政策，为专业社工提供职称及薪酬的上升通道，从而将社工队伍发展纳入职业化轨道。

（五）打造服务平台

青少年社会组织承接政府转移的青少年事务的能力普遍较弱。因此，发展和巩固一批枢纽型的青少年综合服务平台，从而实现青少年服务的日常化和程序化，成为提高青少年社会组织承接青少年事务的重要途径。具体而言，共青团可从以下几个方面着手推进这项工作：其一，重点推进类似青年之家、志愿驿站等创新型服务平台建设，加大对它们的财政投入、项目购买和政策扶持的力度。其二，继续强化志愿服务交流会和线上到线下服务体系等信息交流平台建设，解决政府、共青团、青少年社会组织和青少年服务需求之间的信息不对称问题。其三，通过政策扶持、财政支持和法律规范等方式，积极培育一批具有广泛社会影响力的枢纽型青少年社会服务组织。

六、结论

为了实现中国社会的治理现代化，中国政府正在从管理型政府向服务型政府进行职能转变。共青团在参与政府职能转移的过程中扮演着越来越重要的角色，但同时也面临着越来越多的现实问题与困境。为此，各地共青团组织开始通过不同的公共物品供给模式积极地探索如何更好地承接政府转移的青少年事务，并由此形成了政府模式、市场模式和群团模式等三种青少年服务的典型模式。

在此背景下，本文基于广州共青团组织承接青少年事务的实践与探索经验，探讨了共青团承接青少年事务的做法和问题。本文发现，广州共青团组织通过综合运用政府模式、市场模式和群团模式等多种供给模式，积极探索了承接青少年事务的可行路径，并由此形成以政府模式为辅，以市场模式和群团模式为主的青少年服务供给的广州经验。然而，目前，共青团承接青少年事务仍面临着主体地位不明确、资金来源不稳定、青少年社会组织承接机会不均衡和承接能力弱等现实问题。为了完善共青团承接青少年事务的职能，本文提出，共青团需要通过加强基层团组织建设、加大政策支持力度等途径，来确立它们在承接青少年事务过程中的主体地位，通过财政供给、市场运作和社会协助等方式多渠道筹集资金，以及通过扶植社会组织发展、建设专业化服务团队和打造高端服务平台，来全方位提高其承接青少年事务的能力。

总之，共青团承接青少年事务的实践仍处于探索时期。尤其是在群团改革的大背景下，如何提高共青团服务青年的工作效能成为重要课题，这需要我们更多地关注其实践与探索的新路径，通过总结其存在的问题，推广其值得借鉴的经验，不断提高社会组织承接公共服务的能力，推进中国基层社会治理的现代化。

政府与高校协同培养
社会体育指导员模式构建[*]

郑汉山　蒋义丹^{**}

党的二十大报告提出"加快建设体育强国"的任务，全民健身国家战略深入实施，社会体育指导员的地位和作用得到进一步凸显。培养数量充足、质量优秀、项目丰富的社会体育指导员，以满足人民群众日益增长的体育需求，成为社会体育指导员工作的重点。因此，本研究以政府和高校的协同为着眼点，通过协同创新、理顺机制，构建政府与高校协同的、注重培养质量及资源整合的新型社会体育指导员培养模式，以期为我国全民健身和体育产业的发展奠定良好的人力资源基础提供参考。

一、政府与高校协同培养模式的构建依据

（一）融合发展、协同创新已是时代主流

在高度细化的现代社会分工下，资源单一、各自为政、思维僵化、缺乏统筹等弊端日益突出，最终影响经济社会效率的进一步提升，因此建立协同发展机制，打破僵化壁垒，促进各类人才、知识技术、资金资本等要素的有效流动，才能实现各协同部门的共同发展创新①。目前，协同发展已经成为大势所趋。当然，协同并不是简单地组合，而是相关主体立足于各自利益需求，

---

　　* 本文载于《体育文化导刊》2016 年第 12 期。
　　** 蒋义丹，广州大学马克思主义学院副教授。
　　① 《协同创新和"2011 计划"》，http://www.moe.gov.cn/publicfiles/business/htmlfiles/moe/s6811/201209/141510.html。

又着眼于共同目标的实现而达成的一种合作机制。在政府层面，以 2014 年国务院常务会议做出的"简政放权、放管结合"等决定为标志，表明简政放权、激发社会活力是行政体制改革的突破口。当前我国推进行政体制改革，不仅仅是政府机构、职能或者是工作方式等单纯某一单方面的调整，而是政府管理模式的根本转变①。在高校层面，2012 年教育部、财政部联合颁发了《关于实施高等学校创新能力提升计划的意见》，提出通过构建面向科学前沿、文化传承创新、行业产业以及区域发展重大需求的四类协同创新模式，深化高校机制体制改革，转变高校创新方式，旨在突破高校内外部机制体制壁垒②。协同创新、融合发展成为政府、高校寻求发展的时代主流，政府与高校协同是社会体育指导员培养的时代必然。

（二）行政部门创新职能的需求

在全民健身上升为国家战略、大众健身日益多元的现阶段，我国各级行政部门的职能创新需求是多方面的。一方面，在我国体育产业发展的初级阶段，政府承担着体育产业的宏观指导职能，在社会体育指导员的培养上，行政部门有培育和规范体育人才市场的责任。另一方面，虽然社会体育指导员存在公益与职业之分，但在实际工作中两类社会体育指导员都被视作全民健身体系的组成部分，是体育服务的重要提供者③。可以看出，培养社会体育指导员既是对体育人才市场的规范与调控，又是隐形或变相增加体育公共服务。可见，行政部门（特别是体育行政部门）对培养社会体育指导员具有较高的工作积极性和主动性，是协同培养模式的重要参与主体。

（三）高校拓宽人才就业路径的需求

一直以来，承担着社会体育指导员培养工作任务的高校大多是建有体育类专业的普通高等学校。体育类专业人才的就业渠道单一且社会需求不明朗，除体育教师岗位及体育行政部门外只能面向体育市场就业，但由于体育产业发展的相对滞后，高校体育类专业人才在体育市场就业的路径与前景并不明

---

① 刘春华、张立、邵雪梅等：《我国体育管理体制改革探索》，《体育文化导刊》2014 年第 3 期。

② 《协同创新和"2011 计划"》，http：//www. moe. gov. cn/publicfiles/business/htmlfiles/moe/s6811/201209/141510. html.

③ 李相如：《我国社会体育指导员的发展历程与未来走向》，《体育文化导刊》2009 年第 11 期。

确。通过承建社会体育指导员培训基地，高校尝试打通职业教育与学历教育的联系，促进学生学业与就业工作相结合，直接形成体育类专业人才的就业方向，对体育类专业的学科建设、学生就业等都起着显著的推动作用。此外，为了促进学生就业、服务地方、掌控当地更多的办学资源，高校不可避免地需要了解区域体育市场的现状和需求。可见，高校对培养社会体育指导员具有拓宽人才就业路径的需求，也是协同培养模式的重要参与主体。

二、政府与高校协同培养模式的构建设想

（一）建立具有健全组织框架的社会体育指导员协同创新中心

以高校社会体育指导员培训基地为基础，协同政府并通过政府制定政策将协同延伸至体育营利组织、体育社团等，将具备良好基础的培训基地整合为社会体育指导员协同创新中心，以促进社会体育指导员培养为根本任务，就发展目标、权利、责任、工作任务、人才培养等关键环节经充分商讨后，形成科学可行的思路与方案，并共同签订协同创新合作协议。

在此基础上，组建社会体育指导员协同创新中心，完善中心的内部运行结构，健全组织框架，设立理（董）事会。理（董）事会是中心的领导和决策机构，社会体育指导员联席会议是主要工作机制，针对社会体育指导员培养中的具体问题，设置工作目标，并协调人财物等资源完成工作。理（董）事会任命中心主任 1 名，全面负责中心的具体工作，任命中心副主任若干名，分别负责中心下属联络管理处、鉴定事务处、市场推广处、培训教育处、办公室等部门，中心副主任可在政府、职业技能鉴定站、高校培训基地等协同单位中选出，可兼职也可专职。联络管理处主要在各协同部门间协调联络，主要任务是及时发现问题，提出解决方案，并促成问题的解决，保障协同创新机制的顺畅。鉴定事务处主要是与体育行业职业技能鉴定站联络，就鉴定工作的宣传推广、考评员培养、鉴定项目拓展、培养政策及程序等内容展开调研。市场推广处主要与体育市场保持密切联系，积极调研市场需求，制定社会体育指导员项目规划。培训教育处主要承担理论、技术两方面的培训教育工作，主要围绕培训基地建设、培训师资培养、教材编写等工作内容。办公室主要负责中心的内部事务处理。

需要指出的是，社会体育指导员协同创新中心与目前培养模式下的职业技能鉴定站、培训基地等机构不存在功能重复、作用重合问题。相反，协同创新中心与职业技能鉴定站、培训基地可以相互取长补短，形成一种相互促进、共同发展的良性关系。形象地说，协同创新中心是职业技能鉴定站与培训基地等主体共同入股而形成的合资公司，其发展壮大也将使职业技能鉴定站、培训基地进一步受益。

（二）立足社会需求，耦合协同单位利益，实施项目式管理

引导并培育社会对社会体育指导员的需求，协调各方利益以培养量多质优的适应社会发展需求的社会体育指导员，是协同创新中心的核心。立足这些需求，并将这些需求转化为明确的工作项目，然后在协同创新单位内部协调各种资源去实现它，这就是协同创新中心的管理和运行。简单而言，社会体育指导员协同创新中心的工作第一在于研究需求，第二在于协调利益、资源，第三才是推进目标任务的落实。

首先，社会体育指导员协同创新中心的提出本身就是顺应社会需求的举措。2010年3月，经多方论证后，教育部发布了《社会体育专业指导性专业规范》，其中明确提出"以培养具备职业资格准入、能取得国家社会体育指导员职业资格证、牢固掌握职业技能的高素质社会体育指导员"的专业人才培养定位。从顶层设计上可见，高校社会体育专业与社会体育指导员培养的融合已经得到统筹布置，但在现实工作中不难发现，高校培训基地、政府部门内部、职业技能鉴定站等并未能形成协同。同样，在协同创新中心成立后，应首先面向市场，统筹考虑，对社会体育指导员的社会需求和发展机遇进行深入研究。

其次，要注重协同单位的利益耦合。社会体育指导员协同创新中心是建立在相关协同单位各自利益预期基础上的，政府、高校等主体有着各自不同的利益，这些利益包含了现实且复杂的诉求。互惠才能共赢，协调处理好各种利益分配是重点，这关系到协同能否实现。就政府部门而言，规范体育人才市场、提供公共服务、实现一定的社会效益，是政府部门最关心的。因此，通过政府购买体育公共服务的方法，政府可以变相增加培养社会体育指导员的资金投入，但资金投入产生的绩效如何，涉及政府行政效率的问题。可以说，政府部门的责和利都可以归结到按质按量培养出社会体育指导员这个根

本上来，而政府部门的权则是行使监督权，即监督调控社会体育指导员培养的过程和质量。对于高校来说，高校是社会体育指导员职业技能培训组织与实施等环节大量业务工作的承担者，其投入程度是社会体育指导员工作取得成效的重要保障。因此，赋予高校更多的业务自主权就是高校最需要的权利。在责任方面，高校则主要是严格把控培养环节，对政府负责。在利益方面，高校应得到政府提供的较为充足的培养经费，并拥有这些经费的分配权。

最后，需实施项目式管理。在立足社会需求，完成协同单位利益耦合之后，协同创新中心要将需求转化为目标和任务，以项目的形式加以推进解决，这是协同创新中心切实的工作任务，是事关协同创新中心生命力的问题。具体而言，协同创新中心的工作项目的内容有社会体育指导员鉴定项目规划、体育市场体育指导者资质规范、继续教育的开展等。每个项目背后涉及的需求、利益及时机等都不尽相同，需要在现实工作中确定且细化具体工作项目的先后顺序。

（三）加强政府的引导与监管

1. 政策导向夯实社会体育指导员的职业基础

由于体育健身娱乐属于非物质的服务产品，它的生产和消费是同一时间发生的，相对于体育物质产品，对于体育服务产品的引导和监管相对较难。国家推行的社会体育指导员职业资格证书制度在一定程度上弥补了对体育健身服务业职业资格准入的空白，但不容忽视的是职业资格这一评价工具的使用效应及其普及程度。目前，在关系人民群众健身利益的各类健身场所，无证上岗的体育健身从业者不在少数，同时，由于监管不力、证出多门，体育健身市场对社会体育指导员职业资格证书的认可程度并不高，种种不规范问题都需要各级体育、社会保障、工商管理等政府部门加强对体育健身行业的监管，制定相关政策有效保障社会体育指导员从业规范和从业者资质。简单来说，通过行政、市场手段的双管齐下，以保障体育服务质量为出发点，将体育健身企业、社会体育指导员等纳入同一系统。

2. 统筹规划推动社会体育指导员的职业发展

在我国体育健身业发展需要大力培育的当前，社会体育指导员的职业发展规划不能单独依靠市场推动，政府同样应发挥宏观引导作用，促进社会体育指导员形成普适性的职业发展规划。除了在滑雪等高危体育项目上实施严格的市场准入机制外，近年来，国家体育总局推出了"全民健身万里行"和"全国体育行业职业技能大赛"两大主题活动品牌，成为社会体育指导员展示职业能力、树立职业形象的有效形式，对职业的推广效果明显。社会体育指导员等级的每个级别都对应着相应的知识和技能要求，且级别晋升都有明确的时间限制，但由于当前体育健身市场发育程度有限、地域发展不平衡等问题，现有的各级别设定、晋升与社会体育指导员职业发展的关系不紧密，急需政府全面研究，统筹规划。

3. 有效措施强化社会体育指导员培养的全程监控

社会体育指导员协同培养的前提是政府的简政放权，但所谓放权只是将微观培养管理业务下放委托，对整个培养工作及其环节的监控权仍然需要加强，可以说，以有效措施强化全程监控是社会体育指导员培养的生命线。加强监控，在鉴定程序科学性、鉴定人员选拔任命、鉴定理论和技术考试等环节确保公正公平，才能保证社会体育指导员培养工作的持续发展。此外，政府还应建立一定的准入和评价体系，每隔若干年，对社会体育指导员鉴定站和培训基地的资格和工作情况进行评价，并根据评价结果进行奖罚，这对提高培养效率和质量具有积极的保障作用。

（四）完善高校的组织与实施

1. 体现中介效应，连接政府与企业

市场化和标准化是社会体育指导员的两个重要属性，优胜劣汰、供求关系等经济原理同样适用于社会体育指导员。培养数量与质量、项目与内容等供求均衡的社会体育指导员必须依据体育行业市场规模的发展需求，才能确保社会体育指导员的职业待遇和声望，否则"菜贱伤农"的后果同样也会出现在社会体育指导员中。可见，对于政府部门来讲，培养鉴定何种及多少社会体育指导员，需要做必要的市场调研，在这方面，高校能够发挥中介作用，成为政府与体育企业之间沟通的桥梁。作为专门培养人才的高校，培养社会体育指导员必须遵循规律，而这种规律则应该是建立在对区域体育健身市场发展现状与未来对社会体育指导员数量、规格等的需求之上，这就需要进行深入的调研、论证，定量与定性相结合，遵循差异化原则，针对不同需求优化调整社会体育指导员培养内容与方式。高校具有社会服务功能，只有面向社会，高校才能获得更多的办学资源和便利，高校与地方企业（体育企业）

等的联系较多，在沟通政府和体育企业的需求上，高校是天然的中介人。

2. 形成教育链条，建设职业教育体系

在体育教育和职业领域，高校的体育类院系都处于生态链的顶端，这种优势决定了社会体育指导员职业教育体系的建设必须要依托高校体育类院系进行。从普通教育领域来说，高校体育类院系应对体育专业学生进行社会体育指导员的职业辅导教育，为学生提供职业发展规划、设计课程，引导学生考取社会体育指导员职业资格证书。不少高校社体专业也将"获得社会体育指导员职业资格证书"量化为一定的学分，甚至是作为学生毕业的必要条件。更进一步说，高校体育类院系应与基层业余体校建立某种工作联系。对于基层业余体校来说，培养竞技体育人才是其重要任务，但随着社会的发展，基层业余体校也在探索转型发展的道路，这是解决基层体校学生就业的需要。因此，建立从基层业余体校至普通高校体育类院系一条龙的社会体育指导员职业辅导教育体系或学历教育过程中，高校的作用不容忽视。在职业教育领域，要明确体育是综合性学科和行业，它涉及的知识领域较多，更新速度也快，在短时间内，一劳永逸地培养出职业社会体育指导员是不现实的，继续教育必须跟上，这是提高社会体育指导员职业素养的需要，也是职业凝聚力和职业发展的需要。对此，高校可以针对市场调研结果，有针对性地就实用知识、工作技巧、职业规范等专门知识领域或技术进行辅导。

3. 凸显培养载体，全程承担培训鉴定

在简政放权和建设服务型政府的大趋势下，在承接政府转移的社会职能方面，高校拥有越来越多的机会。社会体育指导员培养是一个系统工程，培养中的各个环节都有大量业务工作需要完成。而在具体操作中，很多工作都由政府委托高校等机构去承担，如考评员的培养、项目培训大纲和教材的编订等，基本上是高校体育专家在发挥主要作用。目前，社会体育指导员的公共理论教材、专项理论教材、技术教材或地方性辅助教材等都比较缺乏或有改进的空间。具体而言，各类教材的适用性有所不足，理论教材在难度、受众、职业严肃性之间摇摆不定，技术教材则存在培训内容与鉴定内容、实际工作等情况不一致的情况，实用性有所折扣。总体而言，高校是社会体育指导员培养工作中一个重要的载体且功能凸显，应承担其职业技能鉴定大多数的业务工作。

三、政府与高校协同培养模式的保障机制

（一）构建保护积极性的保障机制

协同各方积极性的发挥是协同培养模式的重要因素。协同本身就意味着它是不同系统间的合作，尽管系统间具有合作的需要和条件，但相对于协同目标实现的过程和结果，合作的需要和条件是比较脆弱的，特别是其中任何一方失去积极性，就能迅速摧毁原有的合作基础，协同框架必然土崩瓦解。对于高校而言，高校内部应对参与社会体育指导员协同创新平台建设和运行的教师予以工作量、资金、时间、物质等的保障，激发并维系教师参与社会体育指导员培养的工作积极性。对于政府而言，应坚持依法治体，加强制度设计，确保社会体育指导员培养政策和措施的稳定性和连续性，协同各方的积极性才能受到保护。走"依法治体"的道路，方能使政府促进公共体育事业发展的责任真正到位①。

（二）构建风险防控的保障机制

协同各方充分交流意见，明确共同目标，签订协同协议，各方主体有义务和责任顾全大局，妥善处理分歧和风险，坚持协同合作。在此前提下，作为协同各方中最具权威性的政府部门，应建立容错纠错机制，即仿照"负面清单制"，政府为社会体育指导员培养画出红线，在红线外，政府部门应为社会体育指导员协同培养中可能出现的失误或错误担责或免责，应为可能出现的风险"兜底"。通过"负面清单制""容错纠错"这样的制度设计，在促进协作各方加强责任和风险意识的同时，又为协同创新各方化解了过多的风险顾虑，对保障社会体育指导员的协同培养有积极意义。

（三）构建沟通协调的保障机制

除政府、高校为主体系统外，社会体育指导员政府与高校协同培养模式

---

① 卢志成、刘华荣、郭惠平：《公共体育事业公平发展的政府责任与对策》，《上海体育学院学报》2012年第4期。

还会涉及体育营利组织、体育非营利组织、社区体育等系统，众多不同系统间的合作在现实中必然出现大量费时、难度不一的沟通协调工作。而当前社会体育指导员培训、鉴定、职业发展等相关工作的体制和机制尚未完全理顺，在某种程度上，社会体育指导员政府与高校协同创新平台正是为理顺这些体制和机制而产生的，更需要有效地沟通协调。在保障沟通协调方面，最基本的做法就是促进协同创新平台的实体化，建立社会体育指导员协同培养工作会议机制，并赋予其合理的权限，以完成相应的协调工作，这样的设计，保障了有专人、专门的机构有足够的权限去跟进协同培养过程，及时进行沟通协调并解决问题。

四、结语

体育承载着国家强盛民族振兴的梦想。社会体育指导员工作与体育职业化、全民健身志愿服务等工作关系紧密，基于现有的政策和实践，需要对原有的相关制度体系和培养方式进行再思考和再整合，故构建政府与高校协同的社会体育指导员培养模式很有必要。该模式涉及政府、高校以及各类体育企业机构、社区体育等，利益复杂，需要理顺众多不同的工作机制，协同难度较大，而其复杂性和难度也是由我国社会体育指导员培养的现实所决定的。因此，该协同培养模式也可看作是一种以协同促创新的改革手段和方案，即通过社会体育指导员协同创新中心的建设，在相关的协同创新工作中，加快社会体育指导员体制机制的改革，最终建立适应我国全民健身、体育产业发展需求的体育人力资源培养体系。

一场跨越 5400km 的思政课

——广州大学马克思主义学院民族团结实践活动的探索与思考

马　娟　梅淑宁[*]

习近平总书记在全国民族团结进步表彰大会上强调，维护国家统一和民族团结是各民族的最高利益，要把民族团结进步事业作为基础性事业抓紧抓好。本案例阐述了广州大学马克思主义学院在 2022 年暑期带领 5 名少数民族学生和 5 名汉族学生同赴新疆喀什开展"同上特色思政课，践行岭南天山情"的民族团结实践活动。学生将专业知识与社会实践相结合，通过特色思政课教学、参观走访、实地调研等方式走上讲堂、走进社区、走入村落，充分感知民族地区翻天覆地的变化，播撒民族团结的种子。实践团不仅入选暑期"三下乡"社会实践活动全国重点团队，还获得《光明日报》等主流媒体的广泛报道，产生了良好的社会反响。

【活动背景】

通过内地高校培养新疆籍少数民族大学生，是国家培养民族优秀人才，发展民族教育事业重要举措，也是党的民族工作的重要内容。广州大学马克思主义学院仅招收两个省份生源的学生：广东省和新疆维吾尔自治区，新疆籍少数民族学生占比位于全校各学院前列。少数民族学生不仅面临着融入集体的困难，学业水平的不足，还有长远发展的阻碍。如何结合专业特色，有针对性地加强少数民族学生的教育培养，变短板不足为特色亮点，切实推动

＊ 马娟，广州大学马克思主义学院团委书记。梅淑宁，教育学博士，广州大学马克思主义学院党委副书记。

民族团结和少数民族学生成长成才，成为摆在学院面前的课题。

一、新疆籍少数民族学生各类活动参与度低

新疆籍少数民族学生在家乡时，往往是学校的佼佼者、长辈的骄傲，通过努力学习获得来到广州求学的机会。但到大学后，相应处于一个更加开放、多元、竞争的环境。由于广东和新疆两地教育水平和语言文化等方面存在差异，与汉族同学相比，这一群体语言存在障碍，学业基础相对薄弱，成绩排名不理想，导致自我评价较低。部分学生甚至处于班级边缘，较少参加班干部和团干部竞选、学术科技比赛、社会实践活动等，学业水平和综合素质很难得到提升，从而与汉族学生逐渐拉开差距。

二、多数汉族学生对新疆地区缺乏了解

新疆籍少数民族学生在广州学习生活，逐步认识和接纳了广州本地文化。但这种了解是单方面的。对于汉族学生而言，新疆是什么样子的，往往只有些许零碎的印象，也会出现因为习俗文化不同而产生的误解和摩擦，导致个别新疆籍少数民族学生更愿意和本民族学生交流。因此，百闻不如一见，让汉族同学有机会到新疆走一走、看一看，学习认识民族文化，加强对新疆少数民族学生的了解和认同，对于促进民族团结大有裨益。

三、学生师范技能有待提升

作为本科 100% 师范生的学院，卓越的师范技能是学生长远发展的助力。学院一直高度重视学生的师范技能培养，通过组织师范技能比赛、理论宣讲活动、党史讲解员选拔等提升学生的讲授能力。但是多数学生还缺乏锻炼的机会和勇气，特别是少数民族学生，专业水平的不足和语言表达的障碍，往往在师范技能中有明显的短板。本次活动把到当地学校上思政课作为关键环

节，并且让每一名同学都上台讲授，着力锻炼学生的师范技能。

【活动内容】

一、活动前期策划和准备

2022 年 6 月，中央宣传部等五部委发布《关于开展 2022 年全国大中专学生志愿者暑期文化科技卫生"三下乡"社会实践活动的通知》，民族团结实践团成为 2022 年暑期"三下乡"社会实践活动的重点团队之一。以此为契机，马克思主义学院在学校党委的指导下，在学生处、少数民族学生工作办公室、校团委等部门的大力支持下，制订实践方案，选拔优秀学生组建团队，并通过学校发函的方式和新疆维吾尔自治区教育厅取得联系，商请到喀什相关学校开展特色思政课教学。最终在学院 3 位教师的指导带领下，组织 10 名思想政治教育专业学生（新疆籍少数民族学生 5 名，汉族学生 5 名）组成暑期社会实践团队，于 7 月 1 日至 8 日赴新疆维吾尔自治区喀什市开展民族团结实践活动。

二、开展特色思政课教学

7 月，民族团结实践团在新疆维吾尔自治区教育厅、喀什市教育局、疏附县教育局的支持下，来到新疆喀什疏附县第三中学，为七年级学生上了一堂别开生面的思政课。

（一）经历分享：鲜活故事带来无限憧憬

跨越大半个中国，这堂思政课应该怎么上？实践团队员们有的长于新疆，有的生于岭南，有的和疏附的同学们成长环境相似……实践团队员在多次讨论、悉心备课后，决心以自己的故事为"活教材"，为同学们讲授书本以外的知识，用"真听真看真感受"抵达同学们的心灵。

队员小杨展示了自己中学时的学习计划、做过的练习册、摘录的学习笔记，辅以步步提升的成绩单，给同学们讲述自己成绩由倒数到名列前茅的故事，鼓励同学们不怕困难，发奋读书，用知识创造美好明天。队员小木是大学生退役军人，他充满真情地讲述自己炙热的军旅生涯，发出"一天是军人，终身是军人，只要祖国需要我，我随时准备出发"的铿锵誓言，激起了同学们保家卫国的壮志豪情。除此之外，队员们竭尽所能，或讲述家乡变化，或传播岭南文化，或直播大学生活，将一幅幅鲜活的图景呈现在同学们眼前。

(二) 未来可期：民族团结之花绚丽绽放

"从哥哥姐姐口中得知了大学的美好、世界的广阔——有我们没吃过的美食、没见过的江河。我很想去到其他城市看看，开开眼界……"疏附县三中的学生表示，我校"民族团结实践团"队员们的授课生动地为他们描绘了美好的、令人向往的生活，这让他们更加坚定了好好学习的信念，日后有机会去更多的地方看看。

这堂别开生面的思政课上，改革开放的巨大变化、岭南文化的瑰丽多姿、大学生活的丰富多彩、军旅生涯的荡气回肠一一得以展示，开阔了同学们的视野，既"解渴"又引发共鸣。听着大学生哥哥姐姐们讲述的成长故事，同学们坚定了前行的信心和勇气；他们也勇敢地站在讲台上讲述"我的梦想"，与实践团队员们合唱《我和我的祖国》……授课结束后，同学们还久久不愿离去，与队员们交流、合影、互留联系方式，将课堂上结下的友谊延续、升华。

触动心灵的教育，才是最好的教育。这堂思政课将铸牢中华民族共同体意识融于专业教育中，用生动鲜活的分享、交流满足多民族学生文化交往交融的需求，起到了沟通心灵、启智润心的功效，既锻炼了一群思政课堂"小老师"，也让爱国、奋斗、奉献、民族团结的种子在同学们心中生根发芽。

三、参观体察喀什之美

（一）重温习近平总书记走过的路

2014 年 4 月 28 日，在新疆考察工作的习近平总书记来到了新疆疏附县托克扎克镇中心小学。时隔八年，广州大学马克思主义学院民族团结实践团沿着习近平总书记的足迹，参观习近平总书记关切的这所小学。

在疏附县托克扎克镇中心小学教师的带领下，实践团参观了习近平总书记曾经来过的六年级一班教室，了解学校的双语教育工作情况。参观了学校的书法教室、图书室、文化长廊，了解了学生的学习生活状况，尤其是对中华优秀传统文化的学习情况。参观智慧课室，了解到多年来广州援疆为疏附基础教育事业添砖加瓦的成果。通过参观发现，校园面貌发生了天翻地覆的变化，学校基础设施不断完善，教师队伍水平不断提升，课堂教学结构不断优化，学生不断铸牢中华民族共同体意识，一批又一批学生走出校门，成为国家和社会的有用之材。

（二）感受民族风土人情

鉴往知来，开创未来。实践团来到喀什博物馆，通过参观历史渊源、宗教文化、发展规划等展厅，全体队员对喀什与新疆的未来充满无限遐想与期待，纷纷表示愿意融入时代发展的大浪潮之中，为建设社会主义现代化强国贡献青春力量。同时，受同学的盛情邀请，大家来到了新疆同学的家中，与同学及其家人拉拉家常、聊聊生活、谈谈未来，进一步拉近彼此之间的距离。

（三）街头走访实践调研

走街串巷看民俗，街头走访聊民生。教师和队员们进行街头访谈，从工人到农民、从群众到党员、从百姓到干部，深刻地感受到特别是党的十八大以来，新疆在党的坚强领导下发生了翻天覆地的变化，广大人民的获得感、幸福感、安全感不断增强，中华民族共同体意识不断铸牢，百姓对未来高质量发展充满信心。

【经验与启示】

一、知行合一、学以致用，提升实践育人实效

实践育人是马克思主义实践观与我国教育实际相结合的产物，是合力推动"三全育人"工作迈上新台阶的有力抓手。学院将专业学习与实践活动紧密结合，无论是形式多样的思政课，重走习近平总书记走过的路，还是街头巷尾的走访，都让同学们用脚步丈量祖国大地，在实践中认识了自我，认识了民族团结的真正内涵，从而受教育、长才干、做贡献。2022年9月，学院发动高年级本科生到新疆实习支教，同学们报名十分踊跃，也是实践育人取得实效的充分证明。

二、双向了解、双向奔赴，促进民族交流交融

高校的民族团结教育，不能仅局限于新疆籍少数民族学生本身，更要着眼于全体学生，既鼓励少数民族学生学习和融入汉族文化，也引导汉族学生学习和融入民族文化，增进民族之间的相互欣赏和广泛交流。汉族同学们对此次实践更有着非同寻常的体会。他们表示，这段经历打破了原本对新疆、对少数民族固有认知，体验到来自新疆少数民族的自豪感和自信，拓宽了视野眼界。同时，也看到新疆的发展变化，感受到这是无数人的汗水与奋斗换来的，这更加坚定了去基层贡献青春的决心。

三、沟通心灵、启智润心，善用大思政课培根铸魂

培养国家一流的思想政治教育专业的人才，直接关系到中小学思想政治理论课教师素养的高下，是立德树人的关键。本次实践活动把"思政小课堂"和"社会大课堂"融会贯通，让同学们在思政课教师和思政专业学生双重身

份间灵活切换，不仅让学生在课堂上用自身经历讲授思政课，还深入挖掘"大思政课"教育资源，在参观调研中学习"大思政课"，成为思政课教育教学的典型案例，"大思政课"是新时代下加强青年学生思想政治教育的重要手段。马克思主义学院要培养一批具有坚定马克思主义信仰，具有创新性特质、善于教学、善于育人的学生，带领他们挖掘和构建有深度、有力度、有温度的"大思政课"，确保"大思政课"切实发挥培根铸魂的作用，培养好堪当民族复兴大任的时代新人。